LIBERDADES NEGRAS NAS PARAGENS DO SUL

Gabriel Aladrén

LIBERDADES NEGRAS NAS PARAGENS DO SUL

Alforria e inserção social de libertos em Porto Alegre, 1800-1835

ISBN — 978-85-225-0748-1

Copyright © 2009 Gabriel Aladrén

Direitos desta edição reservados à EDITORA FGV
Rua Jornalista Orlando Dantas, 37
22231-010 | Rio de Janeiro, RJ | Brasil
Tels.: 08000-21-7777 | 21-3799-4427
Fax: 21-3799-4430
E-mail: editora@fgv.br | pedidoseditora@fgv.br
www.fgv.br/editora

Impresso no Brasil | Printed in Brazil

Todos os direitos reservados. A reprodução não autorizada desta publicação, no todo ou em parte, constitui violação do copyright (Lei nº 9.610/98).

Os conceitos emitidos neste livro são de inteira responsabilidade do autor.

Este livro foi editado segundo as normas do Acordo Ortográfico da Língua Portuguesa, aprovado pelo Decreto Legislativo nº 54, de 18 de abril de 1995, e promulgado pelo Decreto nº 6.583, de 29 de setembro de 2008.

1ª edição — 2009

PREPARAÇÃO DE ORIGINAIS: Paulo Telles

DIAGRAMAÇÃO: FA Editoração Eletrônica

REVISÃO: Catalina Arica e Sandra Frank

CAPA: André Castro

IMAGEM DA CAPA: aquarela Cena da Província do Rio Grande, de J. B. Debret, 1828 | 24,4x40,4 — MEA 0276 | Acervo Museus Castro Maya — Iphan/MinC (a imagem foi invertida quando aplicada na capa)

**Ficha catalográfica elaborada pela
Biblioteca Mario Henrique Simonsen / FGV**

Aladrén, Gabriel
   Liberdades negras nas paragens do Sul : alforria e inserção social de libertos em Porto Alegre, 1800-1835 / Gabriel Aladrén. — Rio de Janeiro : Editora FGV, 2009.
   204 p.

   Originalmente apresentado como dissertação do autor (mestrado — Universidade Federal Fluminense, 2008).

   Vencedor do Prêmio Pronex/UFF Culturas Políticas.
   Inclui bibliografia.
   ISBN: 978-85-225-0748-1

   1. Escravos libertos — Porto Alegre (RS) — Condições sociais — 1800-1835. I. Fundação Getulio Vargas. II. Título.

CDD — 326.098165

Sumário

O Prêmio Pronex/UFF Culturas Políticas 7
Daniel Aarão Reis

Apresentação 9
Hebe Mattos

Agradecimentos 13

Introdução 15

1 — Deixar de ser escravo: alforrias em Porto Alegre 31
"Porque a liberdade é um direito sagrado e inviolável e tem maior força que um justo cativeiro" 31
"De minha livre e espontânea vontade sem constrangimento de pessoa alguma" 37
Os padrões de alforria 42
Alforrias pagas, gratuitas e condicionais 45
As nações africanas 63
Preços, estrutura etária e ocupações 70

2 — Viver em liberdade: ocupações, posse de escravos e acesso à terra 79
Ocupações e patrimônio 79
O preto forro Pedro Gonçalves 90

3 — A liberdade sob os signos da cor 109
A miríade de cores no Brasil meridional 109
De cabras, pardos e mulatos 125
Índios, pardos e forros 131

4 — Experiências de liberdade em tempos de guerra 141
A campanha contra Artigas e a luta pela liberdade 144
Independência, Guerra da Cisplatina e cidadania 155

Considerações finais 171

Anexo 1 — O processo criminal e o funcionamento da Justiça no Rio Grande de São Pedro 175

Fontes e bibliografia 179

O Prêmio Pronex/UFF Culturas Políticas

O projeto Culturas Políticas e Usos do Passado — Memória, Historiografia e Ensino da História, formado por núcleos de pesquisadores da Universidade Federal Fluminense (UFF), da Universidade do Estado do Rio de Janeiro (Uerj), da Universidade Federal do Rio de Janeiro (UFRJ), da Universidade Federal Rural do Rio de Janeiro (UFRRJ) e da Universidade Candido Mendes (Ucam), apoiado pela Faperj e o CNPq por meio do Programa Nacional de Núcleos de Excelência (Pronex), instituiu em 2007 um concurso entre os doutores e mestres formados pelos professores que fazem parte do Projeto. Os três primeiros colocados recebem recursos do Pronex para a publicação do seu trabalho.

Os candidatos, com trabalhos na área de história contemporânea, foram avaliados por uma banca formada pelos professores doutores Marieta de Moraes Ferreira (UFRJ e Cpdoc/FGV), Tânia Maria Tavares Bessone da Cruz Ferreira (Uerj) e Francisco Carlos Palomanes Martinho (Uerj). Os candidatos com trabalhos em história moderna foram avaliados pelos professores doutores Manolo Garcia Florentino (UFRJ) e Ronaldo Vainfas (UFF) e pelo embaixador Alberto da Costa e Silva.

Em história contemporânea foram premiados, em 2008, os trabalhos de dois mestres, formados pelo Programa de Pós-Graduação em História da UFF, Rodrigo Farias de Sousa (*A Nova Esquerda americana: de Port Huron aos Weathermen 1960-1969*) e Janaina Martins Cordeiro (*Direitas em movimento: a Campanha da Mulher pela Democracia e a ditadura no Brasil*). Em história moderna, foi premiada a dissertação de mestrado de Gabriel Aladrén, também do PPGH (UFF), *Liberdades negras nas paragens do Sul: alforria e inserção social de libertos em Porto Alegre (1800-1835)*.

Temos a grata satisfação e a honra de apresentar aos leitores estes premiados trabalhos de historiadores que, ainda tão jovens, já se apresentam como pesquisadores de alto nível.

Daniel Aarão Reis
Coordenador do Projeto Culturas Políticas e Usos do Passado —
Memória, Historiografia e Ensino da História

Julho de 2009

Apresentação

Como orientadora e responsável pela indicação do texto de Gabriel Aladrén, *Liberdades negras nas paragens do Sul*, para o primeiro concurso de teses e dissertações do projeto do Pronex Culturas Políticas e Usos do Passado, é com satisfação que faço a apresentação do livro agora premiado. O autor, desde que apresentou seu projeto de mestrado ao Programa de Pós-Graduação da Universidade Federal Fluminense, revelou-se um pesquisador maduro e criativo, capaz de levar a bom termo uma investigação histórica inovadora e relevante. Não decepcionou.

Tratando do século XIX, *Liberdades negras nas paragens do Sul* traz importante contribuição ao tema da pesquisa, que repercute diretamente nas disputas em torno da memória da escravidão presentes na sociedade brasileira contemporânea. Afinal, os padrões de alforria da sociedade escravista na América portuguesa, e depois no Brasil monárquico, engendraram uma população dita *de cor* livre, sem precedentes, muitas vezes com acesso à propriedade de escravos, que parece ter estado no centro de uma certa especificidade, as vezes pensada como portuguesa, outras vezes como nacional. Especificidade passível de inúmeras leituras e apropriações, desde a celebração da mestiçagem e da democracia racial freyreanas até a constatação das profundas desigualdades oriundas do racismo à brasileira e da dificuldade de enfrentá-las.

Gabriel aborda as alforrias no Rio Grande do Sul das primeiras décadas do século XIX, o que torna ainda mais interessante a contribuição apresentada. No extremo Sul, talvez mais do que em outras regiões do país, os estudos sobre as práticas de alforria permitem também problematizar as relações entre as novas ideias políticas liberais e a instituição da escravidão. Terra de fronteira entre as colonizações portuguesa e espanhola, palco de disputas políticas no processo de formação dos estados nacionais do Cone Sul, os estudos sobre a escravidão no Brasil meridional cada vez mais nos dão conta da surpreendente amplitude da instituição escravista no Brasil império. Numa situação de conflitos armados e ampla circulação das novas ideias de liberdade, constitucionalismo, república e igualdade perante a lei, a legitimidade da escravidão era posta à prova, em termos gerais e na prática cotidiana. Se o direito de propriedade e o enraizamento da escravidão em todos os setores da vida social tornaram pouco expressivos os questionamentos de fundo à continuidade da instituição, seu caráter transitório, expresso em projetos que podiam associar alforria e cidadania, tendia a se aprofundar no novo contexto. A opção do livro de pensar a questão desde baixo, levando em consideração a ação e os projetos de escravizados e libertos, lança luz à profundidade das transformações em curso.

Ponto crucial das polêmicas interpretativas surgidas a partir das pesquisas sobre as práticas de alforria na sociedade brasileira oitocentista, os processos de racialização delas decorrentes não são deixados de lado pelo autor. São tema de todo um capítulo, que apresenta também o mérito de sistematizar as discussões historiográficas em torno da questão. Aliás, a revisão historiográfica apresentada faz do livro uma contribuição importante também no campo da história da historiografia. Pensar a alforria e os processos de racialização dela decorrentes é também discutir como a memória da escravidão se inscreve nas identidades pessoais e nas formas de classificação social de libertos e de seus descendentes. Sempre relacionais, as identidades e classificações racializadas davam forma a uma sociedade que, também nas paragens do Sul, continuava a se estruturar a partir de hierarquias fundadas no estigma da memória do cativeiro, apesar das promessas de igualdade civil trazidas pelos novos estados independentes.

O livro de Gabriel Aladrén discute essa e outras questões. Trata de memória, historiografia e culturas políticas em confronto no contexto das guerras de independência. Mas é antes de tudo um livro de história social. O autor enfrenta com competência os dados quantitativos e decididamente apresenta a história *desde baixo* nas análises de caso, o que permite ao leitor conhecer as formas de inserção social dos libertos e o enraizamento da escravidão na sociedade rio-grandense. A ancoragem na história social produz, talvez, o principal diferencial do trabalho, ao conectar historiografias que em geral orientam de forma paralela as iniciativas de pesquisa sobre o período.

Por fim, mas não menos importante, o texto do livro é elegante e agradável, conduzindo o leitor com inteligência e sem concessões ao rigor necessário a um texto historiográfico. O conhecimento histórico é sempre construído pelo historiador a partir das questões que formula e das formas a partir das quais organiza o tratamento das fontes em que procura suas respostas. Nem sempre isto está explícito no texto final, construindo uma ilusão de verdade absolutizada, que as vezes volta à moda, sempre com perdas para a complexidade do conhecimento histórico. Gabriel Aladrén não tenta nos contar *a verdadeira história*; formula uma questão e a responde da maneira mais abrangente possível, a partir de uma documentação histórica original e pertinente. Eu convido o leitor a acompanhá-lo na empreitada.

Hebe Mattos
Professora titular de história do Brasil
da Universidade Federal Fluminense

Agradecimentos

Este livro é uma versão da minha dissertação de mestrado, defendida no Programa de Pós-Graduação em História da Universidade Federal Fluminense em março de 2008. Para chegar ao resultado aqui apresentado, contei com diversas contribuições. A bolsa da Capes foi fundamental para que eu pudesse me dedicar integralmente à pesquisa. A Coordenação e os funcionários do Programa, sempre cordiais e eficientes, ajudaram quando necessário.

À professora Hebe Mattos faço um agradecimento especial pelo apoio, estímulo, segurança e competência na orientação da pesquisa, além da notável liberdade que me concedeu na definição dos rumos do trabalho.

Silvia Hunold Lara e Sheila de Castro Faria participaram da banca de defesa, contribuindo com críticas e sugestões valiosas. Keila Grinberg fez interessantes comentários na banca de qualificação. As disciplinas que cursei também foram muito importantes para aprofundar os debates desenvolvidos neste livro. Agradeço às professoras Mariza Soares, Ana Rios, Monica Grin e Márcia Motta e aos professores Marcelo Badaró e João Fragoso que, a partir de diversas perspectivas teóricas, ministraram excelentes cursos.

Herbert Klein leu o texto final com atenção, fez observações argutas e indicou os caminhos que poderiam ser melhor explorados. Antônio Carlos Jucá, Beatriz Loner, Cacilda Machado, Carlos Gabriel Guimarães, Gabriel Berute, Hendrik Kraay, Márcio Soares, Paulo Moreira e Roberto Guedes colaboraram em diversos momentos da pesquisa. Luís Augusto Fischer, com seu olhar interdisciplinar, fez considerações excelentes sobre a dissertação e me incentivou a publicá-la.

Natalia Stalla, Alex Borucki e Karla Chagas têm sido importantes interlocutores nos debates sobre a escravidão no Rio da Prata. Foram generosos, me brindando com ótimas conversas e dicas vindas do outro lado da fronteira. Alex ainda me ajudou compartilhando fontes e Natalia me presenteou com livros da Banda Oriental. A professora Ana Frega me indicou fontes e referências bibliográficas.

Esta publicação é fruto de um trabalho que desenvolvo desde os tempos da graduação, na Universidade Federal do Rio Grande do Sul. Com a profunda e admirável inteligência de Luiz Dario Ribeiro e Silvia Petersen, aprendi e continuo aprendendo sobre a história. Helen Osório, minha orientadora de iniciação científica, me guiou nos primeiros passos de pesquisa. Tive o privilégio de ter ótimos professores, como Benito Schmidt, Carla Rodeghero, Eduardo Neumann, Enrique Padrós, Fabio Kühn, Fernando Seffner, Regina Weber, Regina Xavier, René Gertz e Susana Bleil.

Minha dissertação transformou-se em livro ao ser premiada no concurso promovido pelo projeto Culturas Políticas e Usos do Passado, do Programa Nacional de Núcleos de Excelência (Pronex), coordenado por Daniel Aarão Reis. A banca de avaliação foi composta pelos respeitáveis historiadores Alberto da Costa e Silva, Manolo Florentino e Ronaldo Vainfas.

Diversos colegas me ajudaram trocando ideias e sugestões de pesquisa. Muitos amigos, historiadores ou não, me incentivaram e animaram durante a realização do trabalho. Minha família foi fundamental com seu carinho e apoio. Muito obrigado a todos!

À Joana eu agradeço por seu interesse apaixonado, visão crítica, amor e paciência incondicionais.

Introdução

A escravidão moderna é considerada um dos mais cruéis sistemas de exploração da força de trabalho desenvolvidos ao longo da história da humanidade. Sua emergência ocorreu no contexto da destruição dos direitos feudais e da expansão, em escala mundial, do capital comercial europeu (Williams, 1975). A colonização do Novo Mundo, além de ter sido um processo violento, assentou-se na visão de que a América seria uma terra sem os males e as corrupções europeias, um palco ideal para a construção do paraíso terrestre. O que talvez seja paradoxal é o fato de que, na prática, essa ideia foi empreendida com o aperfeiçoamento e a ampliação, em escala até então inédita, da instituição da escravidão, que atingiu níveis de exploração humana jamais vistos (Davis, 2001).

Apesar da especificidade da escravidão moderna, escravos e sistemas escravistas existiram em outros momentos ao longo da história. Em que pese à diversidade de caracteres sociais, econômicos e políticos dessas sociedades, o estatuto do escravo, em todas elas, tinha um substrato comum: "em geral, costuma-se dizer que o escravo tem três características que o definem: sua pessoa é propriedade de outro homem, sua vontade está sujeita à autoridade de seu proprietário e seu trabalho ou serviços são obtidos por meio de coerção" (Davis, 2001:49). David Brion Davis observa que, apesar da conveniência para os proprietários de considerar o escravo como um objeto destituído de direitos, forçoso foi reconhecer — às vezes legalmente e na prática, invariavelmente —, a sua humanidade. De qualquer modo, "os homens sempre reconheceram a escravidão como uma espécie de limite extremo em matéria de dependência e perda da liberdade natural, como aquela condição em que o homem chega mais perto do *status* de uma coisa" (Davis, 2001:53).[1]

---

[1] Sobre a definição de escravo e de sistema escravista, em termos abstratos e relativos a contextos específicos, ver Finley (1991), Patterson (1982) e Lovejoy (2002a).

Em todas as sociedades escravistas, a prática da manumissão era um fator crucial, tanto que a extensão do direito à alforria já foi tomada como parâmetro para mensurar a crueldade e os limites da exploração nessas sociedades (Tannenbaum, 1992). Para além das possibilidades de alforria, aos escravos e aos senhores preocupavam igualmente a amplitude e os significados da liberdade que seria exercida. A liberdade não é um estado natural: "é um construto social, um conjunto de valores coletivamente comuns, reforçado pelo discurso ritual, filosófico, literário e cotidiano" e, como tal, seus significados devem ser buscados na análise concreta de contextos históricos e sociais específicos (Cooper, Holt e Scott, 2005:51-52).

Este livro trata dos padrões de alforria e da inserção social de libertos na região de Porto Alegre, durante as três primeiras décadas do século XIX. Entre as questões que nortearam a análise está justamente a observação dos mecanismos de obtenção da manumissão, bem como das formas por meio das quais os pretos e pardos vivenciavam suas experiências de liberdade.

Investiguei, sobretudo, a passagem da condição de escravo para a de liberto através da alforria, interpretada por alguns como a via conservadora para deixar o cativeiro. As vias radicais seriam as fugas, a formação de quilombos e as revoltas escravas. Apesar de não serem o objeto privilegiado da análise aqui empreendida, não concebo essas outras modalidades de conquista da liberdade como experiências que contrastem, de forma absoluta, com a obtida através da alforria. Embora fossem caminhos diferentes, eles não separavam irremediavelmente o devir de pretos e pardos. Alforriados aliavam-se e viviam com escravos fugitivos e estes poderiam viver e ser reconhecidos como libertos.

A região enfocada abrange a vila de Porto Alegre, capital da capitania e depois província do Rio Grande de São Pedro do Sul, e algumas freguesias próximas, especialmente Aldeia dos Anjos e Viamão. No início do século XIX, Porto Alegre não passava de uma pequena vila colonial. Limitava-se a um exíguo território ao redor do antigo Porto de Viamão, às margens do Guaíba, onde foram instalados os açorianos que chegaram à capitania sulina entre 1751 e 1754. Em seu entorno, existia uma extensa zona rural, com fazendas, chácaras e campos. Na Aldeia dos Anjos e em Viamão desenvolvia-se uma produção agrícola, combinada com a pecuária (César, 1970).

Em 1807 a população destas localidades totalizava 9.886 pessoas, sendo 3.415 escravos (34,5%) e 887 libertos (8,9%).[2] Note-se que houve um crescimento da proporção de libertos, que em 1802 perfaziam apenas 6,1% da população, enquanto os escravos totalizavam 35,3%.[3] De modo geral, a capitania do Rio Grande contava com uma expressiva população de origem africana.

Quadro 1
População do Rio Grande de São Pedro no ano de 1814

	População	%
Brancos	32.300	48,2
Índios	8.655	12,9
Libertos	5.399	8,1
Escravos	20.611	30,8
Total	66.965	100

Fonte: Censo de 1814 (Fundação de Economia e Estatística, 1986:50).
Nota: Não foram computados 3.691 recém-nascidos, cujas "qualidades" (brancos, índios, libertos ou escravos) não foram informadas.

Percebe-se, a partir dos dados, que a proporção de cativos era bastante significativa[4] e semelhante à encontrada nas regiões de ocupação mais antiga, como o Rio de Janeiro. Em 1799, esta cidade contava com uma população total de 43.376 pessoas, sendo 14.986 escravos (34,6%) e 8.812 libertos (20%).[5] Apesar de a participação de libertos ser consideravelmente inferior à observada na capital fluminense, os índices que variam de 6 a 9% não podem ser considerados irrelevantes.

A partir de fins do século XVIII, o Rio Grande de São Pedro foi integrado plenamente aos circuitos comerciais da região Sudeste-Sul, por meio de uma forte ligação com a praça mercantil do Rio de Janeiro. Sua produção voltava-

---

[2] Mapa geral de toda a população existente na capitania do Rio Grande de São Pedro do Sul no ano de 1807. Os mapas de população não são as fontes mais confiáveis para análises demográficas, mas servem para indicar aproximações, já que inexistem estudos demográficos sobre o Rio Grande do Sul no período.

[3] Mapa de todos os habitantes da capitania do Rio Grande de São Pedro do Sul no ano de 1802 (Santos, 1984:37).

[4] Fábio Kühn (2004: 60) observou que Viamão em 1751 já contava com 45,4% de escravos na população. Essa proporção, com algumas variações, se manteve praticamente a mesma até 1830.

[5] Dados extraídos da tabela 3.2, População total da cidade do Rio de Janeiro, 1799 (Karasch, 2000:109).

se para o abastecimento do mercado interno, através das exportações de charque e trigo (Fragoso, 1998:141-144).⁶ O charque era produzido na região de Rio Grande e Pelotas e também no vale do rio Jacuí, mas a produção tritícola realizava-se, sobretudo, na região de Porto Alegre.

O início do século XIX foi marcado por uma aceleração do tráfico atlântico e o Rio Grande de São Pedro era um dos principais destinos da redistribuição de escravos desembarcados no Rio de Janeiro (Florentino, 1997). Com efeito, nota-se um crescimento na quantidade de cativos importados pela capitania sulina a partir dos primeiros anos do século XIX, tendo como origem principalmente o porto fluminense (Berute, 2006). Apesar disso, havia uma proporção equilibrada na naturalidade da população cativa rio-grandense. Os africanos constituíam 49% e os nascidos no Brasil 51% do conjunto dos escravos. Em geral, os senhores possuíam pequenas e médias escravarias, poucas vezes ultrapassando a quantidade de 10 cativos.⁷

Nas primeiras décadas do século XIX, frequentes conflitos militares conturbaram o Rio Grande de São Pedro. Após a conquista e a incorporação da região das Missões em 1801, ocorreram as Guerras Cisplatinas, entre 1811 e 1828. Em 1835 teve início a Guerra dos Farrapos, com a invasão de Porto Alegre pelos insurgentes farroupilhas no mês de setembro. Esta guerra convulsionou a sociedade rio-grandense, envolvendo praticamente todos os grupos sociais que viviam na província sulina. As próprias fontes cartoriais tornam-se, a partir de 1835, fragmentárias e irregulares. Acredito que, para dar conta das experiências de liberdade na época da Guerra dos Farrapos, seria necessária uma abordagem metodológica diferenciada, motivo pelo qual encerrei a pesquisa nessa data.

Destas guerras e revoluções, interessa em especial a conjuntura que se inicia com a formação da Junta Revolucionária na na cidade de Buenos Aires, em maio de 1810, e culmina com a Guerra da Cisplatina, travada entre o Império do Brasil e as Províncias Unidas do Rio da Prata entre 1825 e 1828. Tais conflitos, que marcaram os processos de independência na região platina e também no Brasil, tiveram um impacto importante nas experiências de pretos e pardos no Rio Grande, quer de forma indireta — com os efeitos que as guerras ocasiona-

---

⁶ Ver também a análise sobre a produção pecuária e a comercialização de couros e charque no clássico de Caio Prado Júnior, (1979:94-100).

⁷ Entre 1765 e 1825, 87% dos inventariados no Rio Grande deixaram escravos. No entanto, 79% deles possuíam no máximo nove, e cerca de 50% até quatro cativos (Osório, 2004:7-15).

ram na estrutura da escravidão rio-grandense — quer de forma direta, com o recrutamento de escravos e libertos para o Exército, as milícias e as guerrilhas.

Sentidos, visões e significados da liberdade: debates sobre alforria e libertos na historiografia brasileira

A historiografia brasileira, durante largo espaço de tempo, negligenciou a análise dos chamados grupos intermediários na sociedade brasileira colonial e imperial. Os debates em torno de sua natureza e dinâmica, que, internamente, fundavam-se no conflito entre senhor e escravo, além da opção por uma abordagem por vezes estruturalista, acabaram por excluir os libertos e livres pobres dessas reflexões. A visão polarizada das hierarquias e relações sociais no Brasil escravista tinha como imagem clássica a oposição entre os senhores — frequentemente representados como um senhor de engenho ou um grande cafeicultor — e, de outro lado, a enorme massa de escravos trabalhando, sobretudo, no eito.

Essa interpretação aparece, por exemplo, em Caio Prado Júnior que, ao observar o amplo predomínio do trabalho servil na colônia, sustentou que esse modelo constituía um óbice para a valorização do trabalho entre as camadas livres, restringindo sobremaneira as possibilidades de inserção econômica e social daqueles que não eram nem senhores, nem escravos:

> Entre estas duas categorias [senhores e escravos] nitidamente definidas e entrosadas na obra da colonização comprime-se o número, que vai avultando com o tempo, dos desclassificados, dos inúteis e inadaptados; indivíduos de ocupações mais ou menos incertas e aleatórias ou sem ocupação alguma [...]. Compõe-se sobretudo de pretos e mulatos forros ou fugidos da escravidão; índios destacados de seu habitat, mas ainda mal ajustados na nova sociedade em que os englobaram; mestiços de todos os matizes e categorias, que, não sendo escravos e não podendo ser senhores, se veem repelidos de qualquer situação estável, ou pelo preconceito ou pela falta de posições disponíveis.[8]
>
> (Prado Júnior, 2000:289)

---

[8] Uma interpretação distinta, que valoriza, ao contrário de Caio Prado, o passado escravista brasileiro, mas que descreve a sociedade escravista igualmente polarizada pela relação entre senhor e escravo, é a de Freyre (1989).

Segundo Caio Prado, essa "subcategoria colonial" seria composta de três partes: aqueles que habitavam os vastos e longínquos sertões, apartados da civilização e do contato com as vilas coloniais; aqueles que habitavam as cidades e, sobretudo, os campos, e constituíam a clientela de poderosos senhores, os agregados; e os "desocupados permanentes", vadios, que circulam pelas cidades e pelo campo, vivendo principalmente de crimes e atividades completamente irregulares (Prado Júnior, 2000:290-291).[9]

Apesar das significativas contribuições da historiografia brasileira das décadas de 1950 e 1960 ao tema da escravidão, somente a partir dos anos 1970 foram realizados estudos pioneiros acerca dos libertos.[10] Refiro-me às pesquisas de Kátia Mattoso (1979 e 2003), Stuart Schwartz (2001a:171-218) e Mary Karasch (2000) sobre as práticas de alforria e a vida de libertos em Salvador e no Rio de Janeiro. As principais contribuições desses autores são a valorização da alforria como um aspecto fundamental nas relações sociais escravistas no Brasil e a compreensão da variedade das formas de manumissão. Schwartz e Karasch também questionaram a ideia da alforria como um ato de benevolência senhorial, derivada do espírito humanitário dos proprietários de escravos brasileiros.

Outro mérito desses estudos foi o de terem inaugurado os debates sobre os significados da manumissão na sociedade escravista. A partir de então, as interpretações dos historiadores variaram muito, mas tendem a considerar a alforria ora como uma concessão senhorial, que cumpria uma função estrutural de reprodução das relações sociais escravistas, e ora como uma conquista escrava, à revelia ou à margem dos interesses senhoriais.

As posições teóricas sobre os significados da alforria são complexas e não se resumem às interpretações acima expostas, de modo que uma discussão mais aprofundada com a historiografia se faz necessária. A análise que será desenvolvida a partir de agora tem como objetivo ressaltar alguns aspectos re-

---

[9] Para o autor, a existência dessa massa de pessoas que viviam mais ou menos à margem da ordem social tinha duas causas principais: a predominância do trabalho escravo e o sistema econômico da produção colonial. A primeira desvalorizava o trabalho e restringia as oportunidades de inserção econômica dos homens livres; a segunda obstava o desenvolvimento e a lucratividade de pequenas e médias propriedades, não voltadas para a agroexportação.

[10] Uma exceção, que não trata diretamente dos libertos, mas enfoca os homens livres pobres nas fazendas de café paulistas no século XIX, é Franco (1997), publicado originalmente em 1969.

levantes da produção historiográfica brasileira sobre libertos e indicar noções que irão permear o desenvolvimento do livro.[11]

Jacob Gorender, em sua marcante obra *O escravismo colonial*, procurou sistematizar as conclusões sobre a prática da manumissão feitas ao longo de pesquisas empíricas na década de 1970. Segundo Gorender, os senhores beneficiavam-se da concessão da alforria na medida em que dispensavam cativos imprestáveis para o trabalho (por doença ou velhice), estimulavam a fidelidade e obediência dos escravos domésticos e auferiam uma fonte de renda complementar proveniente das manumissões pagas, especialmente em períodos de retração econômica. A despeito das diferenças na quantidade de escravos alforriados e nas facilidades ou óbices existentes para a concessão de alforrias nas sociedades escravistas modernas, Gorender conclui que em todas elas a manumissão funcionava como um lenitivo para as tensões das relações entre senhores e cativos e atendia principalmente aos interesses senhoriais (Gorender, 1985:352-358).

Na década de 1980, foram produzidas obras que questionaram algumas interpretações — identificadas com a teoria da reificação do escravo — da sociedade escravista brasileira. Os referenciais teóricos de Gorender foram muito criticados, juntamente com os daqueles autores associados à Escola de São Paulo,[12] por historiadores como Silvia Lara (1988) e Sidney Chalhoub (1990). Compartilhando certos pressupostos teóricos, inspirados no marxismo de E. P. Thompson e Eugene Genovese, ambos consideram o conceito de paternalismo útil para interpretar as relações entre senhores e escravos no Brasil, inclusive para compreender as práticas e os significados da concessão de alforrias.

Genovese, em *Roll, Jordan, roll*, identificou a sociedade escravista no Sul dos Estados Unidos como paternalista. Isso não implicaria, para o autor, a dissolução da subordinação racial e dos conflitos de classe, em razão de uma suposta harmonia entre os distintos grupos sociais. As características paternalistas daquela sociedade teriam derivado da necessidade de disciplinar e

---

[11] Naturalmente, o tema não se esgota nos autores avaliados nesta introdução. Contribuições relevantes foram feitas por outros historiadores, antropólogos e sociólogos. Muitas dessas contribuições serão discutidas e analisadas ao longo dos capítulos.

[12] Os principais autores identificados com a Escola de São Paulo e suas obras mais significativas sobre a escravidão e as relações raciais no Brasil são Fernandes (1978), Ianni (1962), Cardoso (2003) e Costa(1998). Estes sociólogos e historiadores têm uma forte influência do marxismo e, no caso de Fernando Henrique Cardoso, também de Max Weber e da sociologia funcionalista.

justificar moralmente um sistema de exploração. Para Genovese, senhores e escravos operavam com diferentes leituras a respeito das relações paternalistas. Para os senhores, seus escravos deveriam trabalhar, obedecer e expressar gratidão pelas benesses e proteção recebidas. Já os escravos interpretavam cada concessão senhorial como um direito (Genovese, 1976:3-7).[13]

Segundo Silvia Lara e Sidney Chalhoub, a alforria e outros ganhos materiais ou subjetivos dos escravos não podem ser considerados apenas concessões, pois isto revelaria só uma das faces da relação, a própria ideologia senhorial. A alforria não se resumia a um benefício concedido pelo proprietário, pois era também produto da luta e da resistência escrava:

> Inegavelmente, estas são formas de resistência [entre elas a luta pela alforria]. Muitas delas consistem em ações de resistência e ao mesmo tempo de acomodação, recursos e estratégias variados de homens e mulheres que, em situações adversas, procuravam salvar suas vidas, criar alternativas, defender seus interesses.[14]

(Lara, 1988:345)

Partindo de concepções elaboradas por Thompson para o século XVIII na Inglaterra (Thompson, 1987 e 1998), Lara e Chalhoub concebem o paternalismo como uma ideologia e uma forma de mediação de conflitos de classe. Entretanto, as formas concretas através das quais o paternalismo manifestava-se resultavam de disputas entre os escravos e os senhores, de modo que a resistência dos primeiros condicionava a aplicação dessa política de domínio.

---

[13] As teses de Genovese e de outros historiadores que escreveram durante a década de 1960, como Herbert Gutman, em um contexto de lutas intensas do movimento negro norte-americano pela igualdade de direitos civis, influenciaram profundamente os estudos posteriores sobre a escravidão. Essa nova historiografia ampliou a ênfase, já presente em Gutman e Genovese, na "agência escrava". Recentemente, alguns historiadores têm argumentado que é necessário avançar nessa proposta, a partir de uma perspectiva crítica do próprio conceito de "agência" (uma noção enraizada no pensamento liberal, que valoriza a livre escolha do indivíduo), bem como de uma definição mais precisa da relação entre a agência e a resistência escrava. Em outras palavras, não se deveria mais considerar que todo o indício de agência escrava seja igualmente uma forma de resistência. Ver Johnson (2003:113-124).

[14] Neste trecho, pode-se perceber o eco das palavras de Genovese (1976:658): *"Accommodation and resistance developed as two forms of a single process by which the slaves accepted what could not be avoided and simultaneously fought individually and as a people for moral as well as physical survival".*

O paternalismo era um instrumento de controle social e, como tal, reforçava e consolidava o poder moral dos senhores. Mas, por outro lado, seus códigos e regras eram cotidianamente redefinidos e disputados, o que permitia aos escravos aproveitarem certas brechas para "arrancarem" conquistas de seus senhores. Com efeito, apesar de considerarem a alforria como um aspecto fundamental da política de domínio senhorial na escravidão, Lara e Chalhoub se afastam das concepções de Jacob Gorender ao reconhecerem que os escravos agiam com o objetivo de influenciar e, se possível, subverter os arranjos de sua própria dominação.

Partindo de referenciais teóricos um pouco distintos, Hebe Mattos (1995)[15] também demonstrou que a análise dos benefícios usufruídos pelos escravos, tais como a possibilidade de formação de famílias, a mobilidade espacial, o cultivo de uma roça de subsistência e, principalmente, a alforria, deve considerar tanto os interesses senhoriais quanto os dos escravos e libertos. Mattos procurou historicizar os significados da liberdade, em uma perspectiva que ressalta as expectativas dos próprios escravos e os elementos concretos nos quais se baseavam suas experiências de liberdade.

No entanto, a historiadora tampouco desconsidera o fato de que os senhores utilizavam a alforria e outros benefícios materiais e simbólicos conferidos aos escravos como parte de uma estratégia de controle social, acentuando divisões no interior da senzala e privilegiando certos escravos em detrimento de outros. Mattos também trabalha com o conceito de paternalismo, mas entende que esta política de domínio tendia a mediar as relações entre os senho-

---

[15] Entre outros, Mattos dialoga com os autores da micro-história italiana. Giovanni Levi e Carlo Ginzburg problematizaram em suas obras a relação entre a liberdade dos sujeitos históricos, em especial das camadas subalternas, e a força imobilizadora das estruturas ou dos sistemas normativos. Ambos reconhecem que nenhuma estrutura ou sistema normativo é tão suficientemente coerente e rígido que impeça certa liberdade de ação dos indivíduos e grupos sociais: "Parece-me [...] que deveríamos indagar mais sobre a verdadeira amplitude da liberdade de escolha. Decerto essa liberdade não é absoluta: culturalmente e socialmente determinada, limitada, pacientemente conquistada, ela continua sendo no entanto uma liberdade consciente, que os interstícios inerentes aos sistemas gerais de normas deixam aos atores. Na verdade nenhum sistema normativo é suficientemente estruturado para eliminar qualquer possibilidade de escolha consciente, de manipulação ou de interpretação das regras, de negociação" Levi (1996:179-180). Ver também: Levi (2000); Ginzburg (1987). Também é importante a obra de Revel (1998), que reúne artigos de diversos micro-historiadores. Cabe ainda destacar que, apesar de a micro-história ser uma vertente teórica distinta do marxismo britânico (a principal influência para historiadores como Silvia Lara e Sidney Chalhoub), ambos têm aproximações e interlocuções, notadamente nas reflexões sobre a liberdade de ação dos indivíduos e grupos sociais ou, em outras palavras, a agência dos sujeitos históricos.

res e os escravos mais antigos dos plantéis, principalmente os crioulos e suas famílias, que constituiriam o núcleo de uma elite na comunidade cativa, em contraposição aos escravos recém-chegados:

> É a esta comunidade, que se constitui não apenas através da família, mas no decorrer de gerações, que o paternalismo, entendido como um código de dominação pessoalizado, passível de leituras distintas por senhores e escravos e, por isto, apto a administrar, dentro de certos limites, os conflitos inerentes à relação senhor-escravo, aparece como eixo principal das relações de dominação.
>
> (Mattos, 1995:159)

E a alforria, como um momento crucial na mobilidade social limitada de escravos, teria que ser administrada para reforçar o poder moral do senhor e assim conferir estabilidade às relações sociais no Brasil escravista. Mas segundo Mattos:

> este movimento [de mobilidade social], para livres e escravos, não dependia apenas de seu sentido vertical, não se esgotava na incorporação, por dependentes ou escravos, de códigos exclusivamente senhoriais ou brancos. Sua plasticidade lhe permitia apropriações diversas. Apropriações que potencializavam e dependiam também de coesões horizontais, daí sua força e efetividade.
>
> (Mattos, 1995:160)

Outra questão fundamental para Mattos refere-se às descontinuidades entre a primeira e a segunda metades do século XIX. Com o fim do tráfico transatlântico e o processo de concentração social e regional da posse de escravos resultante do movimento gerado pelo tráfico interno, a escravidão progressivamente perdeu sua legitimidade. Esse processo teve um forte impacto nas relações de dominação vigentes no Brasil. Os senhores passaram a encontrar dificuldades para administrar a concessão de alforrias como uma forma de reforçar sua ascendência moral sobre os cativos, isto é, a política de domínio senhorial calcada no paternalismo estava ruindo. Mas, mesmo ao longo da primeira metade do século XIX, a alforria não deve ser interpretada unicamente como uma arma de cooptação, mas também como resultado da pressão e das expectativas da comunidade escrava (Mattos, 1995:119-227).[16] Sheila de Castro Faria estudou as alforrias e as condições de vida de libertos no Rio de Janeiro e em São João Del Rei, oferecendo contribuições muito importantes para o tema. A autora considera a alforria como uma concessão, mas sempre tendo em vista que a libertação era resultado das ações dos escravos, das suas estratégias de luta e também de negociações com seus senhores (Faria, 2004:91). Um dos aspectos mais instigantes de sua tese diz respeito às relações sociais e econômicas tecidas pelas pretas libertas da África ocidental. Faria demonstrou que as pretas minas buscavam reproduzir, na medida do possível, os padrões culturais de suas sociedades africanas de origem. Elas possuíam escravos, mas seu relacionamento com eles tinha um teor muito distinto do padrão dominante na sociedade brasileira. Os forros em geral, e as mulheres forras em particular, constituíam o grupo de proprietários que mais alforriava seus cativos:

> As relações entre forros nascidos na África e seus escravos, entretanto, tinham necessariamente de ser baseadas em princípios e normas diferentes das estabelecidas entre brancos e seus escravos. Provavelmente esta diferença explica o fato de terem alforriado proporcionalmente mais do que os outros senhores livres. Forros proprietários de escravos eram majoritariamente estrangeiros e haviam passado pela experiência do cativeiro, mas não acho que tais alforrias se tenham dado por uma espécie de solidariedade no infortúnio. Ao contrário. Eles realmente usaram seus escravos como mão de obra. A exploração também existia.
>
> (Faria, 2004:242-243)

As pretas minas eram proprietárias de escravos e também os exploravam economicamente. No entanto, o conteúdo de suas relações com os cativos não tendia a reproduzir o padrão usual da relação senhor-escravo tal como vigia no Brasil. As sinhás pretas, nas suas vestimentas, na prática do comércio a

---

[16] Um dos elementos apontados pela autora para demonstrar a redução da margem de manobra senhorial ao longo da segunda metade do século XIX é o crescimento vertiginoso das ações de liberdade, nas quais escravos buscavam obter a alforria contra a vontade de seus senhores. Para ela, as ações de liberdade seriam a ponta do *iceberg* de um movimento crescente de pressão dos escravos pela obtenção de sua alforria.

retalho e nas relações com suas escravas e escravos vivenciaram suas experiências de liberdade reelaborando padrões culturais africanos no confronto com os condicionamentos da sociedade brasileira.

Há autores que enfatizam a função estrutural da alforria na reprodução das relações sociais escravistas. Apesar de reconhecerem os escravos enquanto agentes históricos, eles tendem a analisar alguns espaços de autonomia usufruídos pelos cativos como fruto, sobretudo, das estratégias senhoriais de controle e reprodução da própria escravidão. Manolo Florentino (2005:356-357), por exemplo, concluiu que as alforrias eram

> elementos de fundamental importância para a reprodução do *status quo*. Alcançando a liberdade conservadora pugnada pelo próprio sistema, muitos homens e mulheres viam-se inseridos em relações clientelísticas, por suposto. Mas é igualmente correto que alguns chegavam a se tornar proprietários de escravos, e suas trajetórias ajudavam a sustentar a crença de que um dia os outros escravos poderiam desfrutar não apenas da liberdade, mas também ascender socialmente em meio aos livres. Ora, semelhante movimento significava, para os agentes sociais, a possibilidade de reproduzir, em uma eventual posição de superioridade, as estruturas vigentes — isto é, a própria escravidão.[17]

Este tipo de conclusão, em que pese ao excelente trabalho de Florentino, pode limitar a análise dos significados da liberdade, tanto para os cativos e libertos quanto para os próprios senhores. Uma vez que desloca os termos da análise para uma suposta função estrutural da alforria, as ricas e variadas experiências de liberdade dos escravos ficam elididas na concepção de um sistema escravista cujas zonas de passagem entre a escravidão e a liberdade são interpretadas, antes, como veículos de reiteração do próprio sistema.

---

[17] Perspectiva semelhante pode ser encontrada em Góes (2006:517-568). Rafael Marquese (2006:107-123) também considera a prática da alforria como um elemento estrutural da reprodução do sistema escravista no Brasil. A diferença de Marquese em relação aos autores acima indicados é o arcabouço teórico inspirado em Orlando Patterson e Igor Kopytoff, que propõem uma compreensão da escravização, da situação da escravidão e da manumissão como partes de um mesmo processo institucional. Nesse sentido, a experiência do escravo não pode ser dissociada da experiência do liberto e a escravidão seria considerada um processo de transformação de status, onde o cativo, em uma ou mais gerações, passaria da condição original de estrangeiro para a de membro, quando liberto. A despeito da ótima e sugestiva análise de Marquese, penso que seus argumentos devem ser matizados. Talvez a proposta de Patterson e Kopytoff seja pertinente às sociedades baseadas na escravidão de linhagem — como a maior parte das sociedades africanas — mas não creio que possa ser aplicada à escravidão moderna, tal como existia no Brasil.

Robert Slenes argumentou que a visão que concebe certos benefícios (tais como a alforria, a roça própria e a família) como elementos determinantes e reprodutores do escravismo, acaba perdendo a noção de processo e a complexidade das ações dos atores sociais que engendram o devir histórico. Slenes, apoiado em Thompson e em Sidney Mintz, entende que as estruturas devem ser analisadas nos próprios processos sociais. Todos os sistemas escravistas têm contradições internas que possibilitam que os escravos elaborem e coloquem em prática comportamentos adaptativos (expressos, por exemplo, nas lutas pela roça própria, pela alforria e pela estabilidade familiar) que contribuem, de um lado, para a operação efetiva do sistema e, de outro, para o seu progressivo enfraquecimento (Slenes, 1999:27-53, 197-208).

*****

A difusão dos estudos sobre a escravidão no Rio Grande do Sul é um fenômeno recente. A historiografia "tradicional" rio-grandense pouca atenção conferiu ao tema, presa que estava a uma concepção particular da gênese e formação do estado sulino. O processo de incorporação à América portuguesa dos territórios que atualmente constituem o estado do Rio Grande do Sul foi caracterizado como um empreendimento de homens livres, iniciado pelos bandeirantes paulistas no início do século XVIII e consolidado pela chegada dos açorianos a partir de 1752.[18]

Alguns historiadores reconheceram a importância do escravo no Rio Grande do Sul, mas tenderam a caracterizar a formação social sulina a partir da ideia da "democracia pastoril". Nessa concepção, os escravos rio-grandenses seriam muito bem-tratados, usufruiriam de espaços de liberdade e desfrutariam de uma relação afável com seus senhores. Estes, caracterizados pela figura do estancieiro, trabalhariam e lutariam nas guerras ao lado de seus cativos e peões, exercendo sua autoridade pelos exemplos de abnegação, destreza no trabalho e coragem.[19]

---

[18] Ver Borges (1978) e outros exemplos em Gutfreind (1998).
[19] Ver Goulart (1933), Laytano (1937 e 1957) e Spalding (1953).

Fernando Henrique Cardoso (2003) criticou essa interpretação, demonstrando a violência das relações escravistas também no Rio Grande. Utilizando, sobretudo, relatos de viajantes, Cardoso constatou a importância da escravidão negra na sociedade gaúcha, em especial na economia charqueadora.

Mário Maestri procurou analisar a escravidão rio-grandense a partir do conceito de modo de produção escravista colonial, formulado por Jacob Gorender e Ciro Flamarion Cardoso. Maestri (1984:49-53) concluiu que o trabalho escravo só era fundamental e, portanto, configurava um modo de produção escravista, nas charqueadas. O autor não negava a existência de cativos na produção agrícola e pecuária, mas afirmava que sua utilização era fortuita.

Na década de 1990 ocorreu uma mudança de perspectiva. Paulo Zarth (2002:109-116), utilizando inventários *post mortem* do século XIX, observou que o trabalho escravo era utilizado de forma sistemática nas grandes estâncias, tanto na agricultura como na pecuária. Em sua tese de doutorado, Helen Osório (1999) comprovou a disseminação da posse de escravos na sociedade e sua utilização em todas as atividades produtivas do Rio Grande do Sul colonial.

A prática da alforria e a vida dos libertos são objetos que contam com raras pesquisas no Rio Grande do Sul. Paulo Moreira (2003) estudou os escravos e libertos na cidade de Porto Alegre ao longo da segunda metade do século XIX, procurando reconstituir suas experiências no ambiente urbano, bem como as práticas de alforria e a atuação das sociedades que promoviam a libertação de escravos.

Recentemente, foram realizadas interessantes pesquisas sobre a história do Rio Grande do Sul nos séculos XVIII e XIX, que oferecem importantes contribuições sobre aspectos do desenvolvimento e da sua formação social e econômica. Entretanto, o enfoque desses trabalhos é a emergência, a formação e o desenvolvimento das *elites* rio-grandenses, a partir da análise de sua atuação política, sua inserção em circuitos mercantis e sistemas produtivos e suas estratégias familiares ou individuais de reprodução social.[20] As camadas populares, nesse esforço mais recente da historiografia sulina, ainda merecem mais estudos e dedicação.[21]

---

[20] Gil (2003); Kühn (2006); Klafke (2006); Hameister (2006); Berute (2006); Miranda (2006); Comissoli (2006) e Farinatti (2007).

[21] Posso destacar, em relação aos escravos e libertos, os trabalhos de Oliveira (2006) e Weimer (2007). Sobre os indígenas no período colonial cito Neumann (2005) e Garcia (2007).

Este livro insere-se no campo da história social.[22] Sem desconsiderar os importantes aportes das pesquisas sobre as elites para o desenvolvimento desse campo, pretendo partir de uma visão que interpreta a sociedade rio-grandense "de baixo para cima".[23] Tal perspectiva pode, em minha opinião, contribuir para uma compreensão mais profunda da formação do Rio Grande do Sul, sobretudo no que se refere às relações sociais escravistas, que tiveram um papel fundamental na conformação do processo histórico sulino.

*****

Estruturado em quatro capítulos, este trabalho trata, no primeiro deles, dos padrões de alforria na vila de Porto Alegre e nas freguesias de Aldeia dos Anjos e Viamão. Um conjunto de 718 cartas de alforria, em que foram libertados 771 escravos, é a principal fonte utilizada. Verifico o perfil dos manumissos, bem como as formas predominantes de libertação, a partir de uma metodologia típica da história quantitativa e serial. Empreendi igualmente um esforço para compreender as motivações e expectativas de escravos e senhores nos processos de libertação, nesse momento analisando a fonte de forma qualitativa.

O segundo capítulo versa sobre a inserção econômica de libertos. Procurei definir as principais ocupações por eles exercidas e a constituição de seu patrimônio, seja no meio rural ou urbano, a partir de uma metodologia quantitativa aplicada a um conjunto de 26 inventários *post mortem* de libertos. Na tentativa de abordar, com maior profundidade, aspectos importantes da inserção econômica dos forros no Rio Grande do Sul, como o acesso à terra e a relação entre posse de escravos, atividades produtivas e hierarquia social, analiso de forma pormenorizada um inventário *post mortem* e um processo criminal.

No terceiro capítulo, discorro sobre um aspecto fundamental da inserção social de pretos e pardos livres e forros: as hierarquias fundadas em categorias de cor. Recorrendo a um conjunto variado de fontes, pretendi explorar

---

[22] Ver Davis (1991:177-182). Para uma análise sucinta do desenvolvimento da história social e de seus desdobramentos no Brasil, cf. Mattos (1997:45-59).

[23] A expressão é de Thompson (2001:185-201). Ver também Krantz (1985) e Hobsbawm (1998: 216-231).

os significados das designações de cor para os atores sociais envolvidos nos processos de classificação e identificação racial.

A influência das Guerras Cisplatinas e o processo de independência do Brasil nas possibilidades de inserção social de pretos e pardos é o tema do quarto capítulo. Observo, sobretudo, as oportunidades e alternativas abertas para escravos e libertos nessa turbulenta conjuntura. Analiso o engajamento de pretos e pardos nos exércitos em guerra, bem como o impacto da definição dos direitos de cidadania nas relações sociais e na concepção sobre as hierarquias sociais sulinas. O suporte documental desse capítulo é de natureza variada, mas baseia-se, especialmente, em processos criminais.

Resta ainda fazer uma explanação da metodologia empregada na pesquisa dos processos criminais.[24] Entre todos os processos do Cartório do Júri de Porto Alegre,[25] datados de 1800 a 1835, selecionei aqueles em que pretos e pardos, libertos ou livres, eram réus, vítimas ou autores. A partir dessa primeira triagem, procedi a uma segunda etapa de classificação, na qual selecionei os que tratavam de casos ocorridos em regiões próximas de Porto Alegre.[26] Cheguei então a um conjunto de 69 processos criminais, dos quais foi feita uma extração prévia de informações. Entretanto, nem todos foram utilizados ao longo do texto, mas a sua leitura foi importante para aproximar-me das principais características da sociedade estudada e assim selecionar, com maior pertinência, os casos discutidos e analisados neste livro.

---

[24] A crítica das fontes será empreendida em cada um dos capítulos, bem como os procedimentos metodológicos aplicados. Entretanto, faz-se necessária uma explicação acerca dos processos criminais, pois essa fonte é empregada ao longo de todo o livro.

[25] Na realidade, não se trata de processos e, sim, sumários criminais. Realizei um levantamento e encontrei apenas 30 processos-crime entre os anos de 1800 e 1835, relativos a todas as localidades do Rio Grande de São Pedro (Processos-crime, Porto Alegre, 2º Cível e Crime, maços 119-120, 1801-1834, nº 3559-3588). A partir de 1847, há uma grande quantidade de processos-crime, no Cartório do Júri. Mas ao realizar a leitura dos sumários, percebi que oferecem basicamente as mesmas informações que os processos criminais, sendo úteis, portanto, para os propósitos desta investigação.

[26] As principais localidades selecionadas foram — além de Porto Alegre — Aldeia dos Anjos, Viamão, Triunfo, Rio Pardo, Caí e Santo Antônio da Patrulha.

1 | Deixar de ser escravo: alforrias em Porto Alegre

"Porque a liberdade é um direito sagrado e inviolável e tem maior força que um justo cativeiro"

Joaquim Machado Leão alforriou o preto José no dia 10 de dezembro de 1821, na vila de Porto Alegre. José era africano, da nação Congo, "um negro velho, quebrado das virilhas, de idade de sessenta e tantos anos". Joaquim Machado Leão era herdeiro e testamenteiro de sua falecida mãe, Maria Joana do Nascimento. Entre os bens deixados por ela, estava o negro velho, que foi avaliado no inventário em 51$200, "por se achar cansado e já sem préstimo". Não fica claro, na carta de alforria, se José teve que pagar os 51$200 por sua liberdade, mas certamente ele pagou a meia sisa correspondente ao seu valor, de 2$560. Joaquim Machado Leão declarou que ficava responsável pelo produto de sua avaliação, e a liberdade conferida não poderia ser

> revogada, constrangida nem ampliada por outra qualquer forma ou motivo porque nesta ocasião do trânsito desta carta se acha o dito negro doente e me diz o professor que é doença perigosa. Como alguns dos herdeiros são muito capazes de me fazer ainda assim pagar o valor do dito negro logo que este me desse o seu valor para responder por ele em juízo desde a data dessa em diante fica o dito negro gozando de sua liberdade como que nascesse forro e as justiças de Sua Majestade assim a permitam porque a liberdade é um direito sagrado e inviolável e tem maior força que um justo cativeiro [...].[27]
>
> (Livros de Registros Diversos do 2º Tabelionato de Porto Alegre, nº 12, fls. 17v-18)

---

[27] A ortografia das fontes citadas foi atualizada. A partir de agora, a referência às cartas de alforria será feita da seguinte forma: RD1 (Livro de Registros Diversos do 1º Tabelionato de Porto Alegre) ou RD2 (Livro de Registro Diversos do 2º Tabelionato de Porto Alegre), nº do livro, folhas.

Esse caso é ilustrativo de uma série de questões suscitadas ao longo da análise das cartas de alforria da região de Porto Alegre: a complexidade das possíveis motivações do senhor que alforriou o escravo, suas justificativas e prevenções, além de possíveis complicações com outros herdeiros. Por outro lado, fica evidente que nas cartas de alforria os desejos e interesses daqueles que estão sendo libertados, os escravos, praticamente não aparecem e, em casos raros, é possível vislumbrá-los nas entrelinhas do discurso senhorial.

Apesar das dificuldades e complexidades que emergem da leitura deste tipo de fonte, o meu objetivo é realizar uma análise dos padrões de alforria nas localidades de Porto Alegre, Aldeia dos Anjos e Viamão, entre os anos de 1800 e 1835. Para tanto, utilizei um conjunto de 718 cartas de liberdade dos 1º e 2º Tabelionatos de Porto Alegre, nas quais foram libertados 771 escravos.[28]

A carta de alforria era um instrumento legal através do qual o senhor concedia a liberdade a seus escravos. Nas Ordenações Filipinas, a alforria era considerada como uma doação, mas não havia regulamentação sobre a forma como deveria ser registrada.[29] Comumente, era assinada pelo senhor, ou por alguém a seu rogo, e por uma ou mais testemunhas. Muitas vezes, o liberto, o ex-senhor ou outra pessoa interessada, de posse desta carta particular, registrava-a em cartório, em livro de notas. Por este motivo há, frequentemente, uma diferença entre a data da concessão da alforria e a data de seu registro em cartório.[30]

Nesses casos, a manumissão era lançada no livro de notas, como no exemplo: "Registro de uma carta de liberdade passada pelo reverendo Felisberto de Faria Santos a uma sua escrava de nome Ana Mina como abaixo se declara" (RD1, 8, fls. 9-9v). Depois deste cabeçalho, era transcrito o conteúdo da carta, incluindo o local, a data e a assinatura do senhor. Logo abaixo, o tabelião asseverava a validade do documento e das firmas e anotava o local e a data em

---

[28] As fontes encontram-se no Arquivo Público do Estado do Rio Grande do Sul (Apers). Os livros 1, 2, 3 e 4 do 2º Tabelionato não foram localizados no Arquivo Público. Provavelmente eles foram extraviados ou há um problema na numeração dos que estão arquivados. O primeiro livro encontrado, cujo número de classificação é 5, inicia-se no ano de 1806. A lista completa dos livros pesquisados encontra-se, neste livro, no item "Fontes manuscritas".

[29] As Ordenações Filipinas apenas regulamentavam as possibilidades de revogação da alforria e não as formas de concessão ou registro. Para uma análise da legislação sobre a alforria no Brasil e considerações metodológicas sobre o uso da fonte, ver Faria (2004), especialmente o capítulo 3, "A alforria".

[30] As datas das cartas de alforria citadas ao longo do capítulo, salvo expressa indicação, referem-se ao momento de sua concessão, e não ao registro cartorial.

que estava sendo feito o registro. Finalmente, o tabelião assinava, junto com a pessoa que levou a carta para ser registrada. Quando isso ocorria, a assinatura podia ser do próprio alforriado. Mas não era necessário que o fosse. No caso citado quem assinou — com uma cruz, pois não sabia ler nem escrever — foi João Cardoso, preto forro, marido de Ana Mina.

As informações que constavam nas cartas eram, geralmente, as seguintes: identificação do senhor, identificação do escravo, sua naturalidade, cor e, mais raramente, sua idade e ocupação. Ainda eram relatadas as razões da concessão da alforria (pagamento, bons serviços, amor, afeto) e, quando existiam, as condições impostas (servir até a morte do senhor, servir por mais um determinado período de tempo, entre outras).

Nem todas as alforrias eram registradas em cartório, na forma de cartas de liberdade. Podiam ser concedidas oralmente, ou por meio de papéis sem nenhum tipo de registro. Além disto, os escravos poderiam ser alforriados em verba testamentária ou na pia batismal e não era obrigatório que estas libertações fossem lançadas em notas. Portanto, as fontes disponíveis informam apenas sobre uma parcela dos libertos da região de Porto Alegre. Como não existem pesquisas sobre as outras formas de libertação na região, não posso avaliar precisamente qual a representatividade da documentação pesquisada. Não obstante, acredito que a maior parte das manumissões concedidas em âmbito privado foi registrada, uma vez que a confirmação pública da liberdade era uma garantia para os forros diante de situações em que poderia ser questionada sua condição.

A leitura das cartas de alforria pode contribuir para a avaliação da importância do registro cartorial no Rio Grande de São Pedro. Muitas cartas registradas nos livros de notas de Porto Alegre originavam-se do entorno rural da vila, inclusive de alguns lugares mais distantes. Em tais casos, algumas vezes o senhor declarava expressamente que só não lançava a carta em notas por não ter tabelião por perto: "a qual [a alforria] quero tenha toda força, e vigor, como que se fosse escritura pública a qual lhe não passo por não haver nesta vila tabelião" (RD2, 5, fls. 161v-162).

Acredito que, apesar de legalmente não ser necessário o registro em cartório das alforrias conferidas em papéis particulares,[31] os libertos procuravam,

---

[31] José Soares Pinto de Matos alforriou a sua escrava Josefa Benguela, gratuitamente, em Porto Alegre, no dia 15 de agosto de 1814 e declarou na carta: "e não lhe passo escritura pública por não ser necessário na conformidade das leis de Sua Alteza

na medida do possível, confirmar publicamente sua liberdade, com o intuito de assegurar sua nova condição. É claro que muitas alforrias não devem ter sido registradas e isso não necessariamente implicava dificuldades para os libertos. Em uma área rural, como era o entorno de Porto Alegre, o reconhecimento social da liberdade era mais importante que um documento comprobatório.[32] De qualquer modo, a possibilidade de reescravização[33] era real, seja em situações de partilha de bens entre os herdeiros ou quando o liberto migrava para regiões onde não era conhecido, como se vê no seguinte caso:

> Registro de um requerimento de José Silvano, e de uma carta de liberdade do mesmo, passada por Mariana Ferreira Joaquina, como abaixo se declara.
>
> Diz José Silvano, que da carta junta se vê sua liberdade *e para melhor realce quer pô-la em notas* razão porque pede a vossa mercê seja servido mandar distribuir ao Tabelião a quem pertencer — E receberá mercê — Lançado no livro terceiro de notas do segundo ofício a folhas cento e cinco verso — Barbacena vinte e quatro de outubro de 1805 [grifo meu].
>
> (RD2, 7, fls. 160-161)

O liberto José Silvano provavelmente migrou para o Rio Grande de São Pedro e, mesmo de posse de um papel particular, tendo já registrado sua al-

---

Real". Portanto, os senhores e certamente também os escravos sabiam que não havia necessidade legal do registro. Mas, se não havia imperativo legal, esse mesmo caso demonstra que o lançamento da alforria em notas era muito importante, pois a mesma foi "lançada em notas" apenas uma semana depois da data da concessão (RD2, 9, fls. 89v-90).

[32] Ferreira (2005). Ver o capítulo 4, "Amizade e alforria", p. 170-228. Ferreira observa que a garantia da liberdade, em especial quando concedida em testamento ou verbalmente, dependia da rede de relações pessoais mantida pelos ex-escravos. Era necessário haver um reconhecimento social da liberdade. No entanto, esse reconhecimento nem sempre era consensual, o que reforçava a necessidade do estabelecimento de alianças por parte dos libertos. Hebe Mattos (1995:194-195) já havia indicado a importância do reconhecimento social da liberdade e do estabelecimento de alianças para garantir essa situação. Nesse sentido, a autora enfatiza a importância das alianças horizontais, para além da dependência pessoal, que possibilitavam o trânsito entre a escravidão e a liberdade.

[33] Sobre os forros pairava, em determinadas situações, o temor da reescravização, ou da não confirmação da liberdade, especialmente quando da partilha de bens entre herdeiros de seus ex-senhores. Ver Grinberg (2006:101-128). Para Silvia Lara (1988:254-258), a morte do senhor era um momento crítico para os escravos. Normalmente implicava a renegociação de acordos sobre o ritmo de trabalho e benefícios concedidos aos cativos. Era também um momento em que a possibilidade de obter a liberdade estava em jogo. Tanto podia ser facilitada, quando o escravo oferecia o valor em que foi arbitrado, quanto dificultada, quando herdeiros não se dispunham a cumprir promessas verbais de alforria do falecido senhor. Sidney Chalhoub (1990:111-112) também observou a importância da morte do senhor, que podia acarretar profundas transformações na vida de seus escravos. A respeito da trajetória de um africano livre escravizado ilegalmente no Rio Grande de São Pedro, ver Oliveira (2006). Sobre a reescravização de negros na Banda Oriental e sua posterior comercialização no Rio Grande de São Pedro, ver Lima (2007).

forria em Barbacena, achou mais prudente, "para melhor realce", lançá-la nas notas do tabelião de Porto Alegre.

Alguns outros exemplos demonstram certa insegurança na condição dos forros, quando eles não tinham suas alforrias registradas em cartório. A crioula Rita, casada com o crioulo liberto Domingos, comprou sua alforria por 153$600, "cuja quantia recebemos na era de mil oitocentos e seis, e em cuja ocasião se lhe passou carta de liberdade e por esta lhe haverem sumida maliciosamente e esta nos ser pedido lhe passamos a presente carta de liberdade" (RD2, 7, fls. 163-163v).

Essa segunda carta de alforria foi passada em 10 de janeiro de 1810 e teve seu registro feito no dia 22 de maio do mesmo ano. Já Laureana Maria de Jesus alforriou o pardo José pela quantia de 102$400 e declarou que a carta de liberdade do escravo foi "desencaminhada sem que houvesse sido lançada em valor" (RD1, 8, fls. 111-112), por cujo motivo ela passava novamente a alforria para o liberto, tendo o cuidado agora de registrá-la junto ao tabelião.

Portanto, suponho que a maior parte das alforrias passadas em papéis particulares acabava sendo lavrada em cartório. Um pouco diferente é a situação das alforrias dadas na pia batismal ou em verbas testamentárias.

Localizei apenas cinco alforrias de ex-escravos que foram batizados como livres. João da Costa Coimbra e sua mulher Rosa Maria da Fonseca declararam que

> entre os bens que possuímos [...] é bem assim uma escrava por nome Eusébia que temos, a qual depois teve um filho mulatinho por nome Julião que forramos na pia do batistério, tanto por ser nossa cria, como pelos bons serviços da mãe, o qual temos criado e beneficiado até o dia de hoje e para que conste este nosso benefício lhe passamos esta nossa carta de liberdade.
>
> (RD1, 8, fls. 87v-88)

Mas apesar de o casal ter alforriado o mulatinho Julião na pia e depois dado a carta de liberdade, que foi registrada em cartório, acredito que, em razão da escassez de casos encontrados, esse procedimento não era costumeiro. Ser registrado como forro na pia seria uma confirmação da liberdade por si só suficiente.

No que se refere às alforrias concedidas em verba testamentária a situação é mais complexa. Encontrei 64 alforrias, entre as 771 pesquisadas, que foram passadas por testamenteiros ou herdeiros cumprindo disposições expressas em testamento. Além destas, localizei nos livros de notas uma série de petições de forros pedindo a certidão de suas alforrias dadas em testamento:

> Registro de [...] uma petição despacho certidão e selo pertencente à preta Josefa Guiné como abaixo se declara.
>
> Sr. Juiz de Fora pela Lei — Diz Josefa preta de Guiné escrava que foi de Isabel Maria da Conceição preta forra que ela precisa por certidão o teor da verba de testamento com que faleceu a dita sua senhora em que declara a suplicante liberta e isenta de cativeiro portanto — Pede a vossa mercê seja servido mandar que o escrivão respectivo lhe passe por certidão o que constar da referida verba — E receberá mercê — Passa em termos — Barros — Certifico eu escrivão dos ausentes e resíduos abaixo assinado que revendo em meu cartório o livro de registro de testamentos número doze nele a folhas quarenta e uma verso em diante se acha registrado o testamento de que trata o requerimento retro no qual faz menção da verba pedida pela suplicante e é do teor seguinte — a deixo forra e isenta da escravidão a minha escrava Josefa preta de Guiné que terá quarenta anos mais ou menos, *o meu testamenteiro lhe dê à custa de meus bens uma certidão do teor desta verba para mostrar donde carecer que é mulher livre e não cativa*. Nada mais contém no referido registro do dito testamento ao qual me reporto e dou fé de onde extraí a presente em observância do despacho retro nesta vila de Porto Alegre aos vinte e sete dias do mês de abril de mil oitocentos e quinze [grifo meu].
>
> (RD2, 9, fls. 130v-131)

Há uma razoável quantidade de petições e requerimentos semelhantes a este nos livros de notas de Porto Alegre. Isso sugere que as alforrias dadas em verba testamentária muitas vezes eram também registradas em cartório, seja na forma de cartas de alforria (como as 64 localizadas), ou quando os libertos pediam uma certidão de sua liberdade para que pudessem carregar consigo um papel que lhes desse a comprovação de sua nova condição.

É importante deixar claro que analiso as cartas de alforria propriamente ditas, não tendo incluído as petições, requerimentos e seus despachos, que continham a transcrição das verbas testamentárias. Com efeito, reafirmo que não posso avaliar, com precisão numérica, a representatividade destas fontes em relação ao conjunto dos alforriados, mas suponho que, ao menos entre aqueles que receberam papéis particulares de alforria, a maioria os tenha lançado em notas, para maior segurança de seu novo status jurídico.

"De minha livre e espontânea vontade sem constrangimento de pessoa alguma"

A carta de alforria é um documento privilegiado para a análise da ideologia senhorial. É onde se registra um momento crucial da política de domínio paternalista: a produção de dependentes.[34] Os senhores interpretavam a alforria como uma concessão, dada em retribuição à obediência e aos bons serviços prestados pelo escravo. Não é meu objetivo fazer uma extensa análise do discurso senhorial, mas apresentarei alguns exemplos que podem ajudar na compreensão de sua lógica.

Francisco de Vargas Correia recebeu de seu escravo Francisco, nação Benguela, a quantia de 153$600 por sua liberdade, mas justificou a alforria da seguinte forma: "em virtude da dita quantia que recebi e dos bons serviços que sempre me fez e tratando-me com obediência de humilde escravo e amor de filho [...]" (RD1, 3, fls. 46v-47). Mesmo tendo recebido dinheiro pela alforria, o senhor fez questão de afirmar que deu a carta de liberdade também em razão do comportamento do escravo. Comportamento que devia ser adotado, na ótica senhorial, inclusive após a liberdade. O senhor, "benevolente", esperava do liberto o respeito e o reconhecimento pela graça concedida. Ao alforriar a escrava parda Marcelina, "de muita idade", Joaquim José de Azevedo e sua mulher Rita Maria de Jesus deixam isso bem explícito:

> Reservando somente o respeito que sempre deve ter a todas aquelas pessoas que concorreram para sua liberdade e muito mais a seus senhores que foram para que nunca for minar raivas descomposturas com palavras injuriosas como já tem acontecido [...] do contrário desde já [ilegível] ficará esta sem vigor e nula sem efeito e para que assim não aconteça viva na boa paz e sossego do seu espírito com aquela sinceridade e respeito devido.
>
> (RD2, 8, fls. 40v-41)

Parece que a parda Marcelina já não reservava o respeito esperado por seus senhores, que mesmo assim a alforriaram, com a ameaça de que se ela não se comportasse adequadamente seria chamada de volta ao cativeiro. Essa

---

[34] A expressão é de Cunha (1986:123-144).

possibilidade de revogação da alforria por conta da ingratidão ou traição do liberto, além de constar nas Ordenações Filipinas, era muitas vezes reforçada como ameaça nas cartas de liberdade: "com a condição de esta ficará de nenhum efeito, se em qualquer tempo durante a minha vida cometer contra a minha pessoa traição ou desobediência" (RD1, 9, fls. 35v-36), disse Prudenciana Maria do Carmo, ao libertar gratuitamente sua escrava Severina Maria. Em outros casos os senhores são ainda mais explícitos:

> [a escrava foi alforriada] pelo preço e quantia de 128$000 réis não obstante a mesma dita Delfina valer o quádruplo desta dita quantia e que assim faço não somente em atenção a seus bons serviços feito em minha casa como os que tem feito em casa do Sr. Alferes Inocêncio Casemiro de Freitas aonde tem estado há alguns anos ainda hoje se acha, e também debaixo da condição de não poder viver ou existir em parte onde exista a minha família cuja condição deverá cumprir debaixo da pena de que quando o contrário faça podê-la chamar outra vez ao cativeiro; repondo-lhe a dita quantia que nesta ocasião recebi sendo da mesma forma esta minha carta de liberdade nula e sem efeito quando abusando de sua liberdade a tocar a maltratar brancos e com especialidade aqueles que tem sido seus senhores ou amos, ou mesmo quando não proceda com decência e quedando em vadia se enche de vícios e seja incorrigível.
>
> (RD1, 9, fls. 121v-122)

João Luís Teixeira, o senhor que alforriou a cabra[35] Delfina, natural do Rio de Janeiro, parece que não se acertou muito bem com ela. Ela trabalhava há alguns anos na casa do Alferes Inocêncio, onde deve ter juntado a quantia de 128$000 com a qual comprou sua alforria. Mas João Teixeira deixou claro na alforria que Delfina não poderia viver próxima de sua família nem abusar de sua liberdade. Infelizmente não temos mais informações sobre essa história, mas suponho que Delfina tenha feito um grande esforço para "viver sobre si" e que seu senhor tenha achado por bem alforriá-la. Ainda assim, ele fez questão de expressar na manumissão que ela deveria sempre se portar com decência e ter respeito aos seus ex-senhores.

---

[35] Termo que designa cor no período colonial. Ver uma discussão mais aprofundada no 3º capítulo deste livro.

Os exemplos acima expostos demonstram aquilo que Chalhoub identificou como a ideologia paternalista. Segundo o autor, essa ideologia fundava-se no princípio da primazia absoluta da vontade senhorial, na qual todos os benefícios recebidos pelos dominados (fossem eles escravos, libertos ou livres) deveriam ser teatralizados como concessões da vontade do senhor:

> [o paternalismo] trata-se de uma política de domínio na qual a vontade senhorial é inviolável, e na qual os trabalhadores e os subordinados em geral só podem se posicionar como dependentes em relação a essa vontade soberana. Além disso, e permanecendo na ótica senhorial, essa é uma sociedade sem antagonismos sociais significativos, já que os dependentes avaliam sua condição apenas na verticalidade, isto é, somente a partir dos valores ou significados sociais gerais impostos pelos senhores, sendo assim inviável o surgimento das solidariedades horizontais características de uma sociedade de classes. [...] Todavia, já há cerca de três décadas de produção acadêmica na área de história social para demonstrar que, se entendido unicamente no sentido mencionado, o paternalismo é apenas uma autodescrição da ideologia senhorial [...]. Em textos famosos, escritos desde o início da década de 1970, Thompson e Genovese — este abordando um contexto em que também havia escravidão —, e depois muitos outros historiadores, mostraram que a vigência de uma ideologia paternalista não significa a inexistência de solidariedades horizontais e, por conseguinte, de antagonismos sociais.
>
> (Chalhoub, 2003:46-47)

A ideologia paternalista dos senhores de escravos era tão arraigada que, em alguns casos, os termos de seu discurso entravam em evidente e manifesta contradição. Jerônimo Ribeiro da Cunha, ao passar a carta de alforria a seu escravo em Porto Alegre, no dia 25 de março de 1814, assim escreveu:

> Digo eu Joaquim Ribeiro da Cunha na qualidade de herdeiro da herança [ilegível] da minha defunta mãe Cristina da Costa Meireles, que por observação a um despacho que me foi intimado do Excelentíssimo Senhor Governador e cujo me obriga a dar a liberdade ao crioulo Joaquim cativo que foi do mesmo casal, por este de hoje em diante fica o dito crioulo gozando dela como forro que fica para todo sempre por mim meus herdeiros e testamenteiros para que em tempo nenhum lhe possam obstar peço à Justiça de Sua Alteza Real haja de lhe conservar a dita doação assim como eu faço de minha livre vontade sem que para

isso receba prêmio algum e de como assim o declaro passo este por minha letra e por mim assinado.

(RD2, 9, fls. 54-54v)

Não pude localizar o despacho do governador que obrigou Ribeiro da Cunha — herdeiro e provavelmente testamenteiro de sua mãe — a conceder a liberdade a Joaquim. Talvez Cristina da Costa Meireles tenha deixado o cativo liberto em verba testamentária. Ou então o crioulo Joaquim pode ter amealhado a quantia correspondente ao valor em que foi avaliado no inventário e ter solicitado a sua alforria. De qualquer modo, Joaquim recorreu ao governador, que emitiu um despacho intimando Ribeiro da Cunha a conceder-lhe a liberdade. Mesmo reconhecendo que foi obrigado, o senhor não se furtou de dizer que fazia a carta de livre vontade e que para isso não havia recebido prêmio algum.

O caso toca em uma questão fundamental: a prerrogativa de conceder a carta de alforria era de âmbito estritamente pessoal e um direito exclusivo do senhor. A interferência do Estado na relação pessoal entre senhor e escravo ocasionava tensões e não deveria ser corriqueira. O domínio de classe na escravidão fundava-se, necessariamente, em relações pessoais entre senhores e escravos.

Além do acima citado, localizei somente mais um caso em que ocorreu uma intromissão de autoridades estatais na relação, que deveria ser privada, entre senhores e escravos. O documento é uma petição de um casal de escravos solicitando suas cartas de alforria, no ano de 1810, ao governador do Rio Grande de São Pedro, dom Diogo de Souza:

> Dizem Manoel e Gertrudes sua mulher, escravos que foram de Inácio Xavier César, morador da freguesia de Cachoeira, que vendo-se ambos cruelmente perseguidos por aquele suplicado seu senhor, o primeiro para consentir, e a segunda para satisfazer continuamente aos seus ilícitos tratos, digo, ilícitos desejos, assim sendo esta depravada pretensão com reiteradas promessas de libertá-los de sua escravidão como com efeito fez por contas de seu próprio punho, que depois não lhas quis entregar, tomaram os suplicantes o expediente de passar-se a esta Capital, aonde se acham há mais de um ano e meio, entregues em depósito, e a um inerte e descuidado curador, que desobedecendo do dever de sua obrigação, faz com que estejam os suplicantes jazendo sem decisão alguma.

(RD2, 8, fls. 14-15v)

Note-se que Inácio Xavier César prometeu a liberdade de ambos os escravos em troca da realização de seus "desejos ilícitos" com Gertrudes. Como o senhor não lhes entregou as suas cartas de alforria, que ele teria escrito de próprio punho certamente para melhor convencer Gertrudes a realizar com ele tratos ilícitos, o casal de escravos dirigiu-se a Porto Alegre, onde ficaram depositados e entregues a um curador. O governador deferiu o pedido e ordenou que o senhor passasse as cartas de liberdade aos escravos dentro de um mês. Entretanto, localizei outra petição do casal Manoel e Gertrudes, feita alguns meses depois do primeiro despacho. Nesse segundo requerimento, os escravos alegam que há mais de quatro meses Inácio Xavier César havia sido intimado a dar-lhes as cartas de alforria e "nada tem resultado de tão sagrada determinação". Eles solicitam então que o comandante do distrito de Cachoeira faça cumprir o despacho "no termo de vinte e quatro horas" e caso o senhor não o cumpra, que seja preso e "remetido a Vossa Excelência onde quer que se achar, porque do contrário jamais terá o seu devido efeito" (RD2, 8, fls. 30-30v).

Veja-se que, com muitas dificuldades, o casal de escravos conseguiu ir a Porto Alegre, onde ambos ficaram depositados. Tiveram a infelicidade de serem entregues a "um inerte e descuidado curador", que demorava em encaminhar a petição ao governador. Após um ano e meio, finalmente, logram seu intento e o governador defere seu pedido. Entretanto, provavelmente ao retornarem a Cachoeira para pegar suas cartas, Inácio Xavier César, estando bem longe do alcance do poder estatal, não lhes quis dá-las. Após o segundo despacho, não localizei mais documentos que pudessem informar sobre o fim dessa história. As cartas de alforria de Manoel e Gertrudes também não foram localizadas. Ainda que eles as tenham recebido, nota-se que, principalmente nas paragens mais distantes da capital do Rio Grande, o acesso à justiça por parte dos escravos era algo realmente complicado. Tudo isso me faz crer que, a despeito de algumas exceções, a obtenção da alforria circunscrevia-se, ou pelo menos se decidia, no âmbito pessoalizado das relações entre senhores e escravos.[36]

---

[36] Manuela Carneiro da Cunha (1985:44-48 e 1986:123-144) defende o caráter essencialmente privado da prática da alforria, posição contrária à defendida por Keila Grinberg (1994:39-47), que observa um certo grau de interferência do Estado nas relações de senhores com seus escravos durante o século XIX. Sidney Chalhoub (1990:175-194 e 2003) demonstrou que após 1871 a intervenção estatal e, especialmente, a percepção dos escravos sobre a possibilidade de acesso à justiça e às lutas no campo do direito tiveram um importante papel na crise do poder senhorial. Regina Xavier (1996:39-70) sugeriu que, mesmo após a lei de 1871, a intervenção do Estado na relação entre senhores e escravos causava tensões e, não raro, conflitos.

Enidelce Bertin (2004), ao pesquisar as cartas de alforria em São Paulo durante o século XIX, deteve-se com especial atenção no discurso presente nesse tipo de fonte. Observou que as alforrias refletem com nitidez a política paternalista, cujo móvel é a afirmação peremptória da imposição da vontade pessoal do senhor. Entretanto, nas entrelinhas desse discurso, é possível perceber a agência escrava, subsumida na ideologia senhorial que escamoteia as tensões e conflitos e enfatiza a alforria sempre como uma doação.

As atitudes da cabra Delfina, da parda Marcelina, do crioulo Joaquim e de outros tantos libertos, que pressionaram, de formas diversas, seus senhores a conceder-lhes a liberdade, demonstram como pode ser enganoso o discurso senhorial que invariavelmente enfatiza a alforria como um ato *de livre e espontânea vontade sem constrangimento de pessoa alguma*.

Os padrões de alforria

A grande maioria das alforrias pesquisadas foi concedida na vila de Porto Alegre, totalizando 596 cartas. Na freguesia de Nossa Senhora dos Anjos foram passadas 61 cartas, e a mesma quantidade foi verificada em Viamão. Isso pode indicar que a maioria dos alforriados da região vivia em Porto Alegre e seus arredores. Por outro lado, é mais provável que senhores de outras freguesias e paróquias do Rio Grande de São Pedro tenham passado cartas de alforria na vila.

Entre os 771 escravos alforriados, 445 eram mulheres e 326 homens, uma proporção de, aproximadamente, 58% para 42%. Considerando que a participação feminina na população escrava era inferior à masculina, conclui-se que elas levavam grande vantagem na obtenção de manumissões.

Para uma maior acuidade na análise dos padrões de alforria, cruzei os dados referentes à naturalidade e ao sexo dos alforriados. A naturalidade consta em 662 registros, o que perfaz aproximadamente 86% do total. Em 106 registros não havia nenhum indício para inferir essa informação. Além destes, três casos foram excluídos. Lixarda, alforriada em 1825 por Pedro de Souza Lobo, foi designada como "parda de nação" (RD1, 9, fl. 30). É possível que seja um erro de registro por parte do tabelião, mas também pode indicar realmente o caso de uma escrava africana que teria uma tez mais clara, como ocorria em alguns grupos populacionais da África.

Aqueles escravos designados como "de Nação", "da Costa da África", "da Costa" ou com a sua nação especificada, foram incluídos entre os nascidos na África. Considerei que todos os crioulos, pardos, mulatos e cabras eram nascidos no Brasil.[37] Prefiro falar em "nascidos no Brasil" em vez de "crioulo" porque, apesar de este último termo ser recorrentemente utilizado por historiadores para indicar a naturalidade, os escravos nascidos em território brasileiro eram designados também como pardos, mulatos ou cabras. Segundo Mariza Soares, os escravos designados como crioulos, ao longo do século XVIII, nasceram no âmbito da sociedade colonial, quer no Brasil ou na África.[38] Em 1833, na cidade de Porto Alegre, Joaquim Coelho das Neves alforriou a *crioula filha do Cabo Verde* Januária Fernandes Tavares (RD1, 9, fls. 50-50v). A escrava Januária era considerada uma crioula, mesmo tendo nascido em Cabo Verde, um arquipélago na costa oeste da África que, desde fins do século XV, estava sob domínio de Portugal. Igualmente, o moleque Cristóvão, *crioulo de Angola*, foi alforriado em 1820 por Bartolomeu José Bahia (RD2, 11, fl. 81).

Ainda que estes dois únicos casos sejam quantitativamente inexpressivos, demonstram uma característica do sistema classificatório dos escravos, que tende a corroborar as conclusões de Mariza Soares sobre o século XVIII para o primeiro terço do século XIX. Mas a existência de apenas dois casos indica que eram raros os crioulos nascidos fora do Brasil no Rio Grande de São Pedro. Quando existiam, provavelmente eram nomeados dessa forma: "crioulo filho de...", ou "natural de...", o que implica a conclusão de que todos os outros crioulos nas cartas de alforria pesquisadas nasceram no Brasil. Portanto, excluí esses casos do cômputo geral.

---

[37] Mais precisamente, nascidos na América portuguesa e após a Independência, no Brasil. Para auxiliar a fluência do texto, utilizo o termo "brasileiros" ou a expressão "nascidos no Brasil". Nas tabelas, o termo utilizado é "Brasil".

[38] Mariza Soares (2000:96) observa que o termo crioulo não identificava, inicialmente, os escravos nascidos no Brasil, como é comumente pensado, mas sim aqueles nascidos no âmbito da sociedade colonial, o que podia incluir escravos nascidos em possessões portuguesas na África. A historiadora fundamenta seu argumento com base em registros de batismo do Rio de Janeiro no século XVIII. Note-se também a definição de crioulo em dicionário do século XVIII: "Escravo, que nasceu na casa de seu senhor" (Bluteau, s.d.).

Tabela 1
Naturalidade e sexo dos alforriados
Porto Alegre, Aldeia dos Anjos e Viamão (1800-1835)

	Homens	Mulheres	Total
África	91	133	224 (34%)
Brasil	179	259	438 (66%)
Total	270 (41%)	392 (59%)	662 (100%)

Fonte: Cartas de alforria dos Livros de Registros Diversos do 1º e 2º Tabelionatos de Porto Alegre (1800-1835).

Nesta primeira tabela, duas informações são importantes. Dos 662 escravos cuja naturalidade foi identificada, 66% eram nascidos no Brasil e 34% na África. Além disso, 59% eram mulheres e 41% homens. Estas informações corroboram pesquisas realizadas com cartas de alforria para outras regiões do país, que afirmam que os "crioulos" e as mulheres teriam maior facilidade para conquistar sua liberdade.[39]

As mulheres constituíam a maior parte dos libertos.[40] Fossem africanas ou "brasileiras", sempre levavam vantagem em relação aos homens. Esta predominância na obtenção da alforria fica ainda mais nítida quando a comparamos com sua participação na população cativa. Em 1807, as mulheres perfaziam aproximadamente 36% da escravaria sul-rio-grandense.[41]

Os nascidos no Brasil representavam 51% entre os cativos[42] e 66% entre os alforriados em Porto Alegre. Um padrão diferente foi encontrado para outras regiões do Brasil. Kátia Mattoso, Mieko Nishida, Sheila de Castro Faria e Manolo Florentino constatam que, em alguns períodos do século XIX, em Salvador e no Rio de Janeiro, a maior parte dos escravos que recebiam a carta de alforria era de origem africana. Os autores sugerem que a aceleração do tráfico atlântico no início do século XIX e o consequente crescimento demográfico de

---

[39] Ver Schwartz (2001a), Karasch (2000:439-476) e Eisenberg (1989:255-314).

[40] "Todos os estudos da alforria brasileira concordam, com uma unanimidade impressionante, que a mulher escrava era quem mais recebia a carta de alforria, em números bem superiores à sua proporção dentro da população escrava" (Eisenberg, 1989:163). "Realmente, uma das poucas unanimidades entre os historiadores é a de ter sido a mulher privilegiada no acesso à manumissão, apesar de bem menos numerosa na população escrava" (Faria, 2004:111).

[41] Cf. mapa geral de toda a população existente na capitania do Rio Grande de São Pedro do Sul no ano de 1807.

[42] Conforme dados levantados por Helen Osório (2004:7-15) em inventários *post mortem* dos anos de 1790 a 1825

africanos nas duas cidades seriam alguns dos motivos da predominância das manumissões concedidas aos escravos nascidos na África.[43]

Apesar de o Rio Grande de São Pedro ter também recebido uma quantidade expressiva de africanos nesta conjuntura de aceleração do tráfico, não existem pesquisas que demonstrem seu impacto no conjunto da população cativa da província.[44] A predominância de alforrias concedidas aos "brasileiros" pode sugerir, portanto, sua proporção elevada entre os cativos rio-grandenses, mesmo em um período de entrada crescente de africanos. Não obstante, acredito que o sucesso dos escravos nascidos no Brasil na obtenção de certos tipos de alforria seja o principal fator explicativo para a sua nítida predominância entre os alforriados.

Alforrias pagas, gratuitas e condicionais

A grande variedade de tipos de alforria e de condições impostas para a sua concessão é causa de enormes dificuldades para sua classificação. A elaboração de tipologias distintas por diversos pesquisadores também dificulta a comparação. Ciente desse empecilho, procurei contorná-lo adotando a seguinte solução: inicialmente apresentarei uma tipologia simplificada, que distingue apenas as alforrias pagas, as condicionais e as gratuitas incondicionais; em um segundo momento, a tipologia tornar-se-á mais complexa e minuciosa, com o objetivo de aproximar-me da realidade social que engendrava a libertação dos escravos no Rio Grande de São Pedro.

---

[43] Ver Mattoso (2003:185), Nishida (1993:361-391), Faria (2004:113-116) e Florentino (2005:346-350).
[44] Gabriel Santos Berute (2006), que em sua excelente pesquisa sobre o tráfico negreiro comprovou o incremento do desembarque de escravos africanos no porto de Rio Grande a partir de 1809, sugeriu algumas hipóteses relacionando os números do tráfico com os dados disponíveis sobre a população cativa no Rio Grande do Sul no início do século XIX. Para o autor, existiam três movimentos fundamentais para a reprodução demográfica da população escrava sul-rio-grandense: o recurso ao tráfico atlântico de escravos — através de sua etapa interna, sobretudo a partir do porto do Rio de Janeiro —, que desembarcava africanos novos na capitania sulina; o recurso ao tráfico interno propriamente dito, que trazia levas de crioulos e africanos ladinos; a reprodução natural da escravaria sul-rio-grandense, tendo em vista o alto percentual de escravos nascidos no Brasil existentes no Rio Grande do Sul. Este último fator é apenas sugerido pelo autor, em virtude de sua difícil comprovação prática, uma vez que inexistem estudos sobre esse tema na historiografia sul-rio-grandense.

Tabela 2
Tipos de alforria: pagas, condicionais e gratuitas
Porto Alegre, Aldeia dos Anjos e Viamão (1800-1835)

	Pagas	Condicionais	Gratuitas	Total
Quantidade	343	186	242	771
%	44,5	24,1	31,4	100

Fonte: Cartas de alforria dos Livros de Registros Diversos dos 1º e 2º Tabelionatos de Porto Alegre (1800-1835).

Destaca-se na tabela acima a alta incidência de alforrias pagas, secundadas pelas gratuitas e condicionais. Antes de analisar os dados, devo esclarecer a forma como estabeleci esta tipologia. Em primeiro lugar, é necessário fazer referência a uma controvérsia que perpassa os trabalhos sobre manumissão no Brasil. Ora as alforrias condicionadas à prestação de serviços são consideradas gratuitas, pois não exigem contrapartida monetária do cativo, ora são consideradas onerosas, uma vez que exigem compensação em trabalho. Considero todas as alforrias onerosas para os escravos, mas acredito que existam diferenças substantivas entre as pagas, as condicionais e as gratuitas incondicionais, o que justifica essa divisão tripartite.

No que concerne às pagas, uma característica singular que as distingue das demais — partindo de uma perspectiva que considere tanto as expectativas e interesses dos escravos quanto dos senhores —, é justamente o fato de ser necessário efetuar um pagamento. Pagar pela alforria exigia dos escravos a acumulação de pecúlio, ou a articulação com familiares, amigos e protetores que pudessem lhes dar ou emprestar a quantia necessária. Para os senhores — para além de um ato que pretendia reforçar seu poder moral —, ao cobrar um valor para libertar seu escravo, estava em jogo, de certa forma, uma avaliação de mercado: o preço oferecido pelo escravo era "justo"? Esse valor permitiria a compra de um novo escravo, ou poderia ser útil para quitar dívidas, fazer investimentos? Com isso não quero dizer que as alforrias pagas se circunscrevessem a uma lógica de mercado; é enganoso pensar, tal como fez Frank Tannenbaum (1992:56) em *Slave and citizen*, que na América portuguesa a obtenção de alforria era mera questão de competência financeira por parte do escravo.⁴⁵

Entre as pagas estão todas aquelas alforrias em que o escravo, ou um terceiro, pagou alguma quantia ao senhor. Normalmente o pagamento era feito em dinheiro, "moeda corrente", mas acontecia amiúde de o liberto pagar sua alforria com um escravo. Podiam ser combinadas outras condições, ou serem as alforrias concedidas em verba testamentária.

As alforrias gratuitas também tinham um significado próprio. Afinal, nesta modalidade o senhor libertava seu escravo sem pagamento ou condição alguma. Claro que havia alguns casos especiais: o escravo poderia ser alforriado gratuitamente em verba testamentária, de modo que esse tipo de alforria se aproximava bastante das que impunham a condição de servir até a morte do senhor. Mas apesar deste caso específico, geralmente a manumissão gratuita era um ato que libertava imediatamente o escravo, sem contrapartida material para o senhor.

As alforrias condicionais são mais ambíguas. Podem aproximar-se das gratuitas incondicionais quando requerem como contrapartida do escravo um tempo de serviço breve, ou mesmo quando exigem que se preste serviço até a morte do senhor, se este estiver na iminência da morte. Por outro lado, muitas vezes o senhor tardava a falecer e o escravo ficava preso a essa condição durante muitos anos. Da mesma forma, havia alforrias em que se exigia que o escravo prestasse cinco, seis ou até 10 anos de serviço, apesar de não serem muito frequentes. Ainda havia aquelas que correlacionavam diretamente o tempo de serviço prestado pelo escravo com um valor monetário, o que as aproxima das pagas.

Mas independentemente de se aproximar das pagas ou das gratuitas, a alforria condicional — com qualquer condição estipulada — presumia, ao menos do ponto de vista dos senhores, que os escravos permanecessem cativos até conseguirem cumprir as condições estipuladas. Um escravo alforriado condicionalmente poderia ser alugado e, a princípio, o senhor poderia dispor

---

⁴⁵ O autor argumenta nessa obra que o sistema legal dos países escravistas de tradição ibérica reconhecia a humanidade dos escravos, o que lhes garantia alguns direitos, em especial a possibilidade de alforriar-se. Segundo Tannenbaum, caso o escravo pagasse o valor original de sua aquisição, o senhor poderia ser compelido a alforriá-lo. No entanto, apesar de ser esse um direito costumeiro, não estava inscrito em lei, conforme demonstrou Manuela Carneiro da Cunha (1986:123-144).

dele como bem entendesse.⁴⁶ No entanto, não poderia vendê-lo, a não ser que o escravo não cumprisse as condições estipuladas e o senhor revogasse a alforria. Não encontrei nenhuma revogação registrada em cartório em Porto Alegre, o que me faz supor que, mesmo quando dada condicionalmente, a alforria registrada em notas era uma garantia de liberdade. Outro ponto polêmico que diz respeito às alforrias condicionais refere-se aos filhos que porventura uma escrava pudesse ter enquanto estivesse cumprindo as condições estipuladas.

Em meados do século XIX, essa questão suscitou debates jurídicos importantes, e muitos advogados e jurisconsultos debruçaram-se sobre o tema. Eduardo Pena (2001:71-119) analisou os debates ocorridos em 1857 no Instituto da Ordem dos Advogados Brasileiros (IAB). Após algumas sessões e muita polêmica, envolvendo a exegese do direito romano e das Ordenações Filipinas, resolveu-se decidir pela liberdade do *statuliber*⁴⁷ e, portanto, como a condição do filho da escrava segue a da mãe (*partus sequitur ventrem*), decidiu-se que os filhos de escravas libertas sob condição seriam livres. No entanto, é bom lembrar que a discussão girava em torno de alforrias sob condição averbadas em testamento. E o principal ponto em torno do qual a discussão foi encaminhada era a necessidade de se respeitar a vontade do testador, o que não foi colocado em dúvida por nenhum dos jurisconsultos presentes nas sessões.⁴⁸

Apesar da discussão no IAB datar do ano de 1857, já desde algum tempo essa questão suscitava disputas judiciais entre mulheres forras, que desejavam a liberdade de seus filhos, nascidos enquanto cumpriam condição, e senhores ou herdeiros, que advogavam a manutenção da escravidão.⁴⁹ Mas como a vontade senhorial sobrepunha-se às interpretações da lei, alguns senhores,

---

⁴⁶ Para Mary Karasch, os libertos sob essa condição eram tratados como escravos por seus donos. Eles podiam ser punidos e ter seus serviços alugados, sempre sob a ameaça da revogação da alforria (Karasch, 2000:462). Segundo Sidney Chalhoub (1990:114-115), as percepções sobre os alforriados que ainda cumpriam condições eram diversas, de modo que a opinião de Karasch comportaria uma generalização abusiva.

⁴⁷ *Statuliber* é o termo jurídico, derivado do direito romano, que designa o escravo cuja liberdade ainda depende do cumprimento de alguma condição. Seria um estado intermediário entre a escravidão e a liberdade (Pena, 2001:95).

⁴⁸ Sidney Chalhoub (1990:115-118) já tinha observado que, na maior parte das ações de liberdade que pesquisou, nenhuma das partes contestava a necessidade de se respeitar e cumprir a vontade dos falecidos senhores.

⁴⁹ Existem ações de liberdade derivadas de disputas em torno de alforrias condicionais em todo o século XIX. Ver Grinberg (1994).

cientes das controvérsias que poderiam suscitar as alforrias condicionais, deixaram expressa sua vontade.

Domingos Garcia Velho alforriou, no mesmo dia 20 de novembro de 1803, quatro escravas, em cartas distintas. Todas elas tiveram que pagar pela liberdade e ainda ficaram sujeitas a servir ele e à sua consorte até que morressem. As mulatas Dionísia, Maria e Feliciana pagaram, cada uma, 128$000 para Garcia Velho. Em suas alforrias, cuja redação é idêntica uma à outra, ficou estipulado que

> [a escrava] ficará gozando de sua liberdade eternamente, assim como toda a produção que possa ter, de filhos ou filhas, de hoje em diante, pela contemplar desde já forra e liberta, tão somente sujeita à pensão de nos acompanhar em toda a minha vida e da dita minha consorte.
>
> (RD1, 6, fls. 48-50, para as três cartas)

Já a preta Antônia Benguela pagou um valor inferior por sua liberdade (100$000), ficando, igualmente, sujeita a servir seus senhores (RD1, 6, fl. 50v). No entanto, Garcia Velho não explicita que os filhos de Antônia deveriam ser livres. É possível que ela já não estivesse mais em idade de ter filhos, de modo que seria irrelevante incluir essa cláusula. Mas também é possível que o senhor praticasse políticas diferenciadas em relação a suas escravas, privilegiando as mulatas em detrimento das africanas. Também se pode supor que a própria Antônia não desejasse ter filhos e assim tivesse negociado com seu senhor um valor menor para a alforria.[50]

E havia senhores ainda mais previdentes. José Silveira de Andrade, ao alforriar a escrava Francisca, casada com o preto forro de nome João, recebeu 140$400, sem impor condição alguma. No entanto, talvez temendo que, mesmo tendo pago por sua alforria, a cativa ou seus filhos pudessem ser reescravizados, deixou-a liberta como se de ventre livre nascesse, "e a todos os seus filhos que de hoje em diante tiver nem eu nem meus filhos nem meus herdeiros a poderão chamar mais ao cativeiro [...]" (RD1, 4, fl. 87v).

---

[50] Sheila de Castro Faria (2004:184-197) observa que as mulheres forras, em especial as africanas, raramente tinham filhos. Segundo a historiadora, essa era uma escolha calculada, cujo objetivo era reproduzir, no Brasil, certos padrões culturais africanos.

Portanto, creio que se justifica a divisão tripartite estabelecida acima, entre as alforrias pagas, gratuitas e condicionais. Cada um destes tipos, apesar de suas sutilezas, variações e complexidades, constituía uma unidade, que informa sobre padrões diferenciados de relações entre senhores e escravos.

A primeira constatação importante sobre os tipos de alforria diz respeito ao percentual de pagas. O índice de 44,5% é certamente expressivo.[51] Stuart Schwartz (2001:201) identificou 47,7% de alforrias pagas em Salvador e no Recôncavo, entre 1684 e 1745. Cumpre notar que, não obstante a crise pela qual passava a região baiana em fins do século XVII e princípios do XVIII, especialmente na produção açucareira, não é possível comparar a urbanização e a pujança econômica daquela sociedade com a realidade do Rio Grande de São Pedro no início do século XIX. Porto Alegre — incluídas as áreas rurais — contava com apenas 6.111 habitantes no ano de 1814.[52]

Logo, não se pode afirmar que unicamente no meio urbano os escravos logravam acumular pecúlio e comprar a liberdade. Mary Karasch (2000:460) pesquisou as cartas de alforria da cidade do Rio de Janeiro, entre 1807 e 1831, e observou que 39,4% delas eram compradas. Note-se que a historiadora pesquisou exclusivamente uma área urbanizada do Rio de Janeiro, de modo que o meio urbano, por si só, não pode ser considerado como o único fator explicativo da alta incidência de alforrias pagas.[53]

---

[51] É possível que a proporção de pagas esteja subestimada. Rufino José Maria, preto de nação Nagô, foi alforriado em Porto Alegre no ano de 1835. Na sua carta de alforria não consta que ele tenha feito pagamento algum por sua liberdade (RD1, 10, fls. 212-213). Considerei sua manumissão como gratuita. Entretanto, ao ser preso por suspeita de estar envolvido em uma conspiração de escravos no ano de 1853, em Recife, Rufino, em seu depoimento, afirmou que pagou 600$000 por sua liberdade. Ver Reis, Gomes e Carvalho (2004:257-302). Não temos como saber se Rufino falou a verdade em seu depoimento. Pode ter mentido, dizendo que pagou por sua alforria para demonstrar que era diligente, trabalhador e responsável; ou pode ter falado a verdade e, por algum motivo, não foi registrado o pagamento na carta que recebeu de seu senhor, o desembargador José Maria de Salles.

[52] Censo de 1814. Fundação de Economia e Estatística (1986:50). Salvador, durante o período estudado por Schwartz (2001:178-180), tinha uma população de cerca de 30 a 40 mil habitantes. O Recôncavo, por sua vez, tinha uma população estimada em 35.672 habitantes em 1724.

[53] Entretanto, não há dúvida de que as atividades urbanas podiam efetivamente facilitar a formação de pecúlio entre os escravos, o que acarretava altos índices de manumissões pagas. Apesar de tratar de uma realidade distinta da América portuguesa, o caso de Buenos Aires no período colonial pode ser interessante. Esta cidade contava com uma população de aproximadamente 33.000 pessoas em 1810, das quais no mínimo 29% eram negras e mulatas, entre escravas e livres. Supõe-se que a maior parte dos escravos e libertos trabalhava em atividades domésticas e artesanais, ou no comércio ambulante (Goldberg, 1976:76-99). O percentual de manumissões compradas em Buenos Aires, entre os anos de 1776 e 1810, atingiu expressivos 59,8%. Lyman Johnson (1979:258-279) sugere que atividades qualificadas e semiqualificadas realizadas pelos escravos lhes permitiram, com enorme sacrifício, acumular a quantia necessária para a compra de sua alforria. Segundo o autor, não se deve

Para desenvolver com maior propriedade a análise dos tipos de alforria faz-se necessário cruzar estes dados com a naturalidade dos alforriados, bem com destacar algumas variações importantes existentes no interior das manumissões pagas, gratuitas e condicionais.

Tendo em vista essas variações, estabeleci uma nova tipologia. As pagas foram subdivididas em três classes: pagas em que, a princípio, o próprio escravo compra sua alforria; pagas com condição, quando além do pagamento ainda é exigido cumprimento de alguma condição; e pagas por terceiro, em que outra pessoa compra a alforria do escravo. As condicionais também foram subdivididas em três: condição de servir até a morte do senhor, de servir durante um determinado período de tempo e outras, que incluem condições diversas. As gratuitas já tinham um caráter incondicional, de modo que não foram necessárias subdivisões.

Tabela 3
Tipos de alforria (subdivisões)
Porto Alegre, Aldeia dos Anjos e Viamão (1800-1835)

	Quantidade	%
Pagas	252	32,7
Pagas com condição	35	4,5
Pagas por terceiro	56	7,3
Servir até a morte	161	20,9
Servir por um período	11	1,4
Outras condições	14	1,8
Gratuitas	242	31,4
Total	771	100

Fonte: Cartas de alforria dos Livros de Registros Diversos dos 1º e 2º Tabelionatos de Porto Alegre (1800-1835).

---

desprezar o esforço de parentes que, unindo forças, encurtavam o caminho para a liberdade de pelo menos um dos membros de sua família. Deve-se notar, ainda, que a proporção de pagas no conjunto das alforrias aumentou à medida que a cidade de Buenos Aires cresceu e as oportunidades econômicas foram incrementadas e diversificadas. Na cidade de Montevidéu, a situação aproximava-se da verificada em Porto Alegre. Entre 741 alforrias cartorárias e testamentárias conferidas entre os anos de 1790 e 1820, 46% foram pagas (Betancur e Aparicio, 2006:25-26).

Nota-se na tabela que a grande maioria das condicionais impunha a condição de servir até a morte do senhor. São 161 alforrias desse tipo, o que perfaz 20,9% do total das alforrias e aproximadamente 86% das condicionais. A análise de tal tipo de alforria na historiografia brasileira presume o interesse senhorial em garantir o bom comportamento e a fidelidade dos escravos libertados. Os ex-cativos mantinham-se trabalhando, provavelmente com mais obediência, diligência e produtividade. Mas não se deve supor que esse tipo de alforria trouxesse apenas benefícios aos senhores. Bem ou mal, eles estavam desfazendo-se de um patrimônio, que não seria transmitido para os seus herdeiros.

Para os escravos, a alforria condicionada a servir até a morte do senhor era motivo de dúvidas e apreensões. Seguramente era um ganho, mas talvez um pouco duvidoso e distante. Alguns senhores poderiam estar à beira da morte, mas nesses casos suponho que a alforria fosse concedida, sobretudo, em verba testamentária.[54] No caso das alforrias cartorárias é difícil verificar o intervalo entre a concessão e o falecimento do senhor. Possivelmente alguns escravos morressem antes de receberem a almejada liberdade. Mas esses casos eram minoritários, talvez irrisórios. Os senhores, julgando que ao conceder a alforria condicionada à sua morte estariam incentivando seus escravos a melhor servi-los, certamente não imaginavam que estes seriam tão obtusos a ponto de não perceberem que a liberdade conquistada era ilusória.

As manumissões que exigiam um determinado período de tempo de serviço eram raras. Apenas 11 foram localizadas. Ao contrário das duas últimas décadas de existência da escravidão no Brasil, quando este tipo de alforria assumiu relevância,[55] em Porto Alegre de princípios do século XIX a alternativa não era comum. O tempo de serviço estipulado variava entre dois e 10 anos.

---

[54] Márcio Soares (2006:182-183) calculou o tempo entre a redação de testamentos que conferiam alforrias sob condição de servir até a morte dos senhores e a data do falecimento destes. Concluiu que quase 70% dos testadores morriam em, no máximo, dois anos após a redação do testamento, de modo que o escravo cuja manumissão estava condicionada a servir seu senhor até a morte não precisava esperar as calendas gregas para gozar de sua liberdade. Note-se, entretanto, que o autor calculou esse período para as alforrias testamentárias e não para as cartoriais. Redigir ou ditar um testamento era um ato que se fazia, normalmente, quando se era acometido por uma doença ou quando se pressentia a proximidade da morte.

[55] Em Campinas, a partir de 1875, essas alforrias perfazem entre 65% e 96% das que condicionam a liberdade à prestação de serviços. Segundo Peter Eisenberg, nas últimas décadas da escravidão, elas assemelhavam-se a contratos de trabalho e algumas inclusive estipulavam salários a serem pagos. Ver Eisenberg (1989:287-292). Na cidade de Porto Alegre, também se nota um aumento vertiginoso de alforrias condicionadas à prestação de serviços nas décadas de 1870 e 1880. Essas alforrias também se caracterizavam por sua semelhança com contratos de trabalho. Ver Moreira (2003:187, 251-257).

Conforme argumentei anteriormente, não considero a alforria condicionada à prestação de serviços como uma modalidade não pecuniária das pagas. Entretanto, deve-se notar que, em alguns casos, a correlação era evidente. Antonio José de Jesus Guimarães libertou sua escrava crioula Escolástica "com a condição de me servir dois anos para adquirir valor de um escravo que por ela dei a Izébio Gonçalves na quantia de 13 doblas[56] cuja escrava finalizando este dito tempo poderá ir para onde muito lhe parecer gozando de sua liberdade" (RD1, 3, fls. 67-67v). Portanto, no cálculo monetário de Antonio Guimarães, em dois anos o trabalho duro de Escolástica lhe renderia 166$400, o suficiente para comprar um escravo na vila de Porto Alegre em 1805.[57]

Havia senhores que, ao alforriar condicionalmente seus escravos, não exigiam a prestação de serviços por tempo determinado (quer até a morte, quer estabelecendo um número de anos), casos que estão incluídos na rubrica "outras condições". José Antonio da Silveira Casado disse que alforriou seu escravo pardo Feliciano gratuitamente

> e unicamente lhe peço que em atenção a tê-lo forrado sem pensão alguma que acompanhe meu filho Bibiano por tempo de três anos que vai administrar a minha fazenda denominada O Carmo e se assim o fizer eu lhe darei vestuário e quando adoeça serei obrigado a mandá-lo curar e quando não queira assentir no que levo dito poderá ir para onde muito lhe parecer.
>
> (RD2, 9, fls. 7v-8)

Feliciano era, possivelmente, um escravo de confiança, talvez versado na delicada e complexa tarefa de administrar uma fazenda. Por esse motivo, foi incumbido por José Antonio da Silveira Casado de ajudar seu inexperiente filho a iniciar com sucesso sua vida de senhor de terras e de pessoas. Deve-se notar que aceitar a condição estipulada era uma livre escolha do escravo, o que

---

[56] Uma dobla era equivalente a 12$800.

[57] O preço médio dos escravos no Rio Grande de São Pedro era de 162$743 e das escravas 141$829, não havendo variação significativa entre africanos e crioulos. Esses dados foram coligidos por Gabriel Santos Berute (2006:96-98) ao analisar os registros de meia-sisa de escravos entre os anos de 1812 e 1822. Note-se que o historiador chegou a esses valores a partir do preço médio de todos os escravos cujas vendas foram registradas através do pagamento da sisa. Luiz Nogueról (2002:539-564), pesquisando o preço dos escravos em inventários *post mortem*, indicou que um escravo de sexo masculino, com idade entre 20 e 29 anos, custava em média 128$000, nos anos de 1804 e 1805. A análise do preço dos escravos alforriados será feita posteriormente, neste mesmo capítulo.

me fez oscilar entre considerar a alforria como gratuita ou condicional. Optei por esta última, pois Feliciano acabou registrando a sua carta de liberdade exatamente três anos depois da concessão, de modo que ele certamente cumpriu com a condição. Apesar da suavidade e delicadeza com que José Antonio da Silveira Casado fez o pedido ao pardo, este compreendeu que seria mais vantajoso — e por suposto mais prudente — aquiescer à vontade de seu ex-senhor do que contrariá-lo.

Algumas condições eram, no mínimo, curiosas. O coronel Manoel da Silva Freire libertou a parda Páscoa

> que sendo beneficiada, é de minha espontânea vontade declarar que se de hoje em diante quiser persistir em minha casa com o mesmo procedimento com até aqui se tem conduzido, terá alimento, vestuário, e curativo, e quando se proponha a sair dela, ou me não convenha conservá-la em casa, será obrigada no prazo de trinta dias a mudar-se para fora da Província, e ir viver em outra qualquer aonde lhe convenha, e debaixo destas condições lhe confiro gratuitamente a liberdade.

(RD1, 8, fls. 62v-63)

Parece que o senhor da parda Páscoa queria mantê-la, a todo custo, como sua escrava, e para isso impôs uma condição que ela certamente não gostaria de cumprir. Mudar-se para outra província significava que a liberta deveria abandonar seus amigos, conhecidos e parentes — supondo que ela os tivesse.

O pardo Francisco Martins, que tinha 50 anos de idade, "pouco mais ou menos", recebeu sua alforria, mas também deveria manter-se na casa de sua senhora; caso contrário teria que se afastar cinco léguas da fazenda onde morava. Além disso, deveria rezar "em louvor das cinco chagas de Nosso Senhor Jesus Cristo um Padre Nosso e Ave Maria, todos os dias de sua vida, pela alma do falecido marido de sua benfeitora, a Dona Maria Meireles de Meneses" (RD2, 7, fls. 177-177v).

Esses casos curiosos e surpreendentes, quiçá excêntricos e pouco frequentes, são interessantes, pois revelam a teia de obrigações que pautavam a relação de libertos com seus ex-senhores. Alguns chegavam a ser obsessivos. A parda Vicência foi alforriada pelo cirurgião-mor Inácio Joaquim de Paiva, mas sobre sua liberdade pesavam algumas restrições:

Primeira, que não poderá se ausentar da casa de seu senhor sem sua ordem, ou licença de sua senhora, com obediência de súdita, e não de escrava; segundo, que se ocupará naquele ministério próprio de uma criada de servir; terceiro, que receberá por esta razão o sustento, vestuário, socorro de curativos nas suas enfermidades e mais tratamento conforme a estimação de uma criada, assim como uma pensão que eu lhe quiser dar conforme a minha vontade, gozando o indulto, e ficando absolvida de ser vendida por mim, ou minha mulher, ou filhos, nem doada à pessoa alguma para servir, por esta minha vontade; e declaro que toda a falta de respeito ou demarcada ingratidão conforme a mesma Lei aponta, como são nos casos de traição, aleivosia, calúnia e intriga e toda outra infame cábula ficará nula esta e de nenhum efeito, por ser da minha justa vontade.

(RD2, 12, fls. 92-92v)

Veja-se que o senhor de Vicência estipulou minuciosamente as regras segundo as quais ela deveria portar-se para usufruir de sua precária liberdade. De escrava ela passaria a ser uma criada. Segundo Bluteau [s.d.], criada é quem serve em uma casa, ou quem acompanha fora de casa a sua senhora. O mesmo dicionarista diz que criado é o equivalente a servo e traduz uma frase de Cícero: "Triste cousa é ser criado". Não creio ser demasiado citar também os provérbios transcritos pelo dicionarista:

Enquanto o amo bebe, o criado espere. Senhores empobrecem, criados padecem. S. Miguel, e S. João passado, tanto amansa o amo como o criado. Honra é dos amos o que se faz aos criados. Quem tem criados, tem inimigos não escusados. Filhos, & criados, não os amimar, se os amimares, não os queres lograr. A cabo de um ano, tem o criado as manhas do amo. A criado novo, pão & ovo, depois de velho, pão & Demo. Caldo de nabos, não queiras, nem o dês a teus criados.

Ainda segundo Bluteau [s.d.], a significação de "serva(o)" é: "Serva. Mulher, que serve. Criada"; "Serva. Escrava"; "Servo. Criado, servidor".

Nota-se, quer na definição do cirurgião-mor, quer na do dicionarista, certa proximidade entre a condição de escravo e a de criado. Mas ao contrário de uma escrava (ao menos na visão do libertador), a parda poderia receber uma pensão, além do sustento, vestuário e curativos, caso Inácio Joaquim de Paiva assim desejasse. Mais adiante o cirurgião-mor esclarece o que talvez seja a principal vantagem da criada em relação à escrava — o *indulto*:[58] Vicência não poderia ser vendida, nem doada a pessoa alguma para servir, fosse por ele, sua mulher ou seus filhos. Entretanto, não posso deixar de questionar se Vicência talvez não desejasse ser vendida para um senhor menos vigilante e controlador, menos cioso das tarefas e obrigações de suas cativas e criadas, e menos seguro de estar sendo justo e amparado na lei.[59]

A que conclusão pode-se chegar a partir da análise das condições variadas estipuladas nas cartas de alforria? Talvez o leitor tenha notado que os casos citados tratam, sobretudo, de escravos nascidos no Brasil, em especial pardos. Cativos de confiança dos senhores, talvez feitores, administradores de fazendas, escravos domésticos. Essa relação de maior proximidade certamente os beneficiou, possibilitando que obtivessem alforrias, sem ter que pagar por elas.[60] Era especialmente com esses escravos que os senhores estabeleciam relações de cunho paternalista. Entretanto, o leitor também terá percebido que nessas relações havia sempre um conflito latente, por vezes manifesto.[61] Por esse motivo os senhores utilizavam todos os recursos de que dispunham: a força, a persuasão, a concessão de benefícios e as leis para fazer valer a sua vontade e bem governar seus escravos e dependentes, procurando assim preservar e fortalecer o poder da classe senhorial.

---

[58] "Indulto. Vale o mesmo que Graça concedida" (Bluteau, s.d.). "Indulto: perdão, redução ou dispensa de uma pena" (Houaiss, 2001).

[59] Já foi observado por alguns historiadores que os escravos interferiam, de forma subordinada, nas transações em que eram objeto, recusando-se a servir certos senhores e solicitando ou forçando sua venda para outrem. A participação dos escravos nas transações de compra e venda fundava-se nas noções de cativeiro justo e bom ou mau cativeiro. Ver Lara (1988:159-163), Chalhoub (1990:43-53) e Mattos (1995:169-190). Localizei o caso de um escravo que encaminhou uma petição ao governador da capitania do Rio Grande solicitando sua venda. Manoel crioulo era escravo do Alferes Brás Linhares, do distrito de Rio Pardo e alegou que "sofreu as maiores tiranias que jamais se tem visto", de modo que foi "obrigado" a fugir. Ele pede então para ser vendido e inclusive indica dois possíveis compradores, interessados em suas habilidades como oficial de sapateiro. Arquivo Histórico do Rio Grande do Sul. Fundo Requerimentos. Porto Alegre, 21 de janeiro de 1813.

[60] Os laços pessoais e as relações de cumplicidade e afeto entre senhores e escravos constituem o objeto da análise de Ligia Bellini (1988:73-86), a partir de cartas de alforria. A autora observa que a grande maioria das alforrias cujas justificativas envolvem relações de afeto e cumplicidade entre senhor e escravo foram concedidas aos nascidos no Brasil, especialmente aos mulatos.

[61] A complexa relação entre amos e criados (ou entre senhores e escravos domésticos), que comportava uma tensão dialética entre a proximidade/afetividade e o conflito, também transparece nos provérbios transcritos por Bluteau.

Voltando às subdivisões já estabelecidas (separadas em três),[62] são necessárias algumas considerações a respeito das manumissões pagas. Havia senhores que, além de receber uma quantia pela alforria de seus escravos, ainda determinavam o cumprimento de condições. A exigência mais comum, presente em 19 dos 35 casos, era a de servir até a morte do senhor. Os outros casos eram variados. A parda Isabel havia recebido a manumissão condicionada à morte de seu proprietário. Não satisfeita com a incerteza e o longo período que deveria esperar até poder usufruir de sua liberdade, ofereceu a quantia de 256$000. O senhor José Pereira da Fonseca aceitou, mas como estava doente e precisando de cuidados, Isabel ficaria obrigada a tratá-lo durante a sua enfermidade, sem que por isso recebesse jornal ou paga alguma (RD2, 11, fl. 20v).

Havia senhores que se preocupavam com a "substituição" da mão de obra perdida. Ao receber da preta mina Maria a quantia de 156$400 pela alforria, o bacharel Antonio de Almeida exigiu que ela ainda o servisse por 40 dias, tempo suficiente para que pudesse comprar outra escrava e ensiná-la "o pretexto de minha casa, com mesmo modo como ela me servia" (RD1, 8, fls. 62-62v). O oficial de alfaiate Francisco pagou 128$000 para ser libertado e ficou obrigado a fazer as obras de alfaiate que sua senhora, Vitória Maria da Pureza — e seus filhos, Maria, Antonio, João e José — necessitassem (RD2, 9, 75-75v).

---

[62] Não criei um subtipo para as coartações, modalidade paga em que o senhor estipulava um valor para a alforria de seu escravo e lhe concedia um período determinado de tempo para que fosse efetuado o pagamento, frequentemente em prestações. Muito comum na América espanhola, no Brasil sua abrangência parece ter sido limitada. Somente em Minas Gerais as coartações eram recorrentes e consistiam modalidade de alforria à parte. O escravo recebia uma "carta de corte", com a qual ele poderia circular pelas vilas e paróquias mineiras para auferir o montante necessário para comprar sua liberdade. Quando estavam nessa situação, os cativos eram designados de "coartados", sendo-lhes reservada, inclusive, uma categoria específica nas listas nominativas e mapas de população das localidades mineiras. Supõe-se, normalmente, que a disseminação desse tipo de modalidade de alforria paga em Minas Gerais está relacionada com a própria dinâmica econômica da região, assentada na mineração e que resultou em índices expressivos de urbanização. Nas alforrias pagas pesquisadas neste capítulo, eventualmente apareciam alguns escravos "cortados" em determinado valor, mas eram casos raros. Considerando que não houve uma generalização da prática da coartação, bem como não foi criada uma "figura institucionalizada" da modalidade no Rio Grande do Sul (expressa em Minas Gerais pela existência da "carta de corte" e da categoria "coartado" nas listas nominativas e mapas de população), creio que se justifica o não estabelecimento de uma categoria específica. Sobre as coartações em Minas Gerais, ver Souza (2000:275-295) e Paiva (1995 e 2001).

Para analisar de forma mais acurada os tipos de alforria, é preciso cruzar esses dados com os da naturalidade dos alforriados. Assim, a tipologia utilizada voltará a ser simplificada, mantendo a divisão tripartite original, somente separando as pagas das assim feitas declaradamente por terceiros, por motivos que logo adiante serão explicados.

Tabela 4
Naturalidade dos alforriados e tipos de alforria.
Porto Alegre, Aldeia dos Anjos e Viamão (1800-1835)

	Brasil	África	Total
Pagas	115	120	235
Por terceiro	49	4	53
Gratuitas	161	52	213
Condicionais	113	48	161
Total	438	224	662

Fonte: Cartas de alforria dos Livros de Registros Diversos dos 1º e 2º Tabelionatos de Porto Alegre (1800-1835).

Observa-se na tabela que, ao cruzar os tipos de alforria com a naturalidade dos libertos, o quadro geral dos tipos de alforria modifica-se. Os africanos e os "nascidos no Brasil" tinham possibilidades diferenciadas de conquistar a liberdade. Alguns gráficos podem facilitar a visualização das distintas oportunidades.

O gráfico 1 demonstra que os africanos sobrepuseram, embora de forma tangencial, os nascidos no Brasil somente nas alforrias pagas, obtendo 51% delas. Os "brasileiros", por outro lado, foram hegemônicos nos outros três tipos de cartas de liberdade, obtendo, respectivamente, 92%, 76% e 70% das pagas por terceiro, das gratuitas e das condicionais.

Pode-se concluir que, para os africanos, a liberdade era possível na medida em que conseguissem acumular a quantia necessária para pagar por sua alforria. Entre eles, aproximadamente 54% (gráfico 2) compraram o direito com suas próprias economias. É o caso de Maria, de nação Benguela, que pagou 128$000 por sua liberdade, no ano de 1800 (RD1, 1, fls. 163v-164).

Gráfico 1
Distribuição (%) da naturalidade dos alforriados pelos tipos de alforria
Porto Alegre, Aldeia dos Anjos e Viamão (1800-1835)

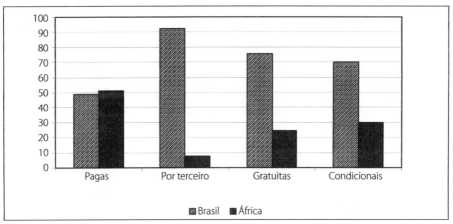

Fonte: Cartas de alforria dos Livros de Registros Diversos dos 1º Tabelionato de Porto Alegre (1800-1835).

Gráfico 2
Distribuição (%) dos tipos de alforria pela naturalidade dos alforriados
Porto Alegre, Aldeia dos Anjos e Viamão (1800-1835)

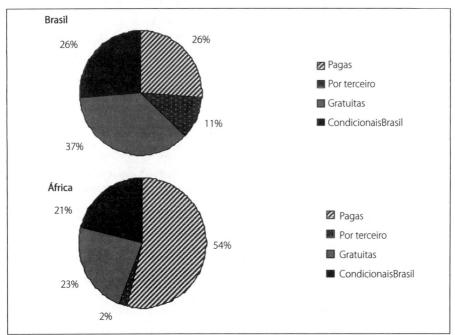

Fonte: Cartas de alforria dos Livros de Registros Diversos dos 1º e 2º Tabelionatos de Porto Alegre (1800-1835).

As pagas por terceiro, por sua vez, eram de domínio praticamente exclusivo dos "brasileiros". Por isso, considerei pertinente separá-las. O perfil dos escravos alforriados era distinto. A predominância dos nascidos no Brasil (49 para apenas quatro africanos) se deve ao fato de que a maior parte dessas libertações era de pais que pagavam pela alforria de seus filhos ou de padrinhos que beneficiavam afilhados. Dezesseis escravos tiveram sua alforria paga pelo pai ou pela mãe, e seis por padrinhos.[63]

Note-se, entretanto, que a divisão entre as pagas por terceiro e as pagas pelo próprio escravo, apesar de pertinente, não é infalível. Suponho que parte das alforrias pagas pelo próprio escravo não necessariamente resultava do pecúlio individual. Ainda que não apareça nas cartas, a ajuda de parentes e amigos parece ter sido fundamental.[64] Um exemplo é o caso de Antônio de Jesus, preto forro que morava em uma ilha defronte ao arroio da Pintada, em Porto Alegre. Antônio era casado com Maria da Conceição e tinha uma filha, Silvana Antônia de Jesus, cativa do capitão Vicente Ferreira Leitão. Em seu testamento, feito em 1812, Antônio instituiu como herdeira sua filha Silvana, caso esta fosse liberta quando ele morresse. O senhor de Silvana disse que ia libertá-la após a morte de seu pai, mas disso Antônio não tinha "certeza cabal", visto que outrora chegara a oferecer 14 doblas pela alforria de sua filha e o capitão não aceitara.[65] Caso ela não pudesse receber a herança "em razão de cativa", ele instituía como herdeiros de sua meação os pobres do Hospital da Caridade de Porto Alegre. Ao fim e ao cabo, quando Antônio morreu, em 1826, sua filha Silvana já era forra e foi arrolada entre os herdeiros.[66] Na carta de alforria de Silvana, concedida por Vicente Ferreira Leitão no mesmo ano de 1812, não aparece menção alguma ao dinheiro oferecido por seu pai. Mas a

---

[63] Todos os 22 escravos eram "brasileiros". Além destes, uma avó pagou pela alforria de seu neto crioulo e cinco maridos pagaram pelas de suas respectivas esposas. Em 25 casos não foi identificado o teor da relação entre quem pagou a alforria e quem a recebeu.

[64] Robert Slenes (1999:200-206) observa que a busca da alforria, algo palpável, mas distante da maioria dos escravos, fazia parte, sobretudo, das estratégias daqueles que eram casados ou faziam parte de famílias extensas. Os laços familiares aumentavam as chances de acumular poupança. Da mesma forma, Slenes sugere que havia estratégias familiares coordenadas com o objetivo de resgatar um dos membros do cativeiro, dando preferências às mulheres — o que garantia, quando possível, a descendência livre.

[65] As 14 doblas equivalem a 179$200. No próprio testamento, Antônio oferece uma pista do motivo pelo qual o senhor não quis alforriar Silvana: diz que ela deu aos senhores "muitos escravos filhos".

[66] Testamento de Antônio de Jesus, 1812. Inventário de Antônio de Jesus e de sua esposa, Maria da Conceição, 1826. 1ª Vara de Família de Porto Alegre, maço 36, n° 885.

quantia que ela pagou por sua alforria foi justamente a indicada pelo preto forro Antônio de Jesus, 179$200 (RD1, 5, fl. 159v).

Os nascidos no Brasil tinham grande sucesso ao obter alforrias gratuitas: 37% deles recebiam a sua liberdade sem ônus ou condição. Muitos desses casos eram de crianças escravas, libertadas pelos senhores em razão dos bons serviços prestados pelos pais. O crioulinho Antonio, de quatro anos, foi alforriado gratuitamente em 1825, por Caetano Joaquim da Silva. O senhor justificou o ato dizendo que a mãe de Antonio, a escrava Roza, o serviu com fidelidade e amor por mais de oito anos (RD1, 8, fl. 85). Entre os 161 escravos nascidos no Brasil alforriados gratuitamente, em pelo menos 59 casos tratava-se de "crias da casa" ou de filhos de escravas e escravos dos libertadores. Esse número possivelmente está subestimado, uma vez que não se exigia que fosse declarada nas cartas de alforria qualquer informação acerca da filiação dos libertandos.

Deve-se atentar para o fato de que as crianças alforriadas poderiam ser filhas de seus senhores. As relações sexuais de senhores com suas escravas eram comuns durante todo o período em que existiu a escravidão no Brasil,[67] mas raras eram as vezes em que se reconhecia a paternidade. Localizei apenas cinco casos desse tipo.[68] Disse João Batista Sena que era senhor de uma escrava preta de nação Cassange, que tendo

> produzido um filho pardo [...] achando-se o recém-nascido em perigo de vida, deliberei que fosse batizado de fato com nome Antonio e logo reconhecido liberto em qualidade de meu filho ficando desde então inocente por esta carta habilitado herdeiro na minha herança conjuntamente com outros herdeiros.
>
> (RD1, 10, fls. 61-62)

Além desse caso, outro senhor libertou e reconheceu a paternidade de seu filho indicando que já o havia alforriado no ato do batismo. Talvez a pequena quantidade de casos identificados nas alforrias cartorárias seja uma determi-

---

[67] Esse tema é recorrente nos estudos sobre a história e a formação social do Brasil. Ver, entre outros: Freyre (1989), Prado Júnior (2000), Fernandes (1978), Bastide (1971) e Vainfas (1997). Existem pesquisas que concebem as relações sexuais de senhores com suas escravas também como estratégias destas para a obtenção da liberdade. Ver Paiva, 1995.

[68] E nem todos os senhores que reconheciam a paternidade de filhos havidos com suas escravas os libertavam gratuitamente. Entre os cinco casos identificados, duas alforrias foram condicionadas a servir até a morte do senhor.

nação da própria fonte. Antonio Carlos Jucá de Sampaio (2005) analisou as alforrias no Rio de Janeiro entre os séculos XVII e XVIII e observou atentamente as relações de parentesco dos manumissos. Conclui que raros eram os proprietários que alforriavam seus filhos nas cartas de liberdade.

Quando libertavam seus filhos escravos, os senhores deviam fazê-lo preferencialmente na pia, ainda que não reconhecessem a paternidade no registro de batismo. Márcio de Sousa Soares, ao pesquisar as alforrias batismais em Campos dos Goytacazes, não encontrou nenhum caso de reconhecimento de paternidade. Não obstante, analisando outras fontes, o autor supõe que boa parte das crianças ilegítimas alforriadas no ato do batismo fossem frutos de relacionamento sexual de senhores com escravas.[69]

Assim como as gratuitas, as alforrias condicionais também eram dominadas pelos "brasileiros". Acredito que essa constatação reforça a opção tomada de não considerá-las como uma mera variação das pagas. O perfil do escravo alforriado condicionalmente era distinto do que pagava por sua liberdade. Isso sugere que os significados deste tipo de liberdade e as possibilidades de obtê-la não se confundiam com as pagas.

Considerando em conjunto as gratuitas e as condicionais, pode-se concluir que os nascidos no Brasil, quer por seu maior conhecimento dos delicados fios que pautavam as negociações entre senhores e escravos, quer por sua proximidade com seus proprietários, ou por serem o principal alvo das relações paternalistas, eram os mais aptos a realizar acordos que não envolviam pagamento.

Mas não se deve supor, a partir desses dados, uma cisão absoluta na comunidade escrava, que separava irremediavelmente os africanos dos crioulos. A experiência da escravização e da vida em cativeiro fazia com que, muitas vezes, escravos brasileiros e africanos compartilhassem uma identidade comum. Afinal, uma boa parte dos nascidos no Brasil era filha de africanos. A escrava Lucrecia, por exemplo, de nação Mina, libertou seu filho Antonio, de um ano, pela quantia de 64$000. Na mesma carta de alforria, dada pelo seu senhor, Paulo Milanes, ela compra a sua própria liberdade, por 238$400 (RD1, 8, fls. 91v-92).

---

[69] A tese do autor baseia-se na suposição de que, no Brasil escravista, havia uma mentalidade religiosa que condenava moralmente os senhores que deixavam seus filhos no cativeiro. Esses senhores sofreriam um constrangimento social e moral que os impelia a alforriar seus filhos escravos, ainda que não reconhecessem a paternidade (Soares, 2006:89-124).

Este caso é interessante, pois ilustra um padrão recorrente entre os tipos de alforria: uma africana comprando sua própria liberdade e uma mãe comprando a liberdade de seu filho. No entanto, tal padrão não pode ser considerado absoluto: o próprio caso da escrava Lucrecia demonstra que, o que pode parecer, nos números frios da análise quantitativa, uma cisão de interesses e oportunidades, era na verdade uma história de experiências e relações em comum.

As nações africanas

Os africanos não constituíam um corpo homogêneo. Capturados e escravizados em diversas regiões, carregavam consigo identidades étnicas originadas nos reinos, comunidades e clãs, de variadas e complexas configurações políticas, sociais e culturais a que pertenciam anteriormente. A ideia de uma unidade africana homogeneizada por uma raça negra é um fenômeno que emerge no século XIX e, mesmo com certa ressonância entre setores das sociedades africanas, não foi forte o suficiente para diluir suas diferenças.[70]

A escravização e o tráfico foram processos fundamentais para a reelaboração das identidades de africanos trazidos para o Brasil. Ser capturado, normalmente no interior da África, e depois embarcado em um dos muitos navios negreiros que singravam os mares do Atlântico era, sem sombra de dúvida, uma experiência que poderia solidarizar africanos que, na sua terra natal, poderiam inclusive pertencer a grupos inimigos.[71]

Não é por acaso que o termo *malungo*, bastante difundido no Brasil durante os séculos XVIII e XIX, significava justamente o companheiro da traves-

---

[70] A ideia de uma África constituída e formada por um único povo negro se generaliza e tem impacto somente a partir do século XIX, sendo um tipo de discurso intimamente relacionado com o imperialismo europeu e com a ideia de raça como um fenômeno biológico. Essa concepção de unidade africana teve certa ressonância na própria África na medida em que o pan-africanismo e o movimento da *negritude* receberam a adesão de importantes setores sociais (tanto entre as classes populares quanto entre as elites) de alguns países africanos durante e após os processos de independência. Com efeito, alguns presidentes dos novos estados africanos originados do processo designado como "descolonização" foram profundamente influenciados por esses movimentos como, por exemplo, Kwame Nkrumah, em Gana, e Leopold Senghor, no Senegal. Uma excelente análise sobre o tema da unidade africana e também dos movimentos do pan-africanismo e da negritude, bem como de suas implicações e relações com a noção de raça biológica, foi realizada por Appiah (1997). Nessa obra ver, em especial, os capítulos 1 ("A invenção da África") e 2 ("Ilusões de raça").

[71] Uma das melhores obras sobre a escravidão na África foi escrita por Alberto da Costa e Silva (2002).

sia atlântica.⁷² Segundo Robert Slenes, a difusão do termo indica a existência de um processo de criação de uma identidade comum entre os africanos escravizados, facilitada por traços linguísticos e culturais que unificavam certas regiões africanas. Para o autor, a enorme quantidade de escravos originados da África central-atlântica que vivia no Centro-Sul do Brasil, durante a primeira metade do século XIX, possibilitou a criação de uma identidade que tendia a se sobrepor ao pertencimento étnico africano originário. Assim, Slenes sugere que uma *protonação bantu* teria se formado no sudeste escravista brasileiro.⁷³

Portanto, os africanos escravizados que desembarcavam no Brasil originavam-se de diversos povos e suas identidades passavam por um processo de reelaboração durante a experiência da escravização e da vida em cativeiro. Assim, faz-se necessário refletir acerca das identidades étnicas africanas, uma vez que os nomes de nação no Brasil não traduziam a mesma configuração dos grupos étnicos na África. Designavam, comumente, portos de embarque e grandes regiões africanas e, eventualmente, reinos ou grupos étnicos específicos.

Os nomes de nação eram termos que faziam parte do sistema de classificação dos escravos engendrado no tráfico negreiro, e não derivavam, necessariamente, de componentes culturais próprios e específicos de grupos étnicos africanos: "Mesmo tendo um componente cultural, a 'nação' é atribuída aos escravos pelos agentes colonizadores (Estado, comerciantes, Igreja) e definida no quadro do Império português" (Soares, 2000:116).

---

⁷² Robert Slenes (1991/1992:48-67) observa que, além de significar companheiro de viagem, o termo *malungo* tinha significados religiosos e identitários que não eram compreendidos pelos brancos no Brasil e baseavam-se em traços cosmológicos que unificavam os povos da África central-atlântica. Uma excelente análise de aspectos da experiência de africanos escravizados e traficados encontra-se em Rodrigues (2005). Ver, deste último, sobretudo os capítulos 7 ("Guerras, resistência e revoltas") e 9 ("O mercado do Valongo"). Neles, Rodrigues faz uma apreciação das experiências e manifestações culturais que revelam a formação de uma identidade que unificava os africanos escravizados. Esse processo de recriação identitária já se manifestava no circuito comercial que capturava africanos no interior da África e reforçava-se durante o "inferno" da travessia atlântica nos porões dos navios negreiros. No mercado do Valongo, no Rio de Janeiro, os escravos celebravam, dançando e cantando, o fim da longa e penosa travessia e o reencontro de conterrâneos.

⁷³ Ver Slenes (1991/1992:48-67). O tema do seu instigante artigo remete às candentes discussões sobre os processos de reconfiguração identitária dos escravizados nas Américas, em especial a propósito das formas de recriação ou dissolução das heranças culturais africanas no Novo Mundo. Ver também Mintz e Price (2003), Gomez (1998), Thornton (2004), Price (2003:383-419) e Hall (2005).

Ainda que não refletissem as configurações étnicas africanas, os nomes de nação no Brasil não devem ser interpretados somente como uma imposição do sistema escravista sobre os grupos étnicos africanos. As classificações atribuídas pelo tráfico também foram apropriadas pelos africanos no processo de redefinição de suas identidades a partir da experiência da travessia e da vida no cativeiro.

Maria Inês Côrtes de Oliveira (1995/1996:175), analisando as identidades étnicas africanas no século XIX na Bahia, observou que "alguns 'nomes de nação', atribuídos aos africanos no circuito do tráfico negreiro, terminaram por ser assumidos por aqueles como verdadeiros etnônimos no processo de organização de suas comunidades". Ainda segundo Oliveira (1995/1996:176-177), as designações étnicas que se referiam a grupos africanos representativos acabaram se transmutando em formas autoadscritivas a partir das quais eram elaboradas as alianças grupais, as estratégias matrimoniais e a vida religiosa. Desse modo, essas identidades reorganizadas tornaram-se funcionais, definindo as relações e as formas de diferenciação entre as comunidades africanas.

Nesse sentido, Mariza Soares (2000:116) propõe a utilização da noção de grupos de procedência: "Esta noção, embora não elimine a importância da organização social e das culturas das populações escravizadas no ponto inicial do deslocamento, privilegia sua reorganização no ponto de chegada".

Essa proposição está relacionada com os pressupostos teóricos do antropólogo norueguês Fredrik Barth (2000:25-67), que critica a definição de grupo étnico como uma *unidade portadora de cultura*. Nessa visão, comum na antropologia até meados da década de 1960, a expressão grupo étnico designa uma população que se autoperpetua do ponto de vista biológico; compartilha valores culturais fundamentais, realizados de modo patentemente unitário em determinadas formas culturais; constitui um campo de comunicação e interação; tem um conjunto de membros que se identificam e são identificados pelos outros. O compartilhamento de uma mesma cultura é um elemento *primordial* para a organização de um grupo étnico. Barth (2000:27-29) entende ser mais vantajoso considerar certos traços culturais distintivos como *resultados* do processo de organização destes mesmos grupos. O antropólogo propõe que os grupos étnicos sejam vistos como um *tipo organizacional*, para assim apreender aspectos culturais socialmente efetivos que, por sua vez, são analisados como o resultado de processos de manutenção de fronteiras étnicas.

Com efeito, o foco desloca-se para a autoidentificação e a identificação por outros (Barth, 2000:31-33).

No entanto, as características que distinguem os grupos étnicos necessariamente devem conter um substrato cultural e as formas culturais, de certo modo, também impõem limites para a organização dos grupos étnicos:

> La cultura puede no ser una condición necesaria para la existencia de un grupo étnico, pero siempre se comportará como una pauta ordenadora del sistema organizativo. Lo organizacional no puede ser desvinculado de lo cultural, como ámbito referencial dentro del cuál este se inscribe [...]. Todos y cada uno de los miembros de un grupo étnico habitan espacios sociales definidos y organizados por la existencia de formas culturales específicas. [74]
>
> (Bartolomé, 1997:78)

Elementos culturais selecionados podem tornar-se então *emblemas* da identidade étnica de um grupo.[75] Portanto, a proposta de Mariza Soares (2000:117-119) de compreender as nações enquanto grupos de procedência considera a reorganização dos grupos étnicos africanos no contexto do tráfico de escravos e da sociedade colonial, com a apropriação, pelos próprios escravos, dos critérios identificadores impostos pelo "sistema colonial", mas também, em alguns casos, com a utilização de elementos culturais (reelaborados) como signos de distinção.

As cartas de alforria não são fontes muito apropriadas para aprofundar a análise dos grupos de procedência de africanos. Por isso, as reflexões sobre a etnicidade são importantes para que não se dimensione as informações acerca das nações dos escravos como equivalentes de grupos étnicos africanos. Não sei se eles se consideravam e se organizavam enquanto grupo ou se utilizavam elementos culturais próprios como signos de distinção e de manutenção de suas fronteiras étnicas. De todo modo, o fato de que as nações eram atribuições engendradas no interior do sistema de classificação de escravos na

---

[74] Manuela Carneiro da Cunha (1986:97-108) argumenta, de forma semelhante a Miguel Bartolomé, que os traços culturais diacríticos devem ser selecionados em uma bagagem cultural já existente. Entretanto, em uma situação de diáspora, como é o caso dos africanos no Brasil, somente podem ser selecionados alguns traços culturais, justamente os que podem ser operativos para definir contrastes.

[75] Ver Bartolomé, 1997:79.

sociedade colonial (e esse sistema, com modificações, sobreviveu ao longo do século XIX) mostra sua funcionalidade. Os próprios escravos, possivelmente, passavam a referenciar-se com base nesse sistema e reorganizavam suas identidades no confronto com a nova situação.

Tabela 5
Procedência dos africanos alforriados
Porto Alegre, Aldeia dos Anjos e Viamão (1800-1835)[76]

Região de procedência/Nação	Quantidade	%
África ocidental	56	29
Calabar	1	
Guiné	11	
Haussá	4	
Jeje	3	
Mina	31	
Nagô	5	
São Tomé	1	
África central-atlântica	134	71
Angola	8	
Cabundá	3	
Camundá	1	
Camundongo	1	
Cassange	2	
Quiçamã	2	
Rebolo	20	
Songo	3	
Benguela	53	
Ganguela	5	
Mussumbe	1	
Cabinda	8	
Congo	25	
Monjolo	2	
Total	190	100

Fonte: Cartas de alforria dos Livros de Registros Diversos dos 1º e 2º Tabelionatos de Porto Alegre (1800-1835).

---

[76] Dos 224 alforriados africanos, foram excluídos 34 cuja região de procedência na África não foi identificada: Bom Bom Bira (1), da Costa (12), de Nação (14), de Nação Africana (1), Gana (1), Mofumbe/Mufumbe (2), Mombe (1), Sabila (1), Voa (1).

Encontrei africanos de diversas procedências sendo alforriados: rebolos, minas, benguelas, cabindas, angolas, nagôs, quiçamãs, monjolos, congos, ganguelas, haussás e outros mais (ver tabela 5). Para poder estabelecer comparações com outros trabalhos, classifiquei-os no interior das três macrorregiões africanas que forneciam escravos ao Brasil: a África central atlântica (Congo e Angola), a África ocidental (costa da Mina) e a África oriental.[77]

Tabela 6
Participação (%) das macrorregiões africanas entre os africanos alforriados de Porto Alegre, Aldeia dos Anjos e Viamão (1800-1835) e entre os africanos escravizados do Rio Grande de São Pedro do Sul (1765-1825)

	Alforriados	Escravos
África central-atlântica	66	71
África ocidental	34	26
África oriental	0	3
Total	100	100

Fontes: Cartas de alforria dos Livros de Registros Diversos dos 1º e 2º Tabelionatos de Porto Alegre (1800-1835); Osório (2004:7-15).

Na tabela 6, apresento a participação dos congo-angolanos, afro-ocidentais e afro-orientais entre os alforriados e entre os escravos inventariados no Rio Grande de São Pedro.[78] Deve-se notar que entre os africanos cuja procedência não foi por mim identificada, estão os designados como "da costa". Alguns historiadores os incluem entre os africanos ocidentais, considerando o designativo como uma referência à costa ocidental da África. Parece-me que o termo tinha um caráter bem mais amplo, cujo significado remetia aos africanos, de modo geral. É possível que, de forma tendencial, refira-se à

---

[77] A classificação das nações no interior das três macrorregiões segue a classificação proposta por Karasch (2000:50-66, e apêndice 1, p. 481-496).

[78] Não disponho de informações sobre a população escrava que se refiram apenas aos anos de 1800 a 1835; por isso utilizei os dados de Helen Osório, que compreendem os anos de 1765 a 1825, como uma indicação da composição da população escrava no primeiro terço do século XIX.

costa da Mina,⁷⁹ ou à costa da Guiné, mas não se pode ter certeza.⁸⁰ Entretanto, os dados disponíveis sobre as nações africanas entre os escravos no Rio Grande do Sul incluem os designados como "da costa" entre os africanos ocidentais, de modo que na tabela acima adotei tal procedimento, para possibilitar a comparação.⁸¹

Os congo-angolanos estavam sub-representados entre os alforriados, enquanto entre os africanos ocidentais ocorria o inverso. Não encontrei nenhum africano oriental entre os escravos libertados, o que pode ser explicado por sua exígua participação na população sul-rio-grandense de então: apenas 3%.

Logo, conclui-se que os africanos ocidentais eram os que obtinham, proporcionalmente, o maior sucesso na busca pela liberdade através da manumissão na região de Porto Alegre. Este padrão também foi verificado em outras regiões brasileiras, inclusive em níveis mais elevados. Segundo Manolo Florentino (2005:351), no Rio de Janeiro, ao longo do século XIX, os africanos ocidentais eram alforriados em uma proporção de duas a três vezes superior à sua participação entre os escravos africanos.⁸²

O motivo comumente apontado pela historiografia para explicar o sucesso dos afro-ocidentais na obtenção da liberdade era a sua maior eficácia em formar pecúlio e, assim, comprar sua liberdade. Os escravos da costa da Mina frequentemente realizavam atividades mercantis e trabalhavam ao ganho, de modo que mais facilmente acumulavam dinheiro. Da mesma forma, possuíam maior capacidade organizativa, em irmandades e outros tipos de associações.⁸³

---

⁷⁹ Acerca dos significados do termo "mina" no Brasil, bem como sua relação com os grupos étnicos africanos na baía do Benim, ver Soares (2007:65-99).

⁸⁰ Em alguns processos criminais e também em inventários, localizei africanos designados inicialmente como oriundos "da Costa", e em outro momento designados por nomes de nação da África centro-ocidental. Um exemplo é o de Antônio Angria. No auto de prisão, ele diz que é natural "da Costa". Já no auto de perguntas, identifica-se como sendo de nação Angola (Sumários. Cartório do Júri, maço 8, processo nº 207).

⁸¹ Assim, nas tabelas 6 e 7, os alforriados identificados como "da Costa" estão incluídos entre os africanos ocidentais. Não obstante, deve-se considerar que a alta incidência de africanos ocidentais verificada nos dados levantados por Osório deve ser minimizada. Para se ter uma ideia, entre os africanos traficados para o Rio Grande de São Pedro, durante os anos de 1788 e 1802, menos de 4% eram oriundos da África ocidental. Ver Berute (2006:72-73).

⁸² Jovani Scherer (2007) sugere que a predominância dos minas entre os alforriados na cidade de Rio Grande, especialmente na segunda metade do século XIX, relaciona-se com a sua capacidade de acumular pecúlio em ambientes urbanos.

⁸³ Sheila de Castro Faria (2004:128-129) enfatiza que, entre os minas, eram as mulheres que mais possuíam as qualidades e as condições necessárias para acumular pecúlio. Ver também Soares (2000); Soares, Gomes e Farias (2005).

Tabela 7
Tipos de alforria por região de procedência dos africanos alforriados
Porto Alegre, Aldeia dos Anjos e Viamão (1800-1835)

	África central-atlântica	África ocidental
Pagas	67	40
Por terceiro	1	3
Gratuitas	38	11
Condicionais	28	13
Total	134	67

Fonte: Cartas de alforria dos Livros de Registros Diversos do 1º e 2º Tabelionatos de Porto Alegre, 1800-1835.

De fato, verifiquei que, entre os alforriados provenientes da África ocidental, aproximadamente 60% pagaram por sua liberdade. Benedito, de nação Mina, desembolsou 200$000 por sua alforria, em Porto Alegre, no ano de 1817 (RD1, 6, fls. 78-78v). Era oficial de barbeiro e provavelmente trabalhava ao ganho, entregando uma quantia previamente estipulada para sua senhora, Patrícia Maria da Purificação. Fato curioso é que, além da quantia paga por Benedito, sua senhora exigiu que, enquanto ela estivesse ausente da vila de Porto Alegre, ele vigiasse sua casa e cobrasse os aluguéis de outras casas que tinha. Isso indica, por um lado, uma relação de confiança entre senhora e escravo. Porém, a suposta relação de confiança não foi suficiente para que Benedito ganhasse sua alforria gratuitamente e, além disto, a senhora o manteve realizando serviços para si.

Já entre os provenientes da África central-atlântica, 50% foram alforriados mediante "autocompra". Seria necessário que eles obtivessem um maior sucesso em tal modalidade para que sua população cativa e liberta fosse proporcionalmente equilibrada, uma vez que pagar por seu próprio valor era a via mais comum para a manumissão dos africanos em geral.

Preços, estrutura etária e ocupações

Baseados em relatos de viajantes, alguns historiadores observaram que os senhores libertavam com mais facilidade seus escravos idosos, com doenças e já sem utilidade para o trabalho, pois assim livravam-se dos custos com sua subsistência e, quando a alforria era paga, ainda podiam obter algum recurso (Gorender, 1985 e Karasch, 2000). Existem alguns casos nas cartas de alforria de Porto Alegre que sugerem exatamente essa conclusão.

João de Medeiros Albuquerque alforriou a parda Josefa gratuitamente, em 1810, e assim justificou seu ato:

> A qual escrava a comprei ao Tenente Reformado Inácio por treze doblas por me persuadir de que a dita escrava não tinha moléstias ocultas [várias palavras ilegíveis] alguma atendendo eu achando ela incurável a forro e liberto pelo amor de Deus para... que possa ir para onde muito quiser tratar de sua vida, e gozar de sua liberdade, a qual lhe dou por minha livre vontade só por me não atrever a nela padecer sem que eu lhe possa acudir, por já ter com ela gasto dinheiros com professores não a poderem curar apesar de terem esgotado os remédios que ensina a sua arte.
>
> (RD1, 6, fls. 27-27v)

O senhor não indicou se a escrava Josefa já era velha, mas deixou claro que por ela ser incurável, a forraria "pelo amor de Deus". Outros senhores libertaram seus escravos por estarem velhos, mas não é possível concluir se o objetivo era economizar nos gastos, pois talvez os libertos idosos pudessem seguir morando junto aos seus ex-senhores e recebendo alimentação e vestuário.

Considerando a estrutura etária dos alforriados, percebo que os idosos não eram muito frequentes, somando apenas 23, de um total de 196 libertos que tiveram suas idades declaradas.[84] Isso não significa que não sofressem com a pobreza na velhice, como atestam alguns relatos de viajantes. Mas esses forros não necessariamente foram libertados já idosos. Por outro lado, é importante observar que o discurso da época que identificava os libertos idosos como pobres, indigentes, vivendo na miséria e na desolação podia fa-

---

[84] Em 196 alforrias declara-se a idade numérica ou descritiva dos escravos. Foram considerados idosos aqueles escravos que tinham mais de 50 anos, ou designados como "muito velho", "velho", "de muita idade" etc. Foram consideradas crianças aqueles escravos cuja idade não ultrapassava 13 anos, bem como aqueles designados de "cria", "cria de peito", "recém-nascido", "crioulinho" e "mulatinho". Os adultos compreendem aqueles cuja idade variava entre 14 e 50 anos.

zer parte da própria visão de mundo senhorial, típica do paternalismo, para assim reforçar a suposta necessidade que os escravos e também os libertos teriam da assistência de seus senhores. Isso fica bastante evidente na alforria dada por Rosa Maria Seria, na aldeia de Nossa Senhora dos Anjos, em 1824, ao crioulo Anesito,

> pelo ser já tão velho [...] com a condição ser ele sujeito debaixo do amparo e proteção de meu neto Padre Francisco de Paula a fim do dito escravo não poder ser na sua velhice cheio dimpidades como acontece a todos os forros mas para merecer esta graça deve fazer todo o excesso por merecer e agradar no que puder que a estimação é conforme o merecimento.
>
> (RD1, 9, fls. 140-140v)

Nesta justificativa de Rosa Maria Seria constam vários elementos da ideologia paternalista senhorial: o liberto ficaria sob o amparo e proteção do neto de sua senhora, por sinal um padre, para que ele não fique abandonado e desamparado na sua velhice, como supostamente seria comum que acontecesse com todos os forros. Mas para merecer a sua liberdade, ele deveria expressar gratidão e fazer todo o excesso para merecer a graça recebida, já que a "estimação é conforme o merecimento".

Os escravos com idade até 13 anos eram aqueles que, entre os que tiveram sua idade declarada, foram mais alforriados. De um conjunto de 196 escravos, 133 estavam nessa faixa de idade. A quantidade significativa de crianças explica-se pela preferência dos senhores em alforriar as "crias da casa", filhos de escravos que prestaram bons serviços, como visto anteriormente.

A informação sobre a ocupação dos escravos é a mais escassa entre todas que analisei. Apenas 23 cativos tiveram suas ocupações declaradas nas cartas de alforria. Portanto, não tenho como indicar quais seriam as atividades econômicas realizadas pelos escravos que lhes permitiriam acumular pecúlio com mais facilidade para comprar a sua alforria. O quadro 2 mostra quais foram as ocupações encontradas.

Quadro 2
Ocupações dos alforriados de Porto Alegre, Aldeia dos Anjos e Viamão (1800-1835)

Ocupação	Quantidade
Alfaiate	3
Campeiro	1
Curtidor	1
Mestre barbeiro	1
Oficial de alfaiate	2
Oficial de barbeiro	2
Oficial de calafate	1
Oficial de canteiro	1
Oficial de carapina	2
Oficial de carpinteiro	2
Oficial de sapateiro	4
Pedreiro	1
Sapateiro	1
Tecedeira	1
Total	23

Fonte: Cartas de alforria dos Livros de Registros Diversos dos 1º e 2º Tabelionatos de Porto Alegre (1800-1835).

Presumo que a maior parte dos escravos alforriados trabalhava predominantemente em atividades rurais, como roceiros ou campeiros, mas certamente muitos exerciam ofícios e ocupações urbanas não especializadas. Não obstante o fato de que a grande maioria das ocupações indicadas nas alforrias seja urbana e, ainda, de ofícios especializados, não creio ser possível concluir que a maioria dos escravos que conquistava sua liberdade vivia no meio urbano ou realizava atividades econômicas tipicamente urbanas. As características econômicas da região pesquisada, que era predominantemente rural, levam a esta conclusão. De todo modo, não é possível tirar conclusões mais precisas com base em dados tão escassos.

O que talvez seja interessante é que entre estes 23 libertos, apenas quatro foram alforriados gratuitamente, 14 compraram a própria alforria, um teve a sua paga por terceiro e quatro a receberam sob condição, um índice de manumissões pagas bem superior ao verificado no conjunto das cartas. Isso sugere que os senhores resistiam a alforriar gratuitamente seus escravos com ofícios especializados. Ou, por outro lado, que era mais improvável que fosse declarada a ocupação de um escravo alforriado gratuitamente.

Consegui determinar o preço (em mil-réis) de 313 alforrias. Kátia Mattoso, Herbert Klein e Stanley Engerman (1988:60-72), pesquisando os preços das alforrias na Bahia durante o século XIX, concluíram que os cativos, a partir de 1831, pagavam pela liberdade o valor corrente de mercado. Até então o preço considerado justo era o valor pelo qual o escravo foi adquirido. Mas não é tarefa simples determinar a relação entre os preços das alforrias, o da compra original dos escravos e seu valor corrente de mercado.

Tabela 8
Preço médio dos alforriados (em mil-réis) distribuídos por intervalos de cinco anos Porto Alegre, Aldeia dos Anjos e Viamão (1800-1834)

Período	Preço médio	Quantidade de alforrias
1800-04	111$272	25
1805-09	108$459	42
1810-14	129$513	59
1815-19	140$931	54
1820-24	163$142	49
1825-29	181$976	45
1830-34	300$975	32

Fonte: Cartas de alforria dos Livros de Registros Diversos dos 1º e 2º Tabelionatos de Porto Alegre (1800-1834).
Nota: Para estabelecer os intervalos quinquenais uniformemente, excluí as alforrias concedidas no ano de 1835.

A distribuição temporal dos preços de alforrias evidencia algumas questões. Entre 1800 e 1829, há um paulatino aumento do valor das alforrias, que acompanha, de certa forma, o aumento do preço dos escravos e da inflação no período. Em 1830 o quadro modifica-se bruscamente: se no quinquênio 1825-29 o preço médio da alforria era de 181$976, entre 1830 e 1834 o valor explode e chega a 300$975. Até o início da Guerra dos Farrapos, essa tendência de alta acentuada dos preços das alforrias parece manter-se: em 1835 o preço médio da alforria foi de 387$866. Como explicar esse vertiginoso aumento? Nesse caso, o valor de mercado do escravo parece ser a resposta mais evidente. Com a lei de 1831 e a expectativa do possível término do fornecimento de mão de obra escrava africana, os preços de cativos aumentaram por todo o Brasil.

Manolo Florentino sugeriu que as mudanças nos preços de alforrias afetavam de forma contundente as possibilidades de os escravos comprarem sua liberdade. Essa constatação me parece correta. Ainda que não possamos considerar a compra da alforria como uma simples transação mercantil, é fora de dúvidas que uma avaliação de mercado era feita pelos senhores no momento em que aceitavam ou não alforriar um escravo em troca de dinheiro. Tal avaliação incluía um cálculo econômico sobre a possibilidade de substituição do trabalhador perdido por outro — normalmente adquirido entre os africanos recém-desembarcados. Segundo Florentino (2005:339-342), com o aumento vertiginoso dos preços de escravos verificado a partir de fins da década de 1820, as chances de comprar a própria alforria foram bruscamente diminuídas.

Os dados apresentados na tabela 8 tendem a corroborar essa conclusão. Quando os preços aumentam bruscamente (no quinquênio 1830 a 1834), a quantidade de manumissões pagas também diminui de forma acentuada: de 45 alforrias pagas entre 1825 e 1829, passa-se a 32 no quinquênio seguinte. Sheila de Castro Faria (2004:126-127), apesar de concordar com a proposição de Florentino sobre a relação entre o preço de mercado dos escravos e as chances de compra de alforrias, observa que alguns grupos de cativos, notadamente os africanos, mantinham-se comprando suas alforrias, quer por necessidade, conveniência ou opção, mesmo em períodos de alta acentuada de preços.

E como se dava a distribuição dos valores médios entre brasileiros e africanos, homens e mulheres? O preço médio da alforria de escravos nascidos no Brasil é de 186$277, enquanto entre os africanos é de 174$482.[85] Esses valores, que correspondem à valorização superior do escravo crioulo no mercado, sugerem que o preço das alforrias era determinado, sobretudo, pelo cálculo senhorial, especialmente o cálculo econômico, que lhe possibilitaria repor a mão de obra acessando o mercado.

---

[85] Em relação à análise do preço dos crioulos, é necessário ter cuidado. Caso sejam contabilizados todos os casos, há uma tendência a ter um forte desvio na medida em que a totalidade das crianças libertas (cujo valor era inferior) era nascida no Brasil. Assim, optei por excluir as crianças com idade numérica ou descritiva declarada, para ter uma aproximação mais efetiva do preço médio do crioulo em comparação ao africano. Igualmente, foram excluídos os idosos, tanto entre os brasileiros quanto entre os africanos.

No entanto, se avaliados os preços de homens e mulheres, a hipótese perde a sua força. Entre os africanos, as mulheres pagavam, em média, 181$305, enquanto os homens pagavam 162$584. Diferença semelhante foi observada entre os nascidos no Brasil: o preço médio das mulheres era de 192$837 e o dos homens 174$908. Desse modo, ao contrário de Campinas, onde Peter Eisenberg (1989:285-286) identificou uma relação direta entre o preço do escravo e o preço das alforrias (ainda que os preços das alforrias fossem um pouco inferiores), no Rio Grande do Sul essa relação era mais tortuosa.

*****

Os padrões de alforria de Porto Alegre, Aldeia dos Anjos e Viamão aproximavam-se, em parte, dos observados em outras regiões do país. A maior proporção de mulheres e escravos nascidos no Brasil foi recorrente em vários lugares, apesar de os africanos terem sobressaído durante certo período do século XIX nas cidades de Salvador e Rio de Janeiro.

Pude perceber que os crioulos e pardos tinham mais oportunidades de receber sua alforria sem contrapartida pecuniária. Eles eram amplamente majoritários entre os alforriados gratuitamente ou sob condição. Esses escravos gozavam de uma maior proximidade com seus proprietários, e alguns eram de confiança do senhor. Era com esses escravos que se estabeleciam relações paternalistas, o que fazia com que fossem privilegiados na obtenção de alforrias. Observei, entretanto, que as relações não eram somente pautadas pela afetividade e pela confiança. As cartas de alforria permitiram vislumbrar tensões entre os cativos e seus senhores, demonstrando que as relações eram marcadas por um potencial conflitivo, que entrava em jogo nas complexas negociações e disputas que resultavam na conquista da liberdade.

A alta incidência de alforrias pagas (aí incluídas as "por terceiro") sugere que os senhores sul-rio-grandenses, tendo dificuldades em substituir a mão de obra escrava, tendiam a libertar seus cativos à medida que eles, ou outras pessoas, pagassem por si um valor próximo ou superior ao de mercado.

A análise das alforrias pagas demonstrou ser necessário diferenciar aquelas que o foram por terceiros das que o foram pelos próprios escravos. As primeiras eram de domínio dos nascidos no Brasil, em virtude de suas relações de parentesco, consanguíneo ou fictício. Já a "autocompra" foi a via preferencial, ou quiçá a possível, para os africanos, em especial para os oriundos da África ocidental.

A proporção significativa das alforrias pagas evidencia o esforço empreendido pelos escravos para acumular pecúlio. Sendo a região pesquisada escassamente urbanizada, a economia própria dos cativos originava-se, principalmente, de atividades rurais. No próximo capítulo, analisarei a inserção econômica dos libertos, o que pode sugerir formas através das quais eles acumularam pecúlio ainda nos tempos de cativeiro.

2 | Viver em liberdade: ocupações, posse de escravos e acesso à terra

Ocupações e patrimônio

Os inventários *post mortem* são fontes privilegiadas para o estudo do patrimônio e das atividades econômicas em uma determinada sociedade. Localizei 26 inventários de forros na região de Porto Alegre. É preciso destacar que se trata de uma fonte socialmente determinada, pois implica a observação de um extrato economicamente privilegiado de um grupo social.[86] Aqueles libertos que morreram sem deixar bens, ou sem ter constituído um patrimônio significativo, não estarão presentes nas páginas que seguem. Portanto, as conclusões do capítulo devem ser tomadas como indicações dos limites colocados à ascensão econômica dos forros na região estudada.

Isso não significa que os únicos libertos que adquiriram bens e construíram um patrimônio significativo na região estudada sejam os 26 inventariados. Sheila de Castro Faria (2001:292-295) observa que, conforme a legislação portuguesa, quando morriam os proprietários que não tinham herdeiros necessários (filhos, pais, irmãos e parentes até o quarto grau de consanguinidade) e haviam feito testamento, não era obrigatório abrir o inventário. Isso explica a exiguidade de inventários de forros encontrados por ela, na sua pesquisa no Rio de Janeiro e em São João Del Rei, e também os escassos 26 encontrados por mim em Porto Alegre, Aldeia dos Anjos e Viamão. Na medida em que os libertos nascidos na África normalmente não tinham pais ou outros parentes residentes no Brasil, sendo muitas vezes casados e não tendo filhos, não era necessário proceder à realização do inventário quando eles deixavam testamentos.

---

[86] Daumard (1985:55-73). Ver também a apreciação de Garavaglia (1993:125-129) sobre os limites e possibilidades de utilização dessa fonte.

Outra questão que deve ser levada em conta é o fato de que, nos inventários, não era obrigatória a indicação da cor ou condição social do falecido. A tendência é que fossem designados como pretos ou pardos forros os inventariados cuja experiência e proximidade com o cativeiro fossem recentes. Os descendentes de libertos, já nascidos livres, talvez não tivessem sua cor declarada.

Portanto, é provável que muitos libertos sul-rio-grandenses que constituíram um patrimônio não tenham deixado inventários. De qualquer modo, os libertos analisados estão entre aqueles que obtiveram uma ascensão econômica significativa, o que, possivelmente, não seja a realidade da maioria dos forros da região de Porto Alegre.

Entre os 26 inventariados, 13 eram homens e 13 eram mulheres. Não se reproduz entre os libertos inventariados a mesma predominância de mulheres verificada entre os escravos libertados através de cartas de alforria (aproximadamente 58% eram mulheres). No que concerne à família, 17 forros eram casados e nove solteiros ou viúvos; 20 não tinham filhos — apenas seis os tinham.

Esses dados permitem que se façam algumas considerações. O fato de ser casado potencializava a constituição de patrimônio, ou a relação poderia ser inversa, isto é, ter algum patrimônio era um recurso que facilitaria o casamento.[87] Acredito que a primeira opção seja a mais plausível, pois os casais poderiam ter sido formados ainda enquanto eram escravos e a conjunção de esforços do casal para acumular pecúlio poderia facilitar a compra da alforria para os cônjuges. Entre os casados, todos o eram com outros forros. Nenhum dos libertos era casado com escravos ou livres. No entanto, acho difícil que todos os casais tenham se constituído já com ambos os cônjuges na condição de forros. Provavelmente, como já apontei, o matrimônio pode ter-se efetivado enquanto ambos ou pelos menos um dos cônjuges era escravo.

Se alguns dados das cartas de alforria forem retomados, é possível perceber que o auxílio da família, principalmente de cônjuges, para a obtenção da liberdade, era muito recorrente. Em 27 cartas de alforria os escravos ou escravas alforriados eram casados ou viúvos. Se, a princípio, parece um número pequeno, considerando o universo total pesquisado, deve-se observar que não era uma obrigação e nem mesmo um costume indicar, nas manumissões,

---

[87] Hebe Mattos (1995:61-80) afirma que o casamento e/ou o estabelecimento de laços de famílias eram, no Brasil escravista, precondições para a produção rural independente.

a existência de cônjuge do liberto. Da mesma forma, como vimos no capítulo anterior, uma parcela das alforrias era paga por terceiros. Localizei cinco alforrias que foram pagas por maridos (forros ou livres) de escravas. O preto forro João Cassange, por exemplo, pagou 500$000 pela liberdade de sua esposa, a crioula Custódia, em 1835 (RD1, 10, fls. 194v-195).

O quadro 3 procura distinguir os diferentes tipos de ocupações e atividades econômicas dos libertos inventariados. Cabe, porém, uma advertência: a definição das ocupações pretende apenas indicar aquele tipo de atividade econômica preponderante para cada liberto, que provavelmente indicava seu status "ocupacional" perante a sociedade e constituía-se em seu principal meio de sobrevivência.

Além da ocupação indicada, certamente o liberto realizava outros tipos de atividade com o fim de auferir mais renda. Em uma sociedade tão pequena como a de Porto Alegre e arredores no primeiro terço do século XIX, os libertos dificilmente trabalhariam em apenas um tipo de atividade. Mesmo aqueles que tinham ocupações especializadas deveriam realizar diversos serviços e, em uma região de escravarias pequenas e com modesta atividade urbana, a especialização do trabalho não deveria ser a regra.

Quadro 3
Ocupações dos libertos
Porto Alegre, Aldeia dos Anjos e Viamão (1800-1835)

Ocupação	Qtde. de libertos
Lavrador	9
Lavrador e criador	3
Lavrador com ofício	3
Alfaiate	1
Costureira	1
Sapateiro	1
Pedreiro	1
Comércio ambulante	2
Vive de esmolas	1
Não identificado	4
Total	26

Fonte: 26 inventários *post mortem* de libertos de Porto Alegre, Aldeia dos Anjos e Viamão (1800-1835).

É necessário explicitar a metodologia empregada para definir ocupações a partir de inventários. Esta fonte não indica expressamente a atividade econômica do inventariado, de modo que a inferi por meio de alguns indícios. À medida que for explicando o método utilizado, também descreverei, para melhor compreensão, alguns casos que parecem relevantes.

Os lavradores foram assim definidos quando constavam, entre seus bens, instrumentos e equipamentos agrícolas (enxadas, foices, foices de trigo, forno de cobre, moinho para fazer farinha, carro de boi etc.), colheitas e lavouras (alqueires de trigo ou mandioca, farinha, cercados de lavouras) e propriedades rurais (chácaras, sítios, retalhos de campos). Os instrumentos e equipamentos agrícolas foram arrolados entre os bens de todos os libertos definidos como lavradores, muitas vezes complementados com as propriedades rurais e, mais raramente, com colheitas e lavouras.

João Antônio da Rocha,[88] preto forro, era um lavrador, casado com a também preta forra Maria Thereza, e tinha dois filhos: Francisco, de 10 anos e João, de cinco. Deixou entre seus bens um campo com uma casa de capim em Viamão, que tinha 72 laranjeiras. Ele cultivava e beneficiava a mandioca, como demonstra a existência de enxadas, roda de ralar mandioca, prensa de mão, forno de cobre e moinho de mão. Entre seus bens está relacionado também um arado, que talvez indique o cultivo de trigo, pois o cultivo da mandioca não exigia esse tipo de instrumento (Linhares e Silva, 1981:138-141). Provavelmente João beneficiasse a mandioca colhida, transformando-a em farinha e, assim, a comercializasse em Viamão, ou até mesmo em Porto Alegre. Como não possuía nenhum escravo e seus filhos ainda eram pequenos, quem trabalhava nas roças era o próprio casal.

Alguns destes lavradores também possuíam animais de criação (reses) que, mesmo em pequeno número, denotam a realização de atividade pecuária junto com a agricultura. É o caso dos libertos definidos como "lavrador e criador". Antonio Pedro,[89] morador nos "arrabaldes" de Porto Alegre, possuía um pedaço de terra com uma casa de pau a pique, onde plantava e beneficiava mandioca, com o auxílio de um escravo. Além disso, possuía três cavalos, com os apetrechos de montaria — lombilho, coxonilho — e um pequeno rebanho de

---

[88] Inventário de João Antônio da Rocha, 1823. 1ª Vara de Família de Porto Alegre, maço 32, nº 796.
[89] Inventário de Antonio Pedro, 1825. 1ª Vara de Família de Porto Alegre, maço 35, nº 858.

nove reses. Era casado com Maria da Luz, preta forra. Apesar de não ter filhos, era proprietário de um escravo, de 18 anos, avaliado em 200$000.[90] Portanto, para manter o pequeno rebanho e realizar as tarefas agrícolas, certamente contava com a mão de obra da esposa e do escravo.

Outros lavradores tinham deixado entre seus bens instrumentos para a realização de um ofício, indicando que, além da prática da agricultura, o inventariado também tinha uma ocupação especializada. É o que indica a rubrica "lavrador com ofício". Antônio Muniz,[91] casado com Rita de Souza, preta forra, morador "fora dos portões" de Porto Alegre, é um exemplo: plantava trigo — foram arrolados entre seus bens duas foices de trigo, dois arados, 34 alqueires de trigo colhido, um carro e três bois mansos — e era também carpinteiro — possuía uma enxó de carpinteiro da ribeira.

Quando constavam apenas instrumentos para a prática de ofícios (banca de sapateiro, tesouras, tecidos, formas, colher de pedreiro etc.) defini alguns libertos como sapateiros, alfaiates, costureiras ou pedreiros. Antonio Velozo,[92] preto forro, natural da costa da Mina, batizado na cidade do Rio de Janeiro,[93] era solteiro e não tinha filhos. Morava na Aldeia dos Anjos e tinha, entre seus bens, três tesouras de alfaiate, um ferro de alfaiate e alguns tecidos.

Os que viviam do comércio também não possuíam bens que indicassem atividade econômica, mas apenas tabuleiros, o que sugere que praticavam o comércio a retalho. Essa suposição se reforça pelo fato de que os dois libertos assim definidos eram mulheres, as quais notadamente dominavam o comércio ambulante nos séculos XVIII e XIX (Figueiredo, 2003 e Faria, 2004).[94]

Há o caso de um liberto que vivia de esmolas, pois foi assim expressamente indicado por sua esposa, pedindo um atestado de pobreza com o intuito de que não se procedesse ao inventário.[95]

---

[90] O nome do escravo estava ilegível.

[91] Inventário de Antônio Muniz, 1814. 1ª Vara de Família de Porto Alegre, maço 23, n° 507.

[92] Inventário de Antonio Velozo, 1806. 2º Cível e Crime de Porto Alegre, maço 03, nº 63.

[93] Mariza Soares (2000:111) constatou que na Costa da Mina os escravos não eram batizados nos portos de embarque, sendo feito seu batismo nas cidades onde eram desembarcados, como era o caso do Rio de Janeiro.

[94] Em ambas as obras, os autores observam que as "negras de tabuleiro" dominavam o comércio ambulante, tanto no período colonial quanto ao longo do século XIX.

[95] Inventário de João Machado de Borba, 1819. 1ª Vara de Família de Porto Alegre, maço 27, nº 657. A viúva pediu um atestado de pobreza e conseguiu, com o parecer do vigário de Viamão, Bartolomeu Lopes de Azevedo. O vigário diz que a viúva vivia de esmolas de alguns fiéis e que inclusive precisou delas para sepultar o marido.

Entre os quatro inventariados cuja ocupação não foi identificada, dois possuíam escravos com ocupações declaradas. É possível que esses escravos fossem alugados ou empregados "ao ganho". Mais provável é que os forros oferecessem seus serviços e trabalhassem junto com seus cativos. Joaquim Pereira da Rosa,[96] crioulo natural do Rio de Janeiro, era casado com Maria Antonia da Conceição, preta forra de nação Conga. Morava na rua Formosa, em Porto Alegre, e foi inventariado em 1821, tendo entre seus bens dois escravos. Sobre a cativa Joana, só sabemos que estava doente. Mas Bartolomeu, de nação Haussá, era um escravo "cabouqueiro". A atividade de "caboucar" consistia em abrir buracos para colocação de alicerces para construção de casas, ou outros tipos de prédios, tanto urbanos como rurais. É bastante provável que Joaquim Pereira da Rosa, junto com Bartolomeu, trabalhasse nas construções da vila de Porto Alegre, ou mesmo na instalação de moinhos e outras benfeitorias no entorno rural da cidade.

Segundo Russell-Wood (2005:89-90), a agricultura e o comércio eram os dois campos em que os pretos e pardos, forros ou livres, poderiam viver regularmente e eventualmente obter certa prosperidade econômica. No comércio, apesar de competirem diretamente com os brancos, existiam mais possibilidades de acumular alguma riqueza. Entretanto, o máximo a que podiam aspirar era a posição de dono de mercearia ou taberna. E para os poucos que atingiam essas posições, havia centenas que viviam como intermediários na venda de alimentos ou como negras de tabuleiro, ocupações em tudo semelhantes às realizadas por escravos. É provável que, na região de Porto Alegre, as possibilidades de inserção econômica no comércio, especialmente como proprietários de pequenos estabelecimentos comerciais, fossem ainda mais restritas. A parca urbanização e a concorrência com os homens brancos deve ter dificultado, muito mais do que em Minas Gerais — privilegiada no estudo de Russell-Wood —, a inserção econômica dos ex-escravos.

Desse modo, a agricultura tornou-se a possibilidade mais tangível de inserção econômica para os pretos e pardos forros na região de Porto Alegre. Os forros inventariados, em sua maior parte, podem ser definidos como lavradores, embora alguns também praticassem a pecuária em pequena escala ou exerces-

---

[96] Inventário de Joaquim Pereira da Rosa, 1821. 1ª Vara de Família de Porto Alegre, maço 30, n° 736.

sem alguma ocupação especializada. Segundo Russell-Wood (2005:95-98), a prática da agricultura dificilmente garantia aos libertos algum grau de ascensão econômica. Com dificuldades para comprar escravos e lavrando culturas pouco lucrativas (como a mandioca), precisavam contar sobretudo com a mão de obra familiar. Como será visto adiante, na região de Porto Alegre a ocupação de lavrador era não apenas a mais comum, mas também a que, combinada com a pecuária, possibilitou a ascensão econômica do liberto Pedro Gonçalves, o maior proprietário escravista entre os forros inventariados.

Como já foi dito, as ocupações listadas no quadro 3 eram, provavelmente, as mais importantes para os libertos inventariados, mas não deviam ser as únicas. Assim como os escravos, muitos forros trabalhavam e realizavam serviços manuais de todo tipo, onde quer que pudessem ter algum retorno. Certamente, havia muitos libertos entre os negros descritos pelo botânico Saint-Hilaire (1999:41) quando de sua passagem por Porto Alegre, em 1820: "a rua da Praia, que é a única comercial, é extremamente movimentada. Nela se encontram numerosas pessoas a pé e a cavalo, marinheiros e muitos negros carregando volumes diversos".

O quadro 4 apresenta a posse de bens de raiz entre os forros. É possível perceber, a partir da análise de suas propriedades, que alguns libertos não apenas obtiveram a alforria, como também passaram a ser proprietários de imóveis urbanos e *situações*[97] rurais.

Quadro 4
Posse de bens de raiz entre os libertos
Porto Alegre, Aldeia dos Anjos e Viamão (1800-1835)

Tipo	Qtde. de libertos
Nenhuma	07
Propriedades rurais	13
Imóveis urbanos	06
Total	26

Fonte: 26 inventários *post mortem* de libertos de Porto Alegre, Aldeia dos Anjos e Viamão (1800-1835).

---

[97] O termo *situação* designa um equivalente de sítio, refere-se a um empreendimento agrícola com produção inferior à de uma fazenda.

No entanto, o fato de sete libertos não possuírem nenhum bem de raiz demonstra que a constituição de um patrimônio significativo (composto de terras e imóveis urbanos) não era um objetivo fácil de conquistar. Deve-se lembrar que estes forros inventariados deveriam estar entre os mais bem-aquinhoados de todos os que viviam na região de Porto Alegre. Mesmo aqueles que se tornaram proprietários de bens de raiz não tinham posses muito valiosas, com exceção de alguns imóveis urbanos.

Joaquim Pereira da Rosa[98] era proprietário de um desses imóveis valorizados. Deixou entre seus bens casas de morada cobertas de telha, forradas e assoalhadas, na rua Formosa, em Porto Alegre. Casas com este tipo de acabamento eram raras, mesmo entre os livres.

Entre os proprietários rurais, aparecem "chácaras", "sítios", "retalhos de campos" e "pedaços de terra". Tais denominações são típicas de pequenas unidades produtivas, cuja atividade predominante é a agricultura. Em nenhum momento aparece a denominação "estância", que indicaria uma unidade com grande extensão de terra e produção orientada para a pecuária (Osório, 1999:89-148).

Luiza Maria,[99] por exemplo, deixou entre seus bens um sítio com uma casa de capim, sem nenhuma benfeitoria. João Félix Correia[100] possuía uma chácara com uma "casinha velha de pau a pique". Situação melhor vivia Maria Thereza Marques,[101] proprietária de uma chácara com casa e cozinha cobertas de telha, arvoredos, um terreno de lavouras e ainda uma pequena área que servia de potreiro. Não por acaso, ela era proprietária de um escravo, Pedro, de 18 anos, em plena idade produtiva e, portanto, valorizado. Para melhor visualizar a posse de cativos entre os forros, elaborei o seguinte quadro:

---

[98] Inventário de Joaquim Pereira da Rosa, 1821. 1ª Vara de Família de Porto Alegre, maço 30, nº 736.
[99] Inventário de Luiza Maria, 1814. 1ª Vara de Família de Porto Alegre, maço 23, nº 502.
[100] Inventário de João Félix Correia, 1820. 1º Vara de Família de Porto Alegre, maço 28, nº 700.
[101] Inventário de Maria Thereza Marques, 1823. 1ª Vara de Família de Porto Alegre, maço 32, nº802.

Quadro 5
Posse de escravos entre os libertos
Porto Alegre, Aldeia dos Anjos e Viamão (1800-1835)

Qtde. de escravos	Qtde. de libertos
0	16
1	5
2	3
3	1
4	1
Total	26

Fonte: 26 inventários *post mortem* de libertos de Porto Alegre, Aldeia dos Anjos e Viamão (1800-1835).

O dado que se destaca, em primeiro lugar, é a ausência de escravos entre os bens de 16 libertos, a maioria dos inventariados. Pedro Gonçalves,[102] lavrador e criador, possuía quatro escravos, sendo o maior proprietário escravista entre os forros pesquisados. Era também o possuidor do maior rebanho, composto de 44 reses, 10 terneiros, 18 éguas e cinco cavalos mansos.[103]

Esse caso, no entanto, era uma exceção. A maior parte dos proprietários de escravos possuía um ou dois cativos. E a maioria dos libertos não possuía nenhum. Essa pobreza material contrasta com situações encontradas em outras regiões do Brasil escravista. Maria Inês Côrtes de Oliveira (1988:41), cuja pesquisa enfoca Salvador entre 1790 e 1850, demonstrou que 77,65% dos libertos possuíam cativos. Ida Lewkowicz (1988/1989:108), estudando os forros em Mariana, nas Minas Gerais, entre 1730 e 1800, verificou que 79,3% possuíam escravos. Sheila de Castro Faria (2001:309) observou que cerca de 80% dos testadores libertos no Rio de Janeiro, ao longo do século XVIII, eram proprietários de escravos.

Entretanto, os resultados acima foram verificados em cidades e áreas tipicamente urbanas, como Rio de Janeiro, Salvador e Mariana. Igualmente, as fontes utilizadas foram testamentos de forros. Conforme já indiquei anteriormente, possivelmente os testamentos sejam fontes que revelam com maior amplitude o grau de acumulação de bens entre os libertos.

---

[102] Inventário de Pedro Gonçalves, 1819. 1ª Vara de Família de Porto Alegre, maço 27, nº 675.
[103] Retomarei o caso de Pedro Gonçalves na segunda parte deste capítulo.

É interessante, portanto, comparar os dados que obtive com os de outras regiões predominantemente rurais do Brasil. Francisco Vidal Luna e Herbert Klein analisaram as ocupações e a posse de bens e escravos por parte de pretos e pardos livres e forros em municípios paulistas e mineiros, nas primeiras décadas do século XIX. As regiões escolhidas voltavam-se predominantemente para a produção agrícola e artesanal. Alguns municípios contavam com maioria de população branca (tal qual a região de Porto Alegre); em outros a maioria era negra ou mulata. Luna e Klein (2005:197-222) concluíram, através da análise de listas nominativas e mapas de população, que os pretos e pardos podiam ser encontrados em todas as ocupações exercidas pelos brancos, exceto no nível da elite. Entretanto, quando se observa a posse de escravos, percebe-se uma diferença significativa entre os brancos e os negros. Nos municípios paulistas, apesar de os assim chamados "livres de cor" constituírem 30% dos chefes de domicílio, compunham apenas 6% dos proprietários de escravos, possuindo somente 4% dos escravos (Klein e Paiva, 1997:309-335).

Os autores explicam essa larga desvantagem dos pretos e pardos livres em relação aos brancos por fatores econômicos. Os "livres de cor" carregavam, da escravidão, um legado econômico negativo, pois iniciavam sua vida como libertos com níveis de poupança muito baixos, tanto mais quando empregavam o que conseguiam acumular em árduos anos de trabalho no cativeiro com a compra de sua alforria. Por outro lado, havia uma diferença significativa entre pardos e pretos, sendo os primeiros mais bem-aquinhoados em termos de posse de escravos, o que é explicado pelos autores como um indício da discriminação racial (Luna e Klein, 2005:209-210).

Entretanto, Luna e Klein não consideraram alguns fatores importantes para a análise da riqueza e das posses de libertos e seus descendentes. Em primeiro lugar, justamente o fato de que nem todos os "livres de cor" eram forros e necessariamente iniciavam sua vida com o *handicap* econômico da escravidão. Em segundo, que as designações de cor entre os livres (pretos e pardos) não podem ser analisadas de forma isolada dos padrões de riqueza. Se os pardos são mais bem-aquinhoados que os pretos, isso não significa necessariamente uma relação de causa e efeito, isto é, que eles tenham mais posses porque são pardos. A relação é mais complexa: os mais bem-aquinhoados tendem a ser designados como pardos, mesmo que sua ascendência seja predominantemente africana ou crioula.

Roberto Guedes Ferreira (2005) observou, ao analisar trajetórias de famílias constituídas de descendentes de escravos em Porto Feliz, ao longo do século XIX, que as possibilidades de ascensão social (acompanhadas, mas sem confundir-se nem ser condição *sine qua non*, de certo grau de enriquecimento) estavam abertas justamente para as gerações mais distanciadas do cativeiro. A mobilidade social ascendente sustentava-se através da manutenção de famílias estáveis, do exercício de ofícios e ocupações qualificadas e, sobretudo, de alianças com as elites. Essas condições eram fundamentais para a manutenção da liberdade e, quando possível, para a ampliação das possibilidades de ascensão social. Aliado a isso, Ferreira observou que a mobilidade social ascendente, especialmente na segunda e na terceira gerações de egressos do cativeiro, transmutava-se nas designações de cor: os pretos podiam passar a ser designados como pardos e estes, eventualmente, passavam a ser designados como brancos.[104]

Isso não significa que não existisse discriminação racial na sociedade escravista brasileira. As hierarquias fundadas em demarcadores raciais, materializadas nas distinções por cor, eram princípios básicos que estabeleciam distinções, status e lugares sociais específicos para os homens livres.[105] A própria vinculação entre condição econômica/social e as designações de cor demonstram a necessidade de criar, expressar e reiterar estratificações hierárquicas a partir de critérios raciais. Se a cor da pele não era um dado positivo em si, ela não deixava de ser considerada como um fator que definia a *qualidade* das pessoas. Tal como foi observado por Russell-Wood, aos mulatos livres ou forros estavam abertas maiores possibilidades de integração social que aos negros de mesma condição jurídica (Russell-Wood, 2005:86).

Resumindo, pode-se dizer que os forros da região de Porto Alegre dificilmente conseguiam acumular o capital necessário para adquirir escravos, mas não deixavam de fazê-lo quando podiam. As possibilidades de acumulação monetária, para os libertos sul-rio-grandenses, eram restritas.[106] Não estavam

---

[104] Em especial o capítulo 5, "Pardos: histórias familiares", p. 229-308.
[105] As designações de cor serão analisadas pormenorizadamente no terceiro capítulo.
[106] Examinando um conjunto de 28 inventários *post mortem* de libertos da cidade de Porto Alegre, datados de 1858 a 1888, Paulo Moreira (2003:295-300) localizou apenas quatro proprietários de escravos, que possuíam um ou dois cativos. Se, por um lado, Porto Alegre na segunda metade do século XIX já podia ser considerada uma cidade com um notável grau de urba-

em uma economia mineradora, como a de Minas Gerais, que oferecia uma série de brechas para os escravos e forros obterem rendimentos. Tampouco em uma sociedade urbanizada, como Salvador ou o Rio de Janeiro, onde as atividades mais tipicamente urbanas, como o comércio e os ofícios, possibilitavam o enriquecimento de alguns libertos.

Não que os forros analisados neste capítulo fossem pobres; afinal possuir um ou dois escravos já era uma distinção econômica efetiva. Igualmente, somente o fato de ter sido aberto um inventário *post mortem* demonstra que esses libertos não eram destituídos de recursos. A seguir, será apreciado o caso de um ex-escravo que logrou tornar-se proprietário de escravos. Assim, verticalizando a análise, pretendo discutir e quiçá compreender, certos fatores que contribuíram para a definição dos limites e possibilidades de ascensão econômica de forros no Rio Grande de São Pedro.

O preto forro Pedro Gonçalves

Para uma maior aproximação das experiências sociais de um liberto no Rio Grande de São Pedro, será interessante acompanhar o caso de Pedro Gonçalves, um preto forro assassinado no distrito do Caí, região rural próxima de Porto Alegre, no ano de 1819. Ao realizar a pesquisa nos inventários *post mortem*, imediatamente me intrigou a história deste liberto, que possuía bens de razoável valor e morreu assassinado. Na abertura de seu inventário, era informado que sua esposa, Rosa Maria, estava presa, acusada de ter cometido o crime. Para minha satisfação, ao pesquisar os processos criminais que envolviam libertos, localizei o processo que foi aberto para devassar o assassinato. O processo e o inventário *post mortem* serão as principais fontes utilizadas.

Apesar de o processo criminal ser um documento oficial, cujo caráter é normativo, com a especial finalidade de estabelecer a verdade sobre a origem e circunstâncias de determinado fato — o crime —, é uma fonte que tem sido utilizada com sucesso em diversos trabalhos de história social da escravidão no Brasil.[107]

---

nização, o que poderia ter facilitado o acúmulo de bens por parte dos forros, por outro a partir de 1850 a posse de escravos concentra-se muito, de modo que as possibilidades de tornar-se um senhor diminuem.

[107] Ver Machado (1987), Lara (1988), Chalhoub (1990) e Mattos (1995).

Procurando compreender a sua forma específica de linguagem (de cunho jurídico) e ultrapassando os limites impostos pela intermediação do escrivão nos depoimentos e falas das testemunhas e réus, é possível reconstituir aspectos da vida de Pedro Gonçalves. Os mecanismos de um processo criminal pautavam-se, ao menos formalmente, pelo objetivo de reconstituir o evento criminoso, fazendo com que os implicados no crime tivessem aspectos de sua vida cotidiana devassados.

Tais aspectos, em especial as relações econômicas e sociais de Pedro Gonçalves com escravos e homens livres, constituem o objeto desta análise. Não obstante, o crime em si também será descrito, de modo a conferir inteligibilidade às informações recolhidas.[108]

Ao trabalhar com os processos criminais, inspirei-me na obra de Edward P. Thompson, autor de marcante influência na história social da segunda metade do século XX. Thompson é considerado um historiador que renovou os estudos sobre as leis, o direito, a justiça e o crime. Em *Senhores e caçadores* (1987), o autor realizou uma história social da Lei Negra, decretada em 1723, na Inglaterra, que aplicava pena capital a uma série de delitos que violavam, sobretudo, direitos de propriedade.

A justificativa para sua promulgação era a desordem provocada pelos "negros de Waltham", homens que, sob disfarce, caçavam cervos das florestas e parques, libertavam "delinquentes" que estavam sob o poder de meirinhos, faziam exigências de dinheiro a fidalgos e, eventualmente, tocavam fogo em casas e celeiros. Não eram simplesmente bandidos e sim, segundo Thompson (1987:77), "florestanos armados, impondo a definição de direitos a que a 'gente do campo' se habituara, e também [...] resistindo aos parqueamentos privados que usurpavam suas terras cultivadas, sua lenha para combustível e seus pastos".

Nesse sentido, ele procurou reconstituir aspectos da vida da plebe na Inglaterra do século XVIII, especialmente no meio rural. Procurei, na medida do possível, trilhar este caminho, analisando algumas relações econômicas e sociais vivenciadas pelo liberto Pedro Gonçalves. Da mesma forma, ao analisar, neste momento, apenas um caso de forma pormenorizada, as contribuições teóricas e metodológicas da micro-história foram fundamentais.

---

[108] Ver o anexo 1, que contém uma breve descrição do funcionamento da justiça no Rio Grande de São Pedro do Sul, bem como a descrição dos trâmites e principais termos e expressões utilizados no decorrer de um processo criminal.

A micro-história italiana propõe a redução da escala de análise como uma forma de abordar os objetos da história social a partir de um novo enfoque:

> Ela [a abordagem micro-histórica] afirma em princípio que a escolha de uma escala particular de observação produz efeitos de conhecimento, e pode ser posta a serviço de estratégias de conhecimentos. Variar a objetiva não significa apenas aumentar (ou diminuir) o tamanho do objeto no visor, significa modificar sua forma e sua trama.
>
> (Revel, 1998:20)

Desse modo, revitalizou-se nos últimos anos a análise de trajetórias individuais como um método de análise na história social. O retorno da biografia trouxe consigo novas possibilidades de abordar o problema da relação entre normas e práticas e da liberdade individual e racionalidade dos indivíduos. Assim, um método profícuo para conhecer mais aspectos da vida dos escravos e libertos — suas possibilidades de inserção econômica, esferas de sociabilidade, parentesco, identidade étnica e graus de liberdade no interior de um sistema escravista hierarquizado — é a biografia histórica.

Não consegui reconstituir com exatidão a trajetória de vida de Pedro Gonçalves. Mas reduzindo a escala de observação e verticalizando a análise, foi possível compreender alguns aspectos importantes de sua inserção social e econômica que ficaram encobertos na análise predominantemente quantitativa realizada na primeira parte do capítulo.

*****

Chovia muito no sábado, 20 de março de 1819, quando foi assassinado o liberto Pedro Gonçalves. Sua esposa, Rosa Maria da Conceição, preta forra, foi acusada como autora do crime. Após ter ficado quase três anos presa, foi absolvida em acórdão promulgado pela Junta Criminal de Justiça.[109]

---

[109] Pedro Gonçalves foi assassinado no distrito do Caí, termo da vila de Porto Alegre. A narrativa e a análise do assassinato de Pedro Gonçalves têm como fonte o processo criminal (autos sumários) aberto por ocasião do crime (Arquivo Público do Estado do Rio Grande do Sul (Apers). Cartório do Júri. Sumários, maço 6, processo nº 138). Quando forem utilizadas outras fontes, elas serão indicadas em nota de rodapé.

Pedro Gonçalves vivia no distrito do Caí, termo da vila de Porto Alegre. Residia próximo da Freguesia Nova (Nosso Senhor Bom Jesus de Triunfo). Saint-Hilaire, que esteve na região no início da década de 1820, assim descreveu o local: "Em seguida defrontamos uma aldeia, situada à margem direita do rio e que tem o nome de Freguesia Nova. Um pouco abaixo dessa aldeia existem várias charqueadas" (Saint-Hilaire, 1999:197). O botânico francês, que estava vindo de Rio Pardo em direção a Porto Alegre, não parou e nem fez mais nenhum comentário sobre Bom Jesus do Triunfo; apenas a identificou como uma "aldeia", o que demonstra o quão pequena e pouco surpreendente era essa freguesia. Desse modo, os habitantes do local frequentemente iam a Porto Alegre, seja para vender suas produções, comprar instrumentos agrícolas e, eventualmente, resolver casos na Justiça.

Essa região ligava-se a Porto Alegre através do rio Jacuí,[110] que deságua no rio Guaíba. Junto com o Jacuí, no Guaíba ainda aportam três rios — dos Sinos, Caí e Gravataí. Esta confluência fluvial tornava a vila de Porto Alegre um centro de fundamental importância para o comércio da região, e foi um dos motivos pelos quais a sede administrativa da capitania do Rio Grande de São Pedro instalou-se no local.

Nas margens do rio Jacuí, de Porto Alegre até a vila de Rio Pardo, foram instaladas várias charqueadas e algumas estâncias de criação de gado, bem como fazendas e chácaras predominantemente agrícolas (Maestri Filho, 1984:59-66). Não existem pesquisas que analisem a estrutura produtiva do distrito do Caí; apenas algumas informações baseadas em uma lista de proprietários do ano de 1797. Nessa fonte observa-se a presença de estancieiros, proprietários de olarias e pastores-lavradores, todos utilizando mão de obra cativa (Osório, 2007). Esse é o cenário no qual se movia Pedro Gonçalves, junto com sua esposa e seus escravos.

Segundo os depoimentos das testemunhas e os autos de perguntas feitas aos escravos do casal e à viúva, é possível reconstituir alguns pormenores do dia em que foi morto Pedro Gonçalves. Essa tarefa torna-se interessante para

---

[110] O transporte de mercadorias, no rio Jacuí, era feito por meio de canoas: "Os barcos que servem ao transporte de mercadorias entre Porto Alegre e Rio Pardo têm propriamente o nome de canoa, que, no Brasil, significa propriamente piroga. São pontudas, têm um mastro, de 55 a 62 palmos de comprimento e até 20 de largura" (Saint-Hilaire, 1999:192). Já o transporte rápido de pessoas era feito pelas chamadas canoas ligeiras, que "são feitas de tábuas, porém, são alongadas e estreitas como as pirogas; ordinariamente levam pintura de cor verde e são cobertas por um baldaquino igualmente pintado de verde" (Saint-Hilaire, 1999:197).

o historiador uma vez que permite recuperar alguns aspectos da vida das pessoas que viviam na casa de Pedro Gonçalves. Ele, sua esposa, as escravas Joana Cabinda e Rosaura Moçambique, os escravos Antonio "pequeno" e Antonio Rebolo e o peão Antonio Cabra.

Pedro Gonçalves era um preto forro que alcançou uma posição econômica incomum, no Rio Grande de São Pedro, para um ex-escravo em fins do período colonial. Possuía quatro cativos, um rebanho de 44 reses de marca, uma casa com lavouras e matos.[111] Era casado, mas não teve filhos. Teve condições de se "ajustar" com um peão (isto é, contratá-lo a jornais), para ajudá-lo na lida com o gado e em outras tarefas na sua casa. Definitivamente, ele conquistou a possibilidade de "viver sobre si"[112] e alargou suas margens de autonomia na sociedade.

Pedro Gonçalves obteve sucesso na sua vida econômica. Como foi visto anteriormente, a maior parte dos forros inventariados era formada por lavradores ou por aqueles que exerciam alguma ocupação qualificada. Apenas três deles, além de serem agricultores, também criavam gado. Quando se observa a estrutura de posse de escravos entre os libertos, Pedro Gonçalves destaca-se ainda mais. Ele era o único liberto que possuía quatro escravos, sendo que 16 forros simplesmente não eram proprietários de nenhum. Outro fator importante é que os escravos de Pedro Gonçalves estavam em plena idade produtiva, não apresentavam doenças e foram bem-avaliados no inventário: Antonio Rebolo, de 40 anos, foi avaliado em 140$000; Joana Cabinda, de 23 anos, 200$000; Rosaura Moçambique, de 20 anos, 170$000 e Antonio "pequeno", de 25 anos, foi avaliado em 180$000.

Estudando a estrutura de posse de escravos no Rio Grande de São Pedro, Helen Osório observou que 87% dos inventariados entre 1765 e 1825

---

[111] Os bens de Pedro Gonçalves foram arrolados no inventário que se procedeu após sua morte e consistiam em: 44 reses de marca, dez terneiros pequenos, 18 éguas xucras, cinco cavalos mansos, quatro bois mansos, um casal de porcos pequenos, um forno de cobre novo, uma roda de ralar mandioca, um carro velho, uma roda de fiar algodão, um descaroçador de algodão, quatro machados velhos, quatro olhos de enxada, um baú velho e algumas roupas. Os bens mais valiosos eram os escravos: Antonio "pequeno" nação Rebolo, de 25 anos, Antonio nação Rebolo, de 40 anos, Joana nação Cabinda, de 23 anos e Rosaura nação Moçambique, de 20 anos. Arquivo Público do Estado do Rio Grande do Sul (Apers). Inventários *post mortem*, maço 27, nº 675. Curiosamente, sua casa, lavouras, cercados, potreiro e terrenos de matos não foram arrolados no inventário, mas sei que ele possuía esses bens pela descrição do crime e depoimentos das testemunhas no processo criminal.

[112] Hebe Mattos (1995:31-102) demonstrou que o reconhecimento da liberdade expressava-se na identificação de que os livres "viviam de" alguma coisa, normalmente "de seus bens e lavouras", "de seu jornal", "de seu ofício", ou "de suas agências". Os escravos, por sua vez, "serviam a alguém".

possuíam cativos. Um padrão bastante distinto do verificado entre os libertos sul-rio-grandenses. Considerando especificamente os inventários rurais, Osório (2007) observou que 75% dos senhores de escravos possuíam no máximo nove cativos, e os que possuíam até quatro formavam quase a metade dos proprietários.

Assim, pode-se concluir que a mão de obra escrava, apesar de disseminada no conjunto da população sul-rio-grandense — ao menos entre aqueles que possuíam bens em quantidade suficiente para serem inventariados — não era tão acessível para os ex-escravos, ao contrário do que se verifica em outras regiões do Brasil. Da mesma forma, Pedro Gonçalves, que obteve uma ascensão econômica significativa, situava-se na faixa dos possuidores de até quatro cativos, ficando aquém da faixa que compreendia os proprietários de cinco a nove e bem abaixo daqueles que possuíam 10 escravos ou mais.

Quais seriam as principais atividades econômicas de Pedro Gonçalves? Seria a pecuária que sustentava sua unidade doméstica? Acredito que não. A pecuária era realizada por diversas camadas sociais do Rio Grande de São Pedro, mas os grandes rebanhos estavam concentrados nas mãos dos maiores proprietários (Osório, 1999:101). Para se obter lucros com a criação (venda de couros, carne e outros subprodutos) era necessária a posse de um grande número de cabeças de gado vacum, tendo em vista que a taxa de reprodução do rebanho no Rio Grande gravitava em torno de 21%.[113] Considerando que Pedro Gonçalves possuía apenas 44 reses, era absolutamente imprescindível que praticasse atividades agrícolas em suas terras, de forma combinada com a pecuária. E é isto que se confirma com as respostas dadas pelos escravos em seus depoimentos.

Antonio "pequeno" e Antonio Rebolo, no dia do crime, foram logo cedo para as roças, onde se plantava mandioca e algodão.[114] Quando perguntados

---

[113] Portanto, o possuidor de um rebanho de 100 cabeças de gado podia abater 21 reses por ano, sem diminuir a quantidade inicial de animais (Osório, 1999:127-128).

[114] Certamente havia outros tipos de culturas nas roças, mas só posso afirmar a existência destas duas, confirmadas pelo arrolamento de uma roda de ralar mandioca, um forno de cobre (para fazer a farinha), uma roda de fiar algodão e um descaroçador. Possivelmente, também se plantasse, em pequenas quantidades, feijão, milho, trigo, cana-de-açúcar, legumes e frutas diversas, especialmente laranjas, já que essas culturas eram comuns em várias regiões do Rio Grande de São Pedro. Ver Saint-Hilaire (1999:117-118).

de seu ofício, disseram que trabalhavam nas lavouras de seu senhor.[115] Pedro Gonçalves, por sua vez, teria saído ainda mais cedo que os escravos, juntamente com o peão Antonio, para "falquejar umas lenhas". Segundo o depoimento da escrava Rosaura,

> quando foi a horas do almoço veio seu senhor para casa e ficou o peão no mato; e não querendo almoçar pegou em um frio, e se encaminhou para a roça dizendo ia lá apanhar um cavalo que estava maneado para ir repontar o gado do fundo do campo, e que estivesse nas roças, e indo não voltou mais, e quando foi ao meio dia chegou do mato aquele pião para jantar.
>
> ("Auto de perguntas feitas a preta Rosaura escrava do falecido preto forro Pedro Gonçalves", que consta no processo criminal)

Assim, é possível depreender, pela descrição acima e com base em outros depoimentos e testemunhos dos autos, que Pedro Gonçalves, com o auxílio do peão, encarregava-se preferencialmente do trato do gado (guardá-lo no potreiro, fazer o rodeio, colocá-lo para pastar) e realizava outras tarefas (como cortar lenha). Mas o cultivo das roças parecia ser uma atividade realizada prioritariamente pelos dois escravos. A princípio, este caso parece confirmar as hipóteses de que os escravos das estâncias e das pequenas e médias fazendas de criação no Rio Grande de São Pedro eram alocados nas tarefas agrícolas, enquanto seus senhores, auxiliados por peões contratados a jornais ficariam encarregados da criação do gado.[116] No entanto, este único exemplo não pode ser concludente. Igualmente, o caso em questão trata de uma unidade produtiva mista, porém majoritariamente voltada para a produção agrícola, sendo a pecuária uma atividade complementar, e até secundária, para a reprodução social do grupo doméstico. Assim, não deve causar assombro o fato de que o trato de um rebanho tão diminuto não exija o concurso da mão de obra cativa.

Além disso, pesquisas comprovaram a utilização e a importância da mão de obra escrava na pecuária. Ao utilizar como fontes inventários *post mortem*, percebeu-se a presença significativa de escravos campeiros nas estâncias (Zar-

---

[115] Antonio Rebolo disse que tinha o ofício de barbeiro, mas trabalhava na roça.
[116] Ver Cardoso (2003) e Maetri Filho (1984:45-53).

th, 2002).¹¹⁷ Mais recentemente, tem-se argumentado que os escravos campeiros consistiriam um núcleo responsável pelas tarefas permanentes na produção pecuária e, nos picos de necessidade de mão de obra, seriam contratados peões livres (Djenderedjian, 2003 e Farinatti, 2006). Na fronteira do Uruguai com o Brasil, verificou-se inclusive a realização de contratos de peonagem, ao longo do processo de abolição da escravatura no país, que estabeleciam relações de trabalho semelhantes às escravistas — com contratos de trabalho que duravam frequentemente 25 anos —, o que demonstra o vigor das relações escravistas na Banda Oriental na primeira metade do século XIX (Borucki, Chagas e Stalla, 2004:138-147, 174-198).

Ainda assim, a divisão de trabalho, precária e com certeza muito elástica na unidade produtiva de Pedro Gonçalves, alocava os cativos masculinos preferencialmente no trabalho da roça. As escravas Joana e Rosaura possivelmente realizassem serviços domésticos (preparando os alimentos, limpando a casa, ralando mandioca e torrando-a no forno de cobre) e tratassem e fiassem o algodão (com o descaroçador e a roda de fiar). Certamente não existia uma divisão de tarefas rígida entre os escravos, os senhores e o peão. Todos deviam ajudar nas plantações, em épocas de colheita, assim como todos ajudavam no processo de abate de uma rês, mas havia certa organização da rotina e do ritmo de trabalho, sob comando de Pedro Gonçalves.

Outro aspecto interessante que pode ser analisado com base no caso é a relação entre hierarquia social, formas de agregação e o acesso à terra por parte de ex-escravos e dos chamados "livres pobres". Do ponto de vista hierárquico, Pedro Gonçalves era o supremo mandatário em sua casa, com poder sobre seus escravos, agregados (o peão Antonio foi assim referido nos depoimentos) e sua mulher. Porém, ele também era um agregado nas terras do capitão Jozé Alexandre d'Oliveira, comandante do distrito do Caí.

Apesar de ser um ex-escravo, Pedro Gonçalves era respeitado pela vizinhança e desfrutava de um status social condizente com sua situação econômica, de pequeno senhor escravista. Tanto era assim que o peão Antonio Cabra, que trabalhava com ele a jornais havia quatro meses quando ocorreu o assassinato, o tratava com deferência e de forma respeitosa, designando-o por

---

¹¹⁷ O livro a que me refiro de Paulo Afonso Zarth, *Do arcaico ao moderno*, é a publicação da sua tese de doutorado, defendida na Universidade Federal Fluminense no ano de 1994. Pesquisas realizadas em outras regiões brasileiras também apontaram a compatibilidade do trabalho escravo com a produção pecuária. Ver Mott (1979) e Faria (1998).

"meu amo".[118] Após ver o corpo de seu patrão sendo carregado para dentro de casa, o peão teria dito à viúva Rosa, "como admirado": "Minha ama, que é isto, mataram a meu amo?"

A admiração que demonstrou o peão Antonio Cabra tornou-se suspeita para as escravas Rosaura e Joana e para o escravo Antonio "pequeno", que também carregavam o corpo. Afinal, o peão já havia visto seu amo morto, e teria saído a cavalo para avisar um afilhado de Pedro Gonçalves, o preto forro Joaquim. Os escravos, ao suspeitarem da pergunta, depois inquiriram o peão, tendo este lhes respondido que, por se achar junto ao pessoal da casa o vizinho Sebastião (que também ajudava a carregar o corpo), quis demonstrar estupefação para não causar desconfiança, visto que era um desertor das tropas que estavam guarnecidas no Rio Grande de São Pedro.[119]

A suposta falsidade da reação do peão foi motivo de embates entre o advogado de defesa de Rosa Maria da Conceição e a acusação.[120] Algumas testemunhas aventaram a possibilidade de que Rosa estaria tendo um caso com ele, e ambos teriam se acertado para assassinar Pedro Gonçalves. De fato, o peão Antonio cabra foi pronunciado como réu, mas três dias depois do assassinato sumiu. Pode ser que ele realmente tenha participado ou cometido o crime, mas é possível que sua explicação tenha sido sincera. Sendo desertor,

---

[118] O tratamento deferente de peões com seus patrões parece ter sido comum no Rio Grande de São Pedro. O preto forro Manoel Antonio de Alencastro era peão do tenente Domingos Pereira Maciel e foi acusado de roubar uma vaca em Aldeia dos Anjos, em 1825. Na sua inquirição ele diz ser inocente, alegando que a vaca teria sido roubada por um escravo de seu "amo", o tenente Domingos. Sumários. Cartório do Júri. Maço 11, processo nº 269.

[119] O botânico francês Saint-Hilaire (1999:33), no relato de sua viagem ao Rio Grande do Sul, feita entre os anos de 1820 e 1821, notou as más condições em que se encontravam as tropas na capitania sulina: "As tropas estacionadas na fronteira da Capitania são em número de 3.000 homens, compostas de milicianos da região e de uma legião de paulistas. O soldo desses homens está atrasado há vinte e sete meses, e há três anos que eles vivem unicamente de carne assada, sem pão, sem farinha e sem sal. A ração de cada homem é de quatro libras de carne por dia, e somente constituída pelas partes mais gordas e mais carnudas dos animais. Os oficias comem fígado com a carne, à guisa de pão. Os soldados substituem esse alimento fazendo torrar uma parte de suas rações, que comem com o resto, que é assado de modo costumeiro. Os milicianos da região estão facilmente acostumados a esse regime que pouco difere de seu modo normal de viver. Não obstante, aparecerem moléstias devido ao excesso de alimentação carnívora, principalmente disenterias, sobretudo entre os paulistas, mais habituados ao uso do feijão e da farinha que ao da carne". Note-se a referência à legião composta por paulistas — da qual, provavelmente, desertou o peão Antonio Cabra. Nos autos de perguntas feitas a Rosa Maria da Conceição e à escrava Rosaura, Antonio é designado, respectivamente, como "paulista" e "curitibano".

[120] Várias testemunhas, assim como os escravos que estavam carregando o corpo, confirmaram que o peão Antonio teria dito isto. Porém, nas perguntas feitas a Rosa Maria da Conceição, bem como nas razões de seu advogado, ela diz que o peão perguntou-lhe se já sabia quem tinha matado a seu amo. De qualquer forma, o que nos interessa é o tratamento deferente que o peão Antonio Cabra conferia a Pedro Gonçalves e à sua esposa.

ele certamente não queria retornar às tropas, acusado por vizinhos de seu amo e ainda na condição de suspeito de assassinato.

Mas o que interessa reter no momento é o fato de que Pedro Gonçalves ascendeu não apenas economicamente, tornando-se um pequeno senhor escravista, como também recebia um tratamento condizente com sua situação econômica. Afinal, mesmo sendo ele um ex-escravo, um preto forro, era amo de um homem livre. Como foi isso possível?

Stuart Schwartz propôs uma interpretação da sociedade escravista colonial brasileira, a partir da análise das relações sociais e econômicas no Recôncavo baiano. Segundo ele, os princípios sociais gerados no Recôncavo tiveram um papel fundamental na conformação da sociedade brasileira como um todo, uma vez que eles foram amplamente compartilhados e adaptaram-se a outras regiões da colônia. Nas palavras de Schwartz (1988:209-210):

> O Brasil colônia foi uma sociedade escravista não meramente devido ao óbvio fato de sua força de trabalho ser predominantemente cativa, mas principalmente devido às distinções jurídicas entre escravos e livres, aos princípios hierárquicos baseados na escravidão e na raça, às atitudes senhoriais dos proprietários e à deferência dos socialmente inferiores. [...] Essa sociedade herdou concepções clássicas e medievais de organização e hierarquia, mas acrescentou-lhes sistemas de graduação que se originaram da diferenciação das ocupações, raça, cor e condição social, diferenciação esta resultante da realidade vivida na América. Foi uma sociedade de múltiplas hierarquias de honra e apreço, de várias categorias de mão de obra, de complexas divisões de cor e de diversas formas de mobilidade e mudança: contudo, foi também uma sociedade com forte tendência a reduzir complexidades a dualismos de contraste — senhor/escravo, fidalgo/plebeu, católico/pagão — e a conciliar as múltiplas hierarquias entre si, de modo que a graduação, a classe, a cor e a condição social de cada indivíduo tendessem a convergir.[121]

Deste modo, a sociedade colonial brasileira oferecia algumas possibilidades de mobilidade social. Muitos libertos chegavam a ser proprietários de escravos, mas seu status seguia sendo inferior ao dos brancos de mesma con-

---

[121] O caráter da sociedade brasileira no período colonial já foi amplamente discutido na historiografia, sendo objeto de estudos clássicos, como os de Sérgio Buarque de Holanda, Caio Prado Júnior e Gilberto Freyre. Muitos historiadores seguem estudando esse problema e, recentemente, algumas contribuições foram significativas para estabelecer o estado atual da questão. A título de exemplo, refiro-me a duas obras, cujos pontos de vista são divergentes: Fragoso, Bicalho e Gouvêa (2001), e Souza (2006).

dição econômica. Portanto, é a partir da relação entre classe, cor e condição social que podemos compreender a ascensão social de Pedro Gonçalves. Ser um senhor de escravos foi um fator fundamental para a ascensão de Pedro Gonçalves. Outra condição importante para sua mobilidade foi o acesso à terra. Ele era agregado nas terras do capitão José Alexandre d'Oliveira. Esse é um ponto importante para que se possa compreender a situação de um liberto que vivia em zonas rurais no Rio Grande de São Pedro.

Alguns historiadores já demonstraram que os alforriados, nas zonas rurais, controlavam um pequeno pedaço de terra, cuja produção voltava-se prioritariamente para a subsistência, sendo o excedente obtido colocado à venda nos mercados locais. Esse pedaço de terra poderia ser concedido por ex-senhores, às vezes desde os tempos em que eram cativos.[122] No caso dos escravos, esse tipo de acesso à terra foi nomeado, por Ciro Flamarion Cardoso (1982:133-154),[123] de "brecha camponesa". O objetivo da permissão senhorial de o cativo cultivar uma roça própria seria a diminuição dos custos do sustento dos escravos; portanto, a brecha camponesa seria uma opção senhorial de caráter fundamentalmente econômico. Já outros autores defendem a tese de que a principal função do mecanismo seria ideológica, sendo uma opção de caráter político, com o objetivo de melhor controlar os escravos e manter a ordem escravista (Reis e Silva, 1989:22-31).

Deslocando o cerne da análise dos interesses senhoriais (quer econômicos ou políticos) para os interesses dos cativos, Robert Slenes interpreta a economia interna dos escravos a partir da noção de "economia moral", de E. P. Thompson. Segundo Slenes, a prática da concessão de uma roça para o cultivo tornou-se um direito reivindicado pelos escravos, interpretado como um acordo que os senhores deveriam respeitar. Criticando as posições de Ciro Cardoso (que a considera um elemento central) e de Jacob Gorender (que a considera irrelevante) sobre a "brecha camponesa" no sistema escravista, Slenes procura compreender a amplitude e os limites da economia interna do escravo como parte da luta de

---

[122] Ver as obras de Mattoso (1982:202-204) e Schwartz (2001:99-101, 146-150).
[123] Nesse trabalho, Cardoso desenvolve a tese de que a brecha camponesa conformaria um "protocampesinato" escravo. Na sua definição do conceito de camponês, três condições são fundamentais: a segurança no acesso à parcela, grau de relação direta com o mercado e grau de gestão sobre a parcela quanto à distribuição dos recursos disponíveis. Cardoso considera que os escravos, em várias regiões escravistas da América, possuíam estabilidade e autonomia bastante significativas em relação às três condições.

classes durante a escravidão. Nesse sentido, o autor prefere o uso da expressão "economia interna dos escravos" a "brecha camponesa", pois esta última reduz o fenômeno da roça própria dos escravos a uma "fenda" (mais ampla ou mais estreita, funcional ou não) no modo de produção escravista. A expressão "economia interna", por outro lado, enfatiza a roça independente (assim como todas as atividades dos escravos para aumentarem seus recursos e autonomia) como uma trincheira, que muda constantemente de posição no processo de luta entre senhores e escravos (Slenes, 1999:197-200).

Os escravos de Pedro Gonçalves tinham espaços para desenvolver sua economia interna. Antonio Rebolo e Antonio "pequeno" encontraram o corpo do preto forro naquele sábado chuvoso. Eles estavam retornando das roças de seu senhor para jantar, um pouco depois do meio-dia, quando viram que uns bois estavam em *suas* roças. Indo ao local para "enchutar" os ditos bois e levá-los ao curral, viram uns urubus mais adiante sobrevoando o corpo.

É possível que, da mesma forma que seus escravos cultivavam roças próprias, Pedro Gonçalves também o fizesse, ainda quando era cativo.[124] O fato de ser casado, talvez desde os tempos do cativeiro, pode tê-lo beneficiado. Os senhores costumavam conceder parcelas de terras aos escravos que tivessem vínculos familiares estáveis. Assim, segundo Hebe Mattos (1995:137-167), os senhores fomentariam rivalidades entre os escravos, o que facilitaria o seu domínio e controle.[125] Por outro lado, a família e o acesso à terra constituíam uma experiência de liberdade

> da mesma forma que a mobilidade espacial, a família nuclear e a rede de relações pessoais e familiares a ela ligada permanecem essenciais na experiência dos homens livres por todo o século passado [século XIX], como já haviam sido no período colonial.
>
> (Mattos, 1995:72)

---

[124] Provavelmente Pedro Gonçalves tenha sido escravo em uma estância, onde deve ter aprendido as lides campeiras e pode ter recebido de seu senhor a permissão para possuir um pequeno rebanho, além das roças próprias. Thiago Araújo (2007) sugeriu que os escravos poderiam formar pecúlio a partir do controle de pequenos rebanhos, concedidos por seus senhores, na região de Cruz Alta, no Rio Grande do Sul.

[125] Hebe Mattos (1995:63), referindo-se aos homens livres pobres no século XIX, aponta para o fato de que "a relação familiar tornava-se potencializadora de propriedade, mesmo que apenas de uma situação (lavouras e benfeitorias) em terra alheia e sem escravos". Robert Slenes (1999:187-188) também observa que o casamento ampliava as possibilidades de acesso à terra para o cultivo de roças próprias.

Não tenho como verificar, com as fontes de que disponho, a forma através da qual, originalmente, Pedro Gonçalves obteve acesso às suas terras. Mas tendo em vista algumas contribuições teóricas, posso sugerir algumas hipóteses.

Giovanni Levi (2000), em *Herança imaterial*, constatou que o mercado de terras no Piemonte no século XVII não era regulado pela lei da oferta e procura, isto é, não funcionava com base nos preços de mercado. O que determinava os preços das terras era a "qualidade" ou, em outras palavras, a condição social do comprador e do vendedor e, fundamentalmente, os vínculos parentais entre as famílias camponesas da região.[126] Levi baseou-se nas formulações de Karl Polanyi (2000), economista que demonstrou como a sociedade de mercado (na qual a economia se constitui enquanto uma esfera autônoma no corpo social) era um fenômeno histórico e transitório, que surgiu na Inglaterra no século XIX.[127] A sociedade sul-rio-grandense, no início do século XIX, não tinha sua economia organizada de forma autônoma, e o mercado de terras não era autorregulável, de modo que vínculos pessoais eram fundamentais para o estabelecimento de forros como lavradores.

Localizei alguns indícios das formas por meio das quais libertos poderiam ter acesso à terra. A simples posse, referendada pelo costume e por relações horizontais e, posteriormente, avalizada formalmente, era uma possibilidade. O preto forro Francisco José Landim solicitou ao governador do Rio Grande de São Pedro a concessão de uma data de terras no então distrito do Caí, às margens do rio dos Sinos, no ano de 1799. Cultivava as terras, segundo ele devolutas, havia alguns anos e para as "haver assim com justos títulos" solicitou a concessão de uma data para o governador. Detalhe interessante, que me faz supor a necessidade de fortes laços horizontais para confirmar e manter a estabilidade do acesso, é o fato de que as terras requeridas por Francisco José Landim confinavam "pela parte do sul com o preto forro pai Inácio, e pelo lado norte com o pardo forro Manoel Pinto" (RD2, 7, fl. 127v). As relações com os vizinhos, todos forros, sugerem a formação de algum tipo de comunidade negra rural[128]

---

[126] Ver, em especial, o capítulo III, "Reciprocidade e comércio da terra" (Levi, 2000:131-172).

[127] A obra de Polanyi foi publicada originalmente em 1944.

[128] Uma possível chave de leitura para tal situação é a noção de "campo negro" desenvolvida por Flávio Gomes (1996:263-290 e 2005). Segundo o autor, essa noção descreve e procura interpretar uma complexa rede social que articulava escravos, forros

em fins do século XVIII e início do XIX, em uma região de fronteira aberta que posteriormente seria ocupada pelos colonos alemães e italianos.[129]

O arrendamento também foi uma alternativa utilizada pelos libertos para estabelecerem-se como lavradores. Francisco Batista Anjo arrendou, por um período de seis anos, a iniciar-se em março de 1810, umas "capoeiras[130] antigas nas margens do rio Caí de frente ao estaleiro do falecido Antonio de Faria Santos" ao preto forro Domingos da Costa, "escravo que foi de Luzia de tal". Essas terras ficavam nos fundos da fazenda de Francisco Batista Anjo. Interessantes são as condições estipuladas no "papel de arrendamento": o preto forro pagaria 50 mãos de milho[131] por ano e o arrendamento seria somente para ele e sua família,

> para as plantações das mesmas capoeiras e não em matos que estiverem em pé e não serei senhor de derrubar nem tirar madeiras dos ditos matos mas antes defenderei daqueles que se quiserem introduzir neles, e nem tampouco dar licença para pessoa alguma para plantar nem derrubar e do contrário poderá o dito senhorio do prédio expulsar-me, sem que me pague benfeitorias algumas, nem ainda mesmo no final dos ditos seis anos, ou os mais que estiver por concepção do dito senhor, e nem tampouco as poderei vender assim como também nunca me chamarei a posse das ditas terras, nem tampouco minha mulher e filhos, e outrossim não poderei agregar pessoa alguma a minha casa.
>
> (RD2, 9, fl. 66v)

Parece-me que a preocupação maior de Francisco Batista Anjo era impedir que Domingos da Costa reivindicasse a posse das terras arrendadas, tal como fizera o preto forro Francisco José Landim, alguns anos antes em

---

e negros fugidos, relacionados a partir de quilombos, comunidades negras rurais, fazendas, senzalas e áreas urbanas. No caso citado acima, por falta de evidências, não posso definir as terras ocupadas pelos libertos nas margens do rio Caí como parte de uma articulação maior, que pudesse conformar um "campo negro". Entretanto, não é exagero afirmar que se tratava de uma comunidade negra rural, embora diminuta, e talvez sujeita a extinguir-se ao longo do século XIX.

[129] A região do vale do rio dos Sinos foi designada para a colonização alemã, a partir de 1824, com a fundação de São Leopoldo. Já o vale do rio Caí, subindo a serra rio-grandense, foi onde se estabeleceram colonos italianos, além de alemães, em fins do século XIX. O fato de existir uma fronteira aberta em um momento de expansão da escravidão no Rio Grande de São Pedro pode ter contribuído para o relativo grau de autonomia e estabilidade experimentada pelo preto forro Francisco José Landim. Para uma análise das relações entre autonomia camponesa, escravidão e oferta elástica de terras, ver Mattos (2001b).

[130] Segundo Alvares Pereira Coruja (1852:210-240), capoeira é um "pequeno lugar cercado de mato, mais ou menos espesso, proveniente talvez de se ter feito dentro alguma derrubada".

[131] Atualmente, uma mão de milho equivale a, aproximadamente, 50 espigas.

uma região não muito distante. A diferença fundamental entre os dois casos, além da origem do acesso à terra (arrendamento de um lado e, ao que parece, simples posse de outro), era justamente o teor das relações dos lavradores com seus vizinhos. Francisco José Landim estava cercado de libertos, vizinhos com quem possivelmente se relacionasse, além de, provavelmente, ter familiares e quiçá agregados em suas terras. Domingos da Costa dependia fundamentalmente da relação com o senhorio, Francisco Batista Anjo. Este, no entanto, preocupava-se com a possibilidade de o preto forro agregar pessoas em suas terras, trazer, quem sabe, outros libertos, e assim, em circunstâncias favoráveis, aproveitando algum descuido do senhorio ou de seus herdeiros, solicitar a confirmação, "com justos títulos" das terras. Percebe-se, em ambos os casos, aquilo que Hebe Mattos (1995) apontou como condição fundamental para o acesso à terra: a consolidação de relações horizontais. As relações verticalizadas, com grandes proprietários, senhores de escravos, homens brancos e poderosos, referendavam situações que eram, sobretudo, sustentadas pelas relações entre homens livres pobres. Apesar de se tratar de um arrendamento, o tipo de "contrato" estabelecido entre as partes era em tudo distinto de um contrato puramente regulado pelo mercado.

Provavelmente, também houvesse forros que recebiam doações de terras de seus ex-senhores. Não localizei nenhum caso desse tipo na região de Porto Alegre, embora tenha identificado a doação de uma meia-água, na capital sulina, para uma forra, e também a doação de terras para um conjunto de ex-escravos em Mostardas, no Sul da província. Entretanto, suponho que essas doações de terras não eram incomuns, mas deviam ser mais frequentes em testamentos ou em registros separados das alforrias.[132]

Assim, considerando essas possíveis formas de acesso à terra, pode-se imaginar a origem da posse de Pedro Gonçalves. Apesar de não saber se o preto forro teve acesso à terra através de doação, concessão de seu ex-senhor, compra ou arrendamento de uma situação rural, reveste-se de significado o fato de que ele era um agregado nas terras de um grande proprietário da re-

---

[132] Existem comunidades negras, até os dias de hoje, formadas originalmente, embora não exclusivamente, a partir de doação de terras para ex-escravos. Este é o caso da comunidade negra de Morro Alto, localizada no município de Osório, litoral norte do Rio Grande do Sul. Cf. Barcellos et al. (2004:88-99). Ver também, para o mesmo fenômeno em outras regiões, Machado (1993:25-42), Slenes (1996), Rios e Mattos (2005).

gião, comandante do distrito e com patente de capitão.[133] As relações entre Pedro Gonçalves e o capitão Jozé Alexandre d'Oliveira são nexos importantes para compreender o acesso à terra por parte do preto forro. Como não tenho fontes que me informem acerca dessas relações recorrerei à bibliografia pertinente, para assim sugerir algumas possibilidades.

Maria Sylvia de Carvalho Franco (1997) observa que a existência de terras em abundância no Brasil, associada à concentração fundiária — política de sesmarias, datas e outros mecanismos legais e ilegais que garantiam a posse de grandes extensões — e à escassez de mão de obra — que dificultava a exploração de toda a propriedade — possibilitou que, sem prejuízo aos grandes proprietários, fossem cedidas terras de favor. Para a autora, essa realidade facultou aos agregados a manutenção de um estilo de vida de pequeno lavrador independente, o que inclusive teria obstado o aproveitamento regular do caipira (a autora refere-se à expansão e desenvolvimento da grande lavoura no Vale do Paraíba) nos serviços da agricultura de exportação.

Hebe Mattos, em *Ao sul da história*, um estudo de história agrária para a região de Capivary, durante a segunda metade do século XIX, dialoga com Maria Sylvia Carvalho Franco. Para a autora, Franco teria simplificado o complexo universo dos chamados "livres pobres", associando a essa categoria desde agregados e camaradas até sitiantes e tropeiros, que possuíam graus de inserção econômica e laços de dependência com os grandes proprietários escravistas muito variados. Segundo Mattos (1987:107),

> a dependência pessoal aos maiores proprietários [...] só se realizava plenamente quando o lavrador pobre transformava-se em "camarada", entendido como aquele que, além de sua pequena roça, dependia basicamente da realização de trabalhos complementares devidos a um só "amo", muitas vezes também proprietário legal da terra onde morava, para a reprodução de sua existência.

No Rio Grande de São Pedro, uma situação análoga à dos camaradas seria a de alguns peões, que também tinham laços de dependência pessoal com apenas um proprietário e o designavam por amo, como foi visto no caso do peão Antonio em relação a Pedro Gonçalves.

---

[133] O fato de Pedro Gonçalves ser designado como agregado indica, possivelmente, que ele havia recebido as terras em doação ou como concessão.

Então como se pode compreender a situação de Pedro Gonçalves? Talvez seja mais profícuo associá-lo à categoria de lavradores pobres. Mattos (1987:92) observou que em Capivary os lavradores pobres possuíam em média três escravos, e a grande maioria era proprietária de "situações rurais". Ao longo da década de 1870, o número de escravos decresceu, ao mesmo tempo que aumentou a quantidade de proprietários rurais. Ora, o preto forro era proprietário de quatro escravos e também explorava uma situação rural. No entanto, é necessário observar que o período estudado por Mattos foi a segunda metade do século XIX, quando a propriedade escrava era mais escassa e concentrada. Por outro lado, no Rio Grande de São Pedro as escravarias eram menores do que as do Rio de Janeiro, de modo que ser proprietário de quatro cativos em idade produtiva colocava o liberto em uma posição intermediária no que diz respeito à estrutura de posse de cativos.

Pensando especificamente na relação de agregação de Pedro Gonçalves com o capitão Jozé Alexandre d'Oliveira também é útil refletir acerca das conclusões de Silvia Lara (1988:165-182), em *Campos da violência*. A autora identificou, em Campos dos Goytacazes, no período colonial, o agregado como parte de um nível intermediário na hierarquia social. Ele fazia o papel, junto com os feitores, de mediador na relação pessoal de dominação entre o senhor e o escravo. As condições específicas dos agregados eram muito variadas. Poderiam ser claramente distinguidos enquanto homens livres ou forros, sendo inclusive pequenos proprietários escravistas, ou poderiam ser confundidos com cativos.

Levando-se em conta a importância que o agregado tinha para os grandes proprietários, pode-se entender como Pedro Gonçalves pôde congregar-se e ter uma estabilidade que lhe permitiu realizar cultivos, possuir escravos e um pequeno rebanho. Mas essa situação favorável do liberto não se devia unicamente aos favores de um grande proprietário. Certamente sua posição econômica e social era referendada pelo costume, através de relações verticais (com o capitão) e também horizontais (com outros agregados e homens livres da região).[134] Chegando a ser amo de um homem livre, o preto forro Pedro Gon-

---

[134] Para uma discussão sobre o acesso à terra na Inglaterra no século XVIII e suas relação com os direitos costumeiros, ver o capítulo "Costume, lei e direito comum" de Thompson (2005:86-149).

çalves é um exemplo da restrita mobilidade social que tornava a estratificação hierárquica da sociedade colonial brasileira tão complexa e multifacetada.

*****

Neste capítulo analisei as atividades econômicas de libertos na região de Porto Alegre e constatei que os libertos eram, predominantemente, lavradores. No entanto, alguns deles também exerciam ocupações especializadas, inclusive de forma combinada com o cultivo de roças. Já a criação de gado parece ter-se restringido a um pequeno número de libertos da região, e seus rebanhos eram sempre diminutos, não chegando a tornar nenhum forro um estancieiro.

A partir da recuperação de alguns aspectos da vida de Pedro Gonçalves, pude refletir acerca das relações entre acesso à terra, hierarquia e mobilidade social entre os libertos. Sendo o maior proprietário de escravos entre os forros que pesquisei, ele conquistou reconhecimento social e certa autonomia, apesar de ser um agregado nas terras de um grande proprietário do distrito do Caí.

Mas ao analisar o universo de libertos inventariados na região de Porto Alegre, posso concluir que eles dificilmente conseguiam acumular o capital necessário para adquirir escravos e outros bens significativos. Assim, o caso do liberto Pedro Gonçalves parece ser um indicador dos limites colocados para a ascensão econômica de ex-escravos no Rio Grande de São Pedro. Talvez o estigma da cor tenha sido determinante na restrição das oportunidades de mobilidade social de pretos e pardos livres. Portanto, faz-se necessário analisar de forma mais aprofundada alguns aspectos dos mecanismos de designação de cor e seus significados, o que será o tema do próximo capítulo.

3 | A liberdade sob os signos da cor

A miríade de cores no Brasil meridional

Ao atravessar o passo do rio Jacuí no ano de 1834, o naturalista francês Arsène Isabelle (1983:42) descreveu, com sua habitual ironia, uma curiosa cena:

> O *passo* do Jacuí é de muito trânsito; é um movimento permanente de carretas, cavalos, mulas, bois, viajantes e mercadorias cruzando-se no rio. Haveria motivos de sobra para o lápis de um caricaturista ou a pena de escritor espirituoso neste lugar onde tantas cenas grotescas se oferecem ao espectador atento. As roupas ou atavio dos viajantes nacionais e estrangeiros, *a mistura de figuras negras, brancas, cor de cobre, de azeitona, e amulatadas;* os remadores *mestiços* ou *índios* que acompanham tropas de animais, estes arrastados pela corrente e aqueles fazendo incríveis esforços para reunir os bois ou impedir que as carretas se afundem [...]. Tudo isso é apenas o esboço de um quadro muito animado, bem digno de prender a atenção do observador, porque passará muitas vezes da hilaridade que produz uma cena grotesca ao medo e à dor de um acidente trágico [grifo meu].

A cena hilária e grotesca, digna do lápis de um caricaturista ou da pena de um escritor espirituoso, procura captar a confusão e o perigo existentes na passagem do rio, que não contava com passos ou pontes adequadas para a passagem de pessoas, carretas e animais. Porém, não passa despercebido o retrato racializado da população local, pintado por Isabelle. Entre índios, mestiços, figuras brancas, negras, cor de cobre, de azeitona e amulatadas, a imagem descrita pelo viajante francês sugere a diversidade de origens étnico-raciais dos habitantes do Rio Grande de São Pedro.

Essa imagem não se enquadra na visão apregoada por especialistas, até algumas décadas atrás e, ainda hoje, com forte influência no senso comum, de um estado construído e povoado por homens brancos. A escravidão africana e a participação do negro na formação do Rio Grande do Sul foram, durante muito tempo, simplesmente desconsideradas:

> Para o sul do Brasil a solução tinha aspecto diferente; não era bastante atirar naquelas terras os negros broncos dos resgates da África que não poderiam realizar a obra transcendente de fixar uma civilização, sendo eles pela sua própria natureza apenas instrumentos humanos de trabalho, incapazes de compreender o espírito civilizador de sua tarefa. A colonização exigida era aquela que se compenetrasse do importante destino que lhe ia caber, de prolongar a pátria lusitana nos desertos onde se ia instalar, inspirada na convicção de que além de buscarem a própria felicidade iam os colonizadores receber também o legado de conservarem ilesos os ideais portugueses. A missão de ocuparem, guardarem, defenderem e aumentarem o patrimônio territorial e moral de sua pátria era uma missão de tal maneira transcendente que os índios animalizados e os negros escravos seriam incapazes de realizar. [...] Era do Arquipélago dos Açores que devia sair a sementeira para fixar a raça e o ideal lusitano no Sul do Brasil. Viamo-nos, assim, libertados, quer da mácula dos degredados, quer da chaga da escravatura, com todas as suas tristes e vergonhosas consequências. Podemos os descendentes dos casais regozijar-nos dos ancestrais de nossa raça, límpida nas suas origens.[135]

(Borges, 1978:15-16)

Desde a década de 1960 essa visão, apregoada por parte da chamada "historiografia tradicional" sul-rio-grandense, foi duramente criticada e, atualmente, os historiadores reconhecem e pesquisam a escravidão negra no sul do Brasil.[136] Portanto, não se trata aqui de identificar a presença da escravidão, do negro ou da miscigenação na formação histórica do Rio Grande de São Pedro.

O objetivo deste capítulo é identificar e problematizar as designações de cor dos alforriados na região de Porto Alegre, nas primeiras décadas do século XIX. Para tanto, foram utilizadas 634 cartas de alforria dos Livros de Registros Diversos dos 1º e 2º Tabelionatos de Porto Alegre, mapas de população do fim do século XVIII e início do XIX, processos criminais e algumas fontes complementares.[137]

---

[135] Outro historiador que, a despeito de algumas diferenças, compartilha visão semelhante é Docca (1954). Para uma análise da historiografia dita tradicional no Rio Grande do Sul, ver Gutfreind (1998).

[136] A obra de Fernando Henrique Cardoso (2003) [1962] é uma referência fundamental nessa revisão historiográfica.

[137] As referências serão indicadas à medida que as fontes forem utilizadas.

Nas primeiras décadas do século XIX, a sociedade brasileira passava por transformações importantes, associadas a modificações nas formas de classificação da população. As estruturas hierárquicas do período colonial, profundamente influenciadas pelas divisões estamentais do Antigo Regime português, foram reelaboradas durante o processo de independência. Se em fins do período colonial era reservado um lugar específico para os "livres de cor" (expresso pela categoria de "pardos livres"), cuja intenção era diferenciá-los do conjunto de escravos e ex-escravos e, igualmente, sinalizar para sua ascendência africana, com a promulgação da Constituição de 1824 todos os livres e libertos nascidos no Brasil (ou naturalizados) passaram a ser cidadãos. Formalmente, foram reconhecidos os direitos civis de todos os cidadãos brasileiros. A única diferenciação operava na esfera dos direitos políticos, com a adoção do voto censitário (baseado no critério da renda anual), que estabelece uma divisão entre cidadãos passivos, ativos eleitores e ativos elegíveis. Mas os libertos brasileiros, mesmo que tivessem renda, somente poderiam votar. Eles não poderiam ser eleitos para os colégios eleitorais provinciais.[138]

Portanto, a construção da nação brasileira e a definição dos direitos de cidadania foram processos marcados não somente por interesses classistas,[139] mas também acompanhados de formas específicas de racialização.

João José Reis (2005) demonstrou a importância do "partido negro" e das "tropas de cor" para a vitória dos patriotas durante a guerra de independência na Bahia. Reis observou a força do discurso racial nos conflitos, que tendia a separar os portugueses — os *caiados* — dos "brancos da terra" — os *cabras* —, mas também distinguia estes dos negros e mulatos, fossem escravos ou livres. A classe senhorial baiana, apesar de recorrer ao "partido negro", receava a sua autonomia e disposição em radicalizar o movimento de independência, temendo uma repetição da revolta escrava no Haiti. Mas uma possível união entre os escravos e os "livres de cor" acabou não ocorrendo, quer pelas

---

[138] Mattos (2000:14-35). Para uma apreciação sintética dos direitos de cidadania outorgados pela Constituição de 1824, ver Carvalho (2006:17-38).

[139] Há uma extensa bibliografia que analisa, em linhas gerais de forma correta, a independência do Brasil como um processo dirigido por uma elite constituída de fazendeiros e comerciantes, ligados à economia de exportação, cujo principal interesse era a manutenção do sistema de produção baseado no trabalho escravo e na grande propriedade. A título de exemplo, ver excelente análise de Emília Viotti da Costa (1999:19-60).

divisões entre crioulos e africanos, pretos e pardos, quer pela força militar dos senhores de escravos.

A participação de escravos e livres nos movimentos políticos na Independência e na abdicação de dom Pedro I foi objeto da pesquisa de Gladys Sabina Ribeiro. Ao examinar os conflitos — entre pretos, pardos, "brasileiros" e "portugueses" —, que agitaram as ruas do Rio de Janeiro, a autora procurou compreender como os conflitos se relacionavam com o reforço ou a diluição das identidades raciais, e como estas últimas pautaram a formação da identidade brasileira. Segundo Ribeiro (2002), não foi identificada na documentação por ela pesquisada a existência de dissensões graves entre pretos e pardos, crioulos e africanos, tal como ocorria na Bahia. Eles lutavam juntos, associando uma identidade racial à situação de classe. A constatação é sugestiva e impõe a reflexão sobre as diversas formas através das quais a construção das identidades raciais e de classe vinculavam-se e podiam variar, no tempo e no espaço.[140]

A conjuntura política da independência gerou muitas expectativas entre os pretos e pardos livres. Marcou, por exemplo, a trajetória do conselheiro Antônio Pereira Rebouças[141] que, como intelectual liberal e pardo, deparou-se diretamente com o paradoxo do "liberalismo à brasileira":[142] ideias novas, que prometiam a liberdade e direitos de cidadania, mas que concretamente ofereciam poucos espaços sociais e políticos para os pretos e pardos, e mantinham a discriminação racial.[143]

Hebe Mattos (2004), em obra recente, retomou a análise das formas como foram construídas as hierarquias raciais no Brasil, relacionando as classificações raciais com a ideologia do Antigo Regime e os ideais liberais. A autora observa que a introdução das ideias liberais no Brasil oitocentista e,

---

[140] Ver especialmente o terceiro capítulo, "A liberdade em construção: conflitos antilusitanos e conflitos raciais", de Ribeiro (2002:243-358).

[141] Ver o trabalho de Keila Grinberg (2002).

[142] A discussão sobre os significados da apropriação do liberalismo no Brasil é bastante controversa. Para algumas das principais contribuições e polêmicas em relação ao tema, ver Schwarz (1977), Franco (1976) e Bosi, (2005:194-245).

[143] Rebouças enfrentou diversas vezes situações de discriminação racial. Ao viajar da Bahia para o Rio de Janeiro, foi impedido de prosseguir, por recearem que ele fosse um liberto ou escravo fugido. A suspeição generalizada contra os não brancos, que poderiam ser confundidos com escravos fugidos, era uma forma de discriminação, ao mesmo tempo que era uma característica fundamental do sistema de controle social sobre escravos e libertos no Brasil (Grinberg, 2002:67-95).

especialmente, a definição dos direitos de cidadania na Constituição de 1824, ensejaram que intelectuais negros e também setores importantes da população livre "de cor" desenvolvessem um ideal de "desracialização", sem, contudo, questionar a escravidão e advogando, não apenas formalmente, mas na prática, que fossem extintas todas as distinções de cor entre os homens livres (Mattos, 2004:92-170, 250-260).

A construção das identidades nacionais a partir de bases raciais foi um processo que também ocorreu no restante da América Latina. As visões da elite e das classes populares sobre a nação estavam carregadas de tensões entre a necessidade de igualdade e a hierarquização racial dos cidadãos.[144] Essa racialização, no entanto, não pode ser compreendida somente no sentido da construção de categorias de raça fundadas em diferenças biológicas, fenômeno que emerge no século XIX e, na América Latina, só generaliza-se nas últimas décadas dos oitocentos.[145] O fato de que a concepção moderna de raça não tenha sido utilizada de modo recorrente em fins do período colonial e em grande parte do século XIX não impediu a existência de formas de demarcação racial. Nesse sentido, é útil a distinção proposta por Appelbaum, Macpherson e Rosemblatt (2003:2):

> *In order to recognize existing forms of racial identification without reifying them, this essay differentiates between race as a contingent historical phenomenon that has varied over time and space, and race as an analytical category. To minimize slippage between the two uses, we reserve the word "race" to mark phenomena that were identified as such by contemporaries. We define "racialization" as the process of marking human differences according to hierarchical discourses grounded in colonial encounters and their national legacies. The meanings of race over time and space in postcolonial Latin American constitute the subject of our historical analysis; racialization is our conceptual tool.*[146]

---

[144] Ver, em especial, a introdução ("Racial nations") de Appelbaum, Macpherson e Rosemblatt (2003:1-31).

[145] Para uma análise da proliferação desse tipo de ideias racistas no Brasil, ver Schwarcz (1993).

[146] "Com o propósito de reconhecer as formas existentes de identificação racial sem reificá-las, esse ensaio diferencia raça enquanto fenômeno histórico contingente, que variou no tempo e no espaço, e raça enquanto categoria analítica. Para minimizar a diferença semântica entre os dois usos, nós reservamos a palavra 'raça' para designar o fenômeno identificado como tal pelos contemporâneos. Nós definimos 'racialização' como o processo em que se assinalam diferenças entre seres humanos de acordo com os discursos hierárquicos enraizados nos encontros coloniais e seus legados nacionais. Os significados de raça através do tempo e do espaço na América Latina pós-colonial constituem o tema de nossa análise histórica; racialização é a nossa ferramenta conceitual" [tradução livre]. Essa forma de operacionalizar o uso do conceito de raça guarda uma evidente

Com efeito, o conceito de raça variou enormemente no tempo e no espaço, e não pode ser reduzido unicamente à acepção biológica. Por outro lado, racialização é um conceito analítico que apreende processos de marcação de diferenças estruturadas nos discursos hierárquicos produzidos a partir dos encontros coloniais.

O processo de racialização que acompanhou a formação da nação brasileira não implicou a justificativa racializada da escravidão no Brasil, nem a criação de mecanismos legais de discriminação por critérios raciais (Mattos, 2004).[147] No entanto, na prática cotidiana, as hierarquias raciais do período colonial (expressas na classificação por cor) foram mantidas, embora sob novos formatos. Os rumos desse processo foram definidos na disputa entre os vários projetos das elites e das classes populares, frequentemente associados a interpretações divergentes do ideário liberal.

*****

Os mapas de população e as cartas de alforria podem informar, prioritariamente, sobre a ideologia das elites e da classe senhorial. Mas é possível, talvez arriscando a incorrer em algum abuso na interpretação, apreender certos anseios e expectativas dos libertos, nas cartas de alforria, em relação à categoria de cor com a qual eram nomeados. Para isso, comparei os designativos conferidos aos escravos que estavam sendo libertados com os que acompanhavam as assinaturas desses mesmos escravos (então libertos) no momento em que iam registrar sua manumissão junto ao tabelião.

---

semelhança com a distinção proposta por Thompson para o uso do conceito de classe: como referência ao conteúdo histórico correspondente, empiricamente observável nas sociedades capitalistas industriais que se constituíram a partir do século XIX, ou como uma categoria analítica, sendo um recurso para organizar uma evidência histórica cuja correspondência direta é escassa nas sociedades anteriores à Revolução Industrial. Ao avaliar o uso analítico do conceito de classe, o historiador inglês propõe que seja dada primazia à luta de classes, por ser um conceito eminentemente histórico, que implica um processo. De forma semelhante, Appelbaum, Macpherson e Rosemblatt propõem que o uso analítico do conceito de raça se faça através da expressão "racialização" que, em minha opinião, do mesmo modo que "luta de classes", descreve e organiza as evidências de um processo histórico. Ver Thompson (2001:269-281), "Algumas observações sobre classe e 'falsa consciência'".

[147] Ver principalmente o capítulo 2.1, "Escravidão e cidadania", p. 92-133. O contraponto evidente são os Estados Unidos onde, no século XIX, passou-se a justificar racialmente a escravidão negra nos estados do Sul e, em toda a república norte-americana, a noção de raça, já em sua acepção moderna, também legitimou a restrição aos direitos civis dos descendentes de africanos. Para mais informações, cf. Jordan (1974) e Berlin (2003).

Outra dificuldade decorrente das fontes é que as cartas de alforria registram os designativos de cor de escravos que estão sendo libertados e não de indivíduos já livres. Como foi visto, a justificativa da escravidão na América portuguesa, e depois no Brasil independente, não foi feita em termos raciais. Assim, as principais disputas em torno das hierarquias de cor no período ocorriam entre os homens livres, os que na Constituição de 1824 passaram a ser cidadãos.

A historiografia já observou que os designativos de cor, no Brasil escravista, estão relacionados não apenas com o fenótipo, mas também com a condição social de quem era assim identificado. Russell-Wood (2005:46-50, 295-297)[148] observou que existiam inúmeras palavras empregadas para descrever os indivíduos de ascendência africana na América portuguesa, todas carregadas de uma forte dose de ambiguidade. Algumas dessas classificações baseavam-se em fatores fisionômicos, tais como a cor da pele, mas para determinar a posição de uma pessoa era necessário levar em conta outros fatores, como riqueza, posição social e comportamento. Mesmo considerando todos esses elementos, ainda assim a designação racial dependia do observador que nomeava, bem como da época e da região.

Segundo Silvia Lara (1988:350), designativos tais como "negro", "pardo", "cabra" e "crioulo" identificavam a origem e a cor da pele das pessoas assim nomeadas, mas também sugerem que as formas de hierarquização social não se resumiam às distinções entre livres, libertos e cativos. Peter Eisenberg (1989:267-274, 299-300) afirmou que, até meados do século XIX, as designações de cor também estavam associadas à naturalidade e à condição legal. A partir de 1850, as transformações da escravidão brasileira fizeram com que esses termos se dissociassem das conotações de condição social.

Essa perspectiva foi desenvolvida por Hebe Mattos, ao analisar os designativos de cor em seus múltiplos significados e, especialmente, ao considerar a sua historicidade. Segundo Mattos, o termo "pardo", que, em princípios do período colonial, era utilizado para identificar a ascendência europeia de alguns cativos — miscigenados — passou a ter uma abrangência mais ampla, ao

---

[148] Essa obra foi publicada originalmente em 1982, com o título *The black man in slavery and freedom in colonial Brazil*.

identificar também a população livre de ascendência africana. O termo "pardo livre" foi então a categoria linguística utilizada para expressar a realidade de uma população que cresceu significativamente durante o período colonial, especialmente no século XVIII. Os termos "preto" ou "crioulo" não eram adequados para identificar esses indivíduos, uma vez que tendiam a congelar a condição de cativo ou ex-cativo. Mas, ao mesmo tempo que afastava dessa condição, o termo "pardo livre" atualizava constantemente a marca do passado escravo.[149]

Sheila de Castro Faria (1988:135-139) observou uma tendência ao desaparecimento da menção à cor dos indivíduos da terceira geração de descendentes de escravos, notadamente dos filhos de casais nomeados de "pardos livres". A autora analisou os fatores específicos que condicionavam tal situação. Em primeiro lugar, esse fenômeno foi observado em registros paroquiais, nos quais não estava em causa, a princípio, um julgamento, tal como ocorria em um processo judicial, por exemplo. Em segundo lugar, a tendência ao desaparecimento da menção à cor acompanhava os descendentes de ex-escravos que contraíam matrimônio com pessoas livres. Se casassem com pretos forros ou filhos destes, sua cor voltava a ser mencionada. O inverso também era verdadeiro: casando-se com brancos, a referência à cor tendia a desaparecer mais rapidamente.

A classificação da população no Rio Grande de São Pedro, em fins do período colonial, operava com as categorias de brancos, índios, pardos forros, pretos forros, pardos cativos e pretos cativos.[150]

---

[149] Mattos (1995:103-115 e 2000). Neste último, a autora observa que a categoria "pardo livre" sinalizava para a ascendência escrava africana, implicando restrições civis para os descendentes de escravos. A criação da categoria, portanto, pautava-se em uma lógica semelhante à subjacente à expressão "cristão novo", que indicava a ascendência judaica. Ambas as expressões tinham como pressuposto a hierarquização no mundo dos livres, segundo o princípio da mancha de sangue. Na América espanhola, também foram construídas estruturas de hierarquização baseadas no princípio da "limpeza de sangue". Para tal, ver Martínez,(2000).

[150] Extraídos de Santos (1984:35-36), o "Mapa de todos os habitantes da capitania do Rio Grande de São Pedro do Sul, o qual expressa as suas condições, estados e sexos no ano de 1798" e o "Mapa de todos os habitantes da capitania do Rio Grande de São Pedro do Sul no ano de 1802". Ver também o "Mapa geral de toda população existente na capitania do Rio Grande de São Pedro do Sul no ano de 1807". Os mapas têm algumas diferenças entre si, especialmente na divisão dos sexos e dos casados e solteiros, mas a divisão por cor/condição se mantém a mesma.

Quadro 6
População do Rio Grande de São Pedro do Sul no ano de 1807

	Qtde.	%
Brancos	27.107	61,1
Índios	1.008	2,3
Pardos libertos	1.688	3,8
Pretos libertos	1.070	2,4
Pardos cativos	1.113	2,5
Pretos cativos	12.356	27,9
Total	44.342	100

Fonte: Mapa geral de toda a população existente na capitania do Rio Grande de São Pedro do Sul no ano de 1807.

Antes de analisar os dados, é importante dizer que os mapas de população não são fontes seguras para a realização de observações demográficas. Normalmente eles contêm muitos erros e lacunas, pois era muito desigual a origem dos dados, selecionados a partir de listas de *fogos* das diversas freguesias e também das informações sobre batismos, casamentos e óbitos prestadas pelos vigários das paróquias.

De todo modo, acredito que, para problematizar as formas de classificação por cor no Rio Grande de São Pedro, os mapas de população são fontes importantes, desde que se observe que eles expressam o que poderia ser nomeado de "linguagem oficial". Sua feitura obedece aos interesses de organização e classificação da população, nesse caso, interesses da coroa e da administração colonial na capitania sulina. Com efeito, os designativos que aparecem nos mapas, em especial os que se referem à cor, podem ter significados diversos dos utilizados na linguagem cotidiana ou mesmo dos que aparecem em outros tipos de fontes, como as cartas de alforria. Isso não significa, entretanto, que as categorias existentes nos mapas não estivessem relacionadas com as utilizadas pela população nas práticas cotidianas de identificação e definição de lugares sociais. Os resultados apresentados nos mapas de população derivavam de classificações feitas em cada uma das freguesias, a partir de registros paroquiais e listas nominativas. Mas as classificações locais certamente eram enquadradas em categorias mais genéricas.

Esse movimento foi analisado por Ivana Lima (2003:89-132), ao estudar a classificação por cor nos mapas populacionais do Império. Ela conclui que a dinâmica social impunha limites para a realização dos mapas resultando, por exemplo, no silêncio sobre a cor em diversos dos quadros estatísticos pesquisados. Esse silêncio estava relacionado com algumas manifestações de cidadãos livres contra a "odiosa classificação por cor", que era vista por aqueles de ascendência africana como uma tentativa de reescravização.

Creio que os mapas de população analisados aqui também foram produzidos em condições nas quais existiam tensões, arranjos e conflitos entre os diversos setores da população e os responsáveis pelo recenseamento. Assim, a classificação por cor certamente refletiu essa dinâmica social.

A categoria "brancos" não requeria nenhuma qualificação adicional. A "cor", por si só, já indicava a condição, natural, de livre. Segundo Bluteau (1712, verbete "branco"), homem branco era aquele "bem-nascido, & que até na cor se diferencia dos escravos, que de ordinário são pretos, ou mulatos". Note-se que, apesar de opor diretamente a condição de homem branco à de escravo, não era essa a única — nem a principal (*até* na cor) — característica que os apartava, recaindo o âmago dessa distinção no nascimento (*bem-nascido*).

Deve-se observar, entretanto, que quase um século (em que ocorreram profundas transformações) separa o *Vocabulário* de Bluteau do mapa de população rio-grandense. No início dos anos 1700, as formas de distinção hierárquica na América portuguesa estavam sendo moldadas. Ainda que fossem baseadas nas concepções hierárquicas do Antigo Regime português, a realidade de uma sociedade colonial e escravista impunha a criação de uma nova ordem social. Essa sociedade tinha como pilar estrutural para sua reprodução a escravização de africanos e sua contínua introdução, via tráfico atlântico, no sistema produtivo colonial. Nesse sentido, ainda que a cor não tenha sido a base para a justificativa da escravidão, ao longo dos séculos XVII e XVIII foi reforçada a associação dos designativos *preto* e *negro* com a experiência do cativeiro (Mattos, 2004:224-249). Nesse processo, por oposição, o designativo *branco* tornou-se, cada vez mais, um termo que pressupunha a condição de livre.[151] Tendo em vista essa transformação, é possível compreender a sutil

---

[151] Note-se que, ao longo do século XIX — sobretudo a partir de 1850 — a correlação entre branco e livre modifica-se novamente. O crescimento da população livre mestiça ou com ascendência africana e, principalmente, as novas ideias liberais e a

diferença existente entre os significados da palavra *branco* para o dicionarista e no mapa de população.

O fato de os pretos e pardos serem discriminados, seja como cativos, seja como libertos, também demonstra as formas de operar a classificação naquela sociedade. Segundo os critérios dos mapas de população, eles não poderiam ser livres; somente escravos ou forros.

Entretanto, não se pode associar diretamente a cor da pele à condição escrava, ainda que todos os pretos e pardos (forros ou livres) fossem designados unicamente como libertos. Segundo Silvia Lara (2007:131), em alguns mapas populacionais do fim do século XVIII, o designativo "branco" consistia em categoria diametralmente oposta ao designativo "escravo". Entre essas duas categorias contrastantes, havia os pardos e pretos libertos. Logo,

> a correspondência entre cor e condição social não caminhava de modo direto, mas transversal, passando por zonas em que os dois aspectos se confundiam ou se afastavam, e em que critérios díspares de identificação social estavam superpostos.

Nos mapas rio-grandenses, onde estariam classificados os livres com ascendência africana (mestiços ou não)? É possível que estivessem incorporados às categorias de libertos. Outra possibilidade é que eles estivessem incluídos entre os brancos, uma vez que a proporção de libertos parece ser muito pequena para incluir tanto os forros quanto os "livres de cor". Caso a primeira alternativa esteja correta, poderia estar havendo, também no Rio Grande de São Pedro, um processo semelhante ao analisado por Silvia Lara para a cidade do Rio de Janeiro, em fins do período colonial. Segundo Lara (2007:126-172, 272-285), as autoridades da coroa na América portuguesa identificaram a enorme massa de negros e mulatos livres como um perigo crescente à ordem social. Esse setor da população não estava sob o domínio privado dos senhores de escravos e sua integração à hierarquia social do Antigo Regime era, do ponto de vista da administração colonial, problemática. No interior da sociedade colonial, por sua vez, os letrados e os senhores de escravos partilhavam parcialmente dessas propostas dos administradores coloniais, preferindo, na

---

definição dos direitos do cidadão — que, entre outras coisas, abolia formalmente a distinção por cor entre os homens livres — ocasionaram uma ruptura na correlação entre ser branco e ser livre. Esse processo "tendeu a esvaziar os significados da cor 'branca' como designador isolado de *status* social" (Mattos, 1995:109).

sua ótica, reforçar as relações de dominação e as marcas de diferenciação social. Assim, tenderam a associar aquela "multidão de negros e mulatos" livres à escravidão.

A tese de Silvia Lara pode parecer contraditória com a proposta por Hebe Mattos (2000 e 2004), que sugere a constituição, também em fins do período colonial, da categoria "pardo livre", a partir da qual se operaria um afastamento, por certo ambíguo, da condição escrava. Mas em minha opinião não são divergentes; ambos os trabalhos descrevem e interpretam um mesmo processo, ainda que enfatizem fenômenos distintos. Silvia Lara (2007:171-172) observa que a homogeneização operada pela visão dos senhores de escravos e dos administradores coloniais sobre os pretos e pardos pode ter sido fruto de um movimento defensivo da classe senhorial, reagindo à presença expressiva de um contingente populacional não branco e livre. Da mesma forma, sugere que designativos tais como "mulato", "cabra" e "pardo" podem ser reivindicados positivamente — fato que parece ter acontecido mais frequentemente com o último termo[152] — ou implicar suspeição de ilegitimidade e avaliações morais desfavoráveis, especialmente em relação aos dois primeiros.

Para Hebe Mattos (2004),[153] a presença numericamente significativa de livres de ascendência africana foi fator fundamental para a criação da categoria de "pardo livre". Igualmente, Mattos observa a relação entre a montagem e o desenvolvimento do complexo agroexportador fundado no trabalho escravo — o que origina uma sociedade escravista e colonial específica na América portuguesa — com as categorias hierárquicas raciais.

A partir de problemas de pesquisa paralelos (hierarquias e designações raciais na América portuguesa), Mattos e Lara descrevem e analisam, em linhas gerais, o mesmo processo, embora enfatizem fenômenos distintos gerados nesse contexto de transformações.

---

[152] Larissa Viana (2007) realizou um interessante trabalho cuja perspectiva assenta-se na ideia da gênese de uma identidade parda acionada positivamente entre meados do século XVII e fins do XVIII, no Brasil. O foco da pesquisa é a formação e desenvolvimento das irmandades de pardos, instituições a partir das quais foi elaborada uma identidade que funcionava como uma forma de afastamento da ideia pejorativa do mulatismo, bem como de distinção dos pardos em relação aos pretos e crioulos.

[153] Ver especialmente as partes II ("Escrita de si, escravidão e cidadania no Brasil monárquico") e III ("Relato de si, hierarquias de cor e da condição de súdito no Brasil colonial").

No Rio Grande de São Pedro, esse processo tinha algumas especificidades. Apesar da presença importante de libertos, não se pode compará-la à existente nas grandes cidades coloniais brasileiras. Saint-Hilaire (2002:41), talvez ainda impactado pelo enorme contingente de negros e mulatos por ele observados no Rio de Janeiro e nas Minas Gerais, notou, ao percorrer o litoral norte do Rio Grande do Sul, que havia "neste lugar alguns negros escravos, mas nenhum mulato. Todos os homens livres que conheci depois de Laguna eram brancos". Ao chegar a Porto Alegre, surpreendeu-se com

> o seu movimento, bem como o grande número de casas de dois andares que ladeiam as ruas e a quantidade de brancos aqui existentes. Veem-se pouquíssimos mulatos; a população se compõe de pretos escravos e de brancos, em número muito mais considerável.
> (Saint Hilaire, 2002:50)

No Rio Grande de São Pedro, embora a população liberta não fosse desprezível (6,2% em todo o Rio Grande e 12% em Porto Alegre), no olhar do viajante francês não parecia tão impactante quanto o fora nas províncias antes percorridas. A quantidade menos expressiva dessa parcela da população pode ter sido fator importante para a inclusão de todos os pretos e pardos não escravos entre os libertos. No Sul, talvez a categoria de "pardo livre" não tivesse a expressividade observada por Mattos. Entretanto, para averiguar tal assertiva, seria necessário pesquisar, de forma sistemática, outras fontes, especialmente registros paroquiais.

Outra observação que deve ser feita sobre o mapa de população de 1807 diz respeito à quantidade de pardos e pretos entre cativos e libertos. Enquanto entre os forros há 1.688 pardos e 1.070 pretos, entre os cativos há apenas 1.113 pardos para um número impressionante de 12.356 pretos. De acordo com os dados, se esses designativos fossem pensados como termos que dizem respeito apenas à cor da pele, teríamos um quadro que indicaria uma tendência de passagem da escravidão para a liberdade da quase totalidade dos cativos pardos, enquanto a proporção de pretos que obtiveram sua alforria seria irrisória.

Porém, analisando as cartas de alforria da região de Porto Alegre, para as três primeiras décadas do século XIX, esse quadro não se confirma:

Quadro 7
Cor e naturalidade dos alforriados em Porto Alegre, Aldeia dos Anjos e Viamão (1800-1835)*

Cor/naturalidade	Qtde.	%
Cabra	10	1,7
Pardo/Mulato	202	34,3
Crioulo	172	29,2
Africano	201	34,2
Outros**	3	0,5
Total	588	99,9

Fonte: 634 cartas de alforria de Porto Alegre, Aldeia dos Anjos e Viamão. Livros de Registros Diversos dos 1º e 2º Tabelionatos de Porto Alegre (1800-1835). Arquivo Público do Estado do Rio Grande do Sul (Apers).
* Foram excluídos da tabela 94 alforriados dos quais não consegui identificar nem a cor, nem a naturalidade.
** Estes casos referem-se a três alforriadas que foram designadas como "mulata cabra", "parda ou cabra" e "parda de nação".

Tendo em vista que os alforriados africanos e aqueles designados crioulos estariam, provavelmente, incluídos entre os pretos cativos no mapa de população, conclui-se que aproximadamente 63% dos escravos libertados não eram pardos. Os que tinham ascendência europeia e/ou indígena (pardos, mulatos e cabras), por sua vez, perfaziam um pouco menos de 37% dos alforriados.

Portanto, confrontando esses dados com aqueles do mapa de população, deparamo-nos com uma incógnita: se a maioria dos alforriados era constituída de pretos, como é possível que a maior parte dos libertos recenseados fosse parda?

Uma das presumíveis explicações é justamente a possibilidade, que apontei anteriormente, de que todos os "livres de cor" estivessem incluídos entre os libertos e, sobretudo, entre os pardos. Mas acredito que, para além dessa constatação, explicar a desproporção exige a compreensão dos designativos de cor como indicadores não apenas da tez e da naturalidade, mas também da própria condição social.

A partir desse ponto de vista, o fato de conquistar a liberdade já diferenciava, também nas categorias de cor, o ex-escravo. Cativos crioulos ou africanos que eram considerados pretos, quando libertos, poderiam passar a ser designados pardos, especialmente quando recenseados.

O preto Manoel da Lapa comprou sua alforria junto com a de sua mulher, Joaquina Rebola, em 1821. Na carta de alforria, apesar de não haver referência à naturalidade de Manoel (apenas sua mulher é identificada como rebola) ambos são designados como pretos. Mas, ao levar a carta para ser registrada junto ao tabelião, Manoel da Lapa assinou-a, com cruz,[154] sem qualquer menção à cor (RD2, 12, fls. 12-12v). O crioulo André, que comprou sua alforria por 256$000 no ano de 1803, também assinou com cruz ao registrar sua carta, em 1807. Nessa ocasião, ele já usava o sobrenome do ex-senhor (da Costa) e também não foi feita nenhuma menção à cor (RD2, 5, fls. 93-93v).

Outro caso interessante é o do escravo Ventura, da nação Camundongo. Ele foi alforriado gratuitamente, em verba testamentária, pelo preto forro Antonio de Rezende. Ao registrar sua carta e assinar com cruz no livro de notas, o tabelião indicou: "Ventura preto agora forro" (RD1, 4, fls. 94v-95). A referência à cor de Ventura não deixou de ser feita, mas dizendo que ele era "preto agora forro", e não apenas escrevendo "preto forro". O tabelião poderia estar expressando um certo afastamento entre os termos "preto" e "forro".

Seguindo esse argumento, o termo "preto" designaria preferencialmente a condição cativa e, mais especificamente, a de africano. A liberdade estaria mais associada aos designativos "branco" e "pardo". Isso não significa que o termo "preto" não fosse aplicado aos forros; afinal essa era uma referência muito comum em qualquer fonte dos séculos XVIII e XIX, no Rio Grande de São Pedro. Dando continuidade ao exercício de análise das assinaturas dos libertos nas cartas de liberdade, verifica-se que a maior parte deles seguia sendo identificada da mesma forma, como cativo ou forro. Entre 25 assinaturas (todas com cruz) de forros que pude identificar,[155] 14 mantiveram o mesmo ou semelhante designativo,[156] 10 passaram a ter um designativo diferente[157] e um é muito particular, justamente o caso acima referido, do escravo Ventura.

---

[154] Os analfabetos assinavam os documentos com uma cruz, junto ao nome redigido pelo tabelião.

[155] Não há nenhuma mulher assinando o registro de sua alforria, o que se explica visto que as mulheres raramente assinavam documentos públicos, e essa possibilidade deveria ser ainda mais restrita no caso das libertas.

[156] Os casos são os seguintes: Manoel Rebolo passou a Manoel preto; José Manoel preto a José da Rosa preto forro; Domingos Benguela a Domingos preto; Miguel a Miguel preto; Manoel Mina a Manoel preto forro; Domingos Benguela a Domingos preto; Antonio crioulo a Antonio preto forro; Miguel a Miguel Joze preto forro; Vitorino gentio a Vitorino preto; Luis do Carmo pardo a Luis pardo forro; Luis mulato a Luis pardo; Patrício Mina, Feliciano pardo e Adão mulato mantiveram o mesmo designativo.

[157] Os casos são os seguintes: Caetano preto a Caetano Bento da Silva; José a José Antonio; Domingos a Domingos da Bela Cruz; Inácio pardo a Ignácio Antonio; Francisco a Francisco de Paula; Pedro a Pedro de Almeida; André crioulo a André da Costa; Jerônimo pardo a Jerônimo Pacheco; Manoel da Lapa preto a Manoel da Lapa e Manoel a Manoel Soares de Tal.

O que quero argumentar é que a passagem da condição de escravo para a de liberto poderia, em alguns casos, já ser acompanhada por uma mudança na identificação da cor. Certamente, a alforria por si só não garantia a mudança, sendo necessários outros elementos de ascensão social e econômica que gerassem essa transformação.

Uma dessas condições para a mobilidade social foi analisada por Cacilda Machado (2007), ao estudar a classificação por cor na freguesia de São José dos Pinhais, em fins do período colonial. Segundo ela, o designativo "pardo" era aplicado preferencialmente aos cativos e libertos nascidos naquela região. Os estrangeiros eram predominantemente identificados como pretos. Cabe lembrar que a região não era importadora de africanos novos, e a maior parte da população cativa e liberta era nascida no Brasil.

Roberto Ferreira (2007), por sua vez, observou que as relações pessoais eram determinantes na definição da cor de um indivíduo. Um bom relacionamento com as "pessoas certas", a inserção em redes de poder e clientela, além do exercício de ocupações especializadas eram condições que poderiam determinar a ascensão na hierarquia social, inclusive a não menção à cor.

Voltando ao Rio Grande do Sul, pude identificar que uma das condições que expressavam a ascensão social, associada ao "silêncio sobre a cor", era o sobrenome. Todos os 10 libertos cuja cor não foi indicada ao lado das assinaturas tinham um sobrenome que, em nove deles, não havia sido declarado na carta de alforria. Logo, essa era uma condição importante para a ascensão social e o afastamento do cativeiro. O fato de que alguns assumiram o sobrenome do ex-senhor sugere que essa mobilidade ocorria quando o liberto se inseria em redes hierárquicas de cunho clientelístico com seus patronos.[158]

Entretanto, uma análise minuciosa das práticas de nomeação de ex-escravos pode revelar outra realidade. Foi o que fez, em excelente trabalho, Rodrigo de Azevedo Weimer, ao demonstrar que assumir nomes de ex-senhores não indicava necessariamente a submissão e a inserção de ex-escravos em clientelas senhoriais. O autor observa, a partir do diálogo com Hebe Mattos, que, no contexto posterior à abolição, "a aquisição de um sobrenome era aná-

---

[158] Diversos autores já indicaram a prática de libertos assumirem os nomes dos ex-senhores, a partir de perspectivas variadas e tendo como foco diversos contextos temporais e espaciais. Ver Russell-Wood (2005), Schwartz (1988), Lara (1988), Xavier (1996), Silva (2001) e Soares (2006).

loga à negação da condição de 'negro' ou 'preto', ou seja, em ambos os casos, o abandono de signos distintivos do não cidadão, do segregado, do marginal" (Weimar, 2007:206).

É claro que havia significativas diferenças entre o início do século XIX e o contexto do fim da escravidão. Mas acredito ser possível sustentar que, quando os libertos apresentavam-se para registrar suas cartas de alforria, procuravam assumir um novo signo distintivo, no caso os sobrenomes, em oposição às categorias de cor que os aproximavam do cativeiro.

De cabras, pardos e mulatos

Além das designações de cor utilizadas nos mapas de população, outras apareciam nas fontes rio-grandenses. Era muito frequente a referência a mulatos e cabras. Para analisar essas categorias, é necessário relacioná-las com o designativo "pardo". Além dos múltiplos significados antes indicados (que variavam a partir de uma complexa relação entre miscigenação, condição e status social), já foi observado o uso classificatório do termo.[159] Segundo Mary Karasch (2000:39), o termo "pardo" era uma forma polida de referir-se a mulato, sendo este um designativo frequentemente pejorativo. Nos documentos oficiais, era mais comum a utilização do termo "pardo", enquanto "mulato" aparecia com frequência em anúncios de escravos fugitivos.

Notei também certo caráter "oficial", ou talvez, melhor dizendo, "cartorial", do designativo "pardo". Nas cartas de alforria, escritas ou ditadas pelos senhores, o comum era referir-se aos escravos como mulatos. Já no cabeçalho, redigido pelo escrivão ou tabelião de notas, no livro de registro das cartas de alforria, os escravos designados mulatos por seus senhores foram classificados de pardos. Portanto, esse fato sugere que o designativo "mulato" era, no Rio Grande de São Pedro, intercambiável com o designativo "pardo". O primeiro teria um uso mais generalizado no cotidiano, enquanto o segundo teria esse caráter "oficial". Isso não significa que a categoria "pardo" não tivesse um sentido de positividade almejado pelos próprios ex-escravos — conformando

---

[159] Na maior parte dos quadros estatísticos oitocentistas analisados por Ivana Lima (2003:89-132), a categoria "pardo" está presente. A categoria "mulato" é rara e, quando aparece, é sempre em substituição ao termo "pardo".

assim uma identidade reivindicada, tal com foi proposto por Larissa Viana (2007)[160] — mas me parece ser necessário levar em conta a importância do movimento classificatório operado pelas autoridades estatais na gênese do fenômeno. Da mesma forma, considerar essa hipótese não implica desconsiderar as conclusões de Hebe Mattos e Sheila de Castro Faria sobre a utilização do termo "pardo" enquanto um designativo genérico para os não brancos livres. Conforme asseverou Faria (2004:68-70), o termo "pardo" era uma espécie de curinga, podendo indicar miscigenação ou não.

Já o termo "cabra" é considerado, por alguns historiadores, como o designativo para filhos de mulatos ou pardos com negros. Seria, assim, um indivíduo cuja cor da pele situava-se entre o pardo e o preto (Reis, 2003:23 e 2000:199-242). No dicionário de Antônio de Moraes Silva, o termo assume exatamente esse sentido: "O filho, ou filha, de pai mulato, e mãe preta, ou às avessas" (Silva, 1813). Mas é evidente que não é possível estabelecer uma tipologia precisa para as terminologias de cor. João José Reis (2000:233-234) adverte que a classificação racial no Brasil é situacional, depende do contexto de quem nomeia e de quem é nomeado, complicando-se ainda mais quando se trata de mestiços.

No Rio Grande de São Pedro, a partir das fontes analisadas, pude perceber que "cabra" era um designativo cujo significado aproximava-se de "pardo" ou "mulato". Há um caso particularmente interessante a esse respeito. Bernardino de Sena foi acusado de ter matado o "velho Silveira" na praia do Arsenal, em Porto Alegre. No auto de prisão, lavrado no ano de 1816, Bernardino é identificado como um "homem pardo". Em 1818, estando ainda preso, passa a ser nomeado de "cabra forro" no auto de perguntas. A principal testemunha no processo, Manoel Joaquim Barbosa, o identifica como "um cabra alfaiate que morava para parte do portão, magro e baixo, que conhecia". Outras testemunhas que também o conheciam se referiram a ele como "cabra", normalmente associado a uma referência ao local onde morava, à ocupação (alfaiate) ou à filiação ("filho de uma preta crioula chamada Efigênia"). No acórdão da Junta de Justiça ele foi designado "pardo forro".[161]

---

[160] A autora também analisa a polissemia do termo pardo (p. 35-37, 86-87).

[161] Sumários. Cartório do Júri, maço 2, processo nº 48.

Note-se que as testemunhas que o identificaram como "cabra" o conheciam, o que sugere ser esse um designativo que pessoalmente o identificava, associado a outras referências, tais como a moradia, a ocupação e a filiação. Na "terminologia oficial", ele foi designado preferencialmente como "pardo", algumas vezes complementado pela condição de forro.[162] Não pode escapar à análise o contexto específico em que se engendrou essa forma de nomeação. As testemunhas que o qualificaram como "cabra" elaboraram juízos negativos sobre a pessoa de Bernardino e o acusaram, por ver ou por ouvir dizer, de ter cometido o crime. O termo "cabra" pode então ter assumido, naquele contexto específico, a conotação pejorativa a ele atribuída por Mary Karasch (2000:39).

Outro caso, ainda mais sugestivo, é o de Tomé Vitorino. Foi acusado de "ter forçado uma mulher branca, de nação alemã", nas imediações da cadeia da Justiça, em Porto Alegre, no ano de 1828. No auto de prisão, foi assim descrito: "Me foi apresentado o réu preso Tomé Vitorino, o qual é cabra, estava vestido de camisas e calças brancas, e é de estatura baixa, rosto redondo, pouca barba". Logo, fica-se sabendo que Tomé é "natural desta cidade, filho de Vitorino pardo e da preta Quitéria". Portanto, o cabra era filho de pardo com preta, o que reforça a definição do dicionário de Morais.

Quem acusava Tomé Vitorino eram três soldados do 13º Batalhão de Infantaria, que juraram ter visto "o dito réu em cima da referida mulher em atos desonestos". O advogado de Tomé procurou demonstrar a falsidade dos depoimentos, alegando que as testemunhas não sabiam dizer o nome da mulher que teria sido "forçada" — ela não foi prestar queixa —, nem o local exato onde teria sido cometido o crime. Outro detalhe interessante é que as testemunhas referem-se ao réu como "preto" ou "crioulo". Enviado para a cadeia pública, o carcereiro o identifica como "crioulo forro". No acórdão da Junta de Justiça, Tomé é identificado inicialmente como "pardo forro". Ele foi absolvido, com a seguinte justificativa:

> Mostra-se, outrossim, pelo auto de corpo de delito indireto a que procedeu o Juiz de Paz da freguesia desta cidade jurarem as três testemunhas nele inqui-

---

[162] Nas cartas de alforria, esse intercâmbio entre os designativos "pardo" e "cabra" também aparece. Mariana foi designada "parda ou cabra", ao ser alforriada por Francisco de Morais (RD1, 10, fls. 123v-124). Juliana foi identificada como "cabra" por seu senhor, mas no cabeçalho redigido no livro de notas ela é nomeada "parda" (RD2, 11, fl. 7v).

ridas, que na noite do dia quatro de novembro último pelas dez horas da noite pouco mais ou menos, foi ter à guarda da cadeia desta cidade uma menina pedindo que fossem acudir *a uma mulher branca, que um negro estava forçando*, e que indo eles testemunhas por ordem do comandante da guarda ao lugar indicado por aquela menina ali prenderam em flagrante a um *crioulo*. Mostra-se igualmente: que jurando as mesmas testemunhas do corpo de delito na devassa em nº de 10, 11, e 12 referiram-se ao que já tinham deposto no citado corpo de delito, depondo as outras testemunhas, ou de ouvida, ou que nada sabiam. Portanto o mais dos autos atendendo a que as citadas testemunhas do corpo de delito *não designam o réu pelo seu próprio nome, a que dizem ser um negro quem cometeu o delito, quando dos autos consta, que o réu é mulato dos que chamam vulgarmente cabra*; a que também não designam por seu nome nem a menina que os foi chamar, nem a mulher forçada; e a que não indicam precisamente o lugar do delito absolvem o R. por falta de prova, e mandam que solto se vá em paz [grifos meus].

(Sumários. Cartório do Júri, maço 11, processo nº 292)

A princípio o caso parece indicar que não havia nenhum tipo de lógica nas designações de cor. Cabra, mulato, pardo, negro e crioulo, todos estes designativos foram utilizados para identificar o réu. Em minha opinião, todos esses indicativos, se for observado o contexto específico em que foram utilizados, são pertinentes.

Tomé Vitorino era filho de uma preta com um pardo, de modo que a cor de sua pele não devia ser muito clara. Segundo o acórdão, ele era um mulato, "dos que chamam vulgarmente cabra", o que pode corroborar a ideia de que o termo "cabra" era uma categoria mais precisa, que indicava a cor da pele entre o pardo e o preto, para ficarmos nos termos de João José Reis.[163] A oposição entre cabra e negro (ou crioulo), construída na argumentação do júri, parece ser mais uma forma de reforçar a justificativa da absolvição do que propriamente uma incoerência em si. Essa era uma argumentação complementar para a absolvição, cuja justificativa principal era o fato de que a mulher que supostamente teria sido "forçada" não apresentou queixa. Os soldados,

---

[163] Note-se que no acórdão, diz-se que Tomé Vitorino era "mulato dos que chamam vulgarmente cabra". Isto é, não me parece que, no entendimento do júri, cabra fosse exatamente um sinônimo de mulato, enunciado em linguagem vulgar, comum, popular. Parece mais que mulato abrange o cabra, mas o inverso não é verdadeiro. Em outras palavras, os cabras seriam todos mulatos, mas nem todos os mulatos seriam cabras.

que queriam condenar Tomé Vitorino, não seriam obtusos a ponto de identificá-lo por um termo que não pudesse ser posteriormente sustentado. Afinal, o fato é que os soldados conheciam Tomé Vitorino, bebiam com ele regularmente em uma taberna — essa informação é dada ao longo do processo —, o prenderam e o levaram à cadeia. O próprio carcereiro, ao receber o réu, o identificou como crioulo — isto é, ao ver Tomé, não lhe pareceu imprópria a designação. Então, não me parece incongruente a utilização desse designativo. Acredito que ele tenha sido usado como parte da estratégia dos soldados para incriminar Tomé Vitorino, tentando acionar o conceito pejorativo do termo "negro" ou "preto".[164] A carga depreciativa torna-se mais intensa quando os soldados o acusam de ter "forçado" uma mulher branca.[165] A imagem do negro "forçando" uma mulher branca pode ter sido evocada para causar apreensão às autoridades e à classe senhorial.[166] Agindo assim, os soldados estariam buscando criar uma situação que favorecesse a condenação.

Entretanto, a estratégia dos soldados não surtiu efeito. Além da falta de acusação por parte da vítima — fator fundamental para a condenação — possivelmente Tomé Vitorino tivesse seus aliados. Era oficial de alfaiate, morava em local certo e seus pais eram conhecidos, o que sugere certa inserção social favorável. Por isso, considero a pertinência do último termo utilizado para identificar Vitorino: pardo forro. Ele era nascido livre, de pais forros, tinha uma profissão e possivelmente alguns aliados. É significativo o fato de que

---

[164] Ver, sobre o sentido ofensivo e pejorativo da qualificação *negro*, Mattos (1995:103-104).

[165] Essa informação teve destaque nas falas das testemunhas. Somente em segundo plano aparece a identificação da mulher como sendo de "nação alemã".

[166] Nos Estados Unidos pós-abolição, era comum o linchamento de negros acusados de estupro de mulheres brancas. Ainda nos dias de hoje, não são raras as acusações a negros norte-americanos suspeitos desse tipo de crime. Muitas vezes são condenados, embora as provas não sejam contundentes, o que demonstra a conotação racista das sentenças. Essa questão tem tanta importância nos Estados Unidos que se tornou tema de alguns filmes. Um dos mais famosos é *O sol é para todos* (*To kill a mockingbird*), dirigido por Robert Mulligan e baseado no romance de Nelle Harper Lee, vencedora do prêmio Pulitzer em 1961. O filme racista de D. W. Griffith, *The birth of a nation* (1915), também recorre à imagem do estuprador negro como uma metáfora das consequências da emancipação nos Estados Unidos, sendo a *Ku Klux Kan* louvada como a organização que salvou o Sul da barbárie negra. Ver Young (1999:217-218). No Brasil, ainda que essa questão não tenha assumido a importância e os mesmos contornos que nos Estados Unidos, ela também esteve presente. Segundo Warren Dean (apud Domingues, 2003:186), após o fim da escravidão em Rio Claro, a "violência contra os libertos era coisa diária, e, quando suspeitos de estupro de mulher branca, eram linchados". Mas, ao que parece, não eram comuns os casos de estupro cometidos por escravos ou negros livres durante a vigência da escravidão. Maria Helena Machado (1987) não relata um único caso desse tipo em seu estudo da criminalidade escrava em Campinas e Taubaté, no século XIX. Solimar Lima (1997), que pesquisou os crimes de escravos em Porto Alegre, também não identificou nenhum caso.

esse termo tenha sido utilizado na linguagem da Justiça — no acórdão — e também em um momento em que Tomé Vitorino estava sendo inocentado.[167]

Esse caso me parece uma demonstração extremamente sugestiva da complexidade da identificação por cor no Brasil escravista. Corrobora as conclusões de Russell-Wood (2005:46-50), que aponta a ambiguidade dos termos que identificavam os descendentes de africanos, bem como a importância de quem os nomeava, de quem era nomeado e do contexto específico em que se operava a nomeação.

O designativo "cabra" também poderia fazer alusão à ascendência indígena. O peão Antônio cabra, aquele mesmo que trabalhava para Pedro Gonçalves, como vimos no segundo capítulo, também foi identificado como índio. Um das testemunhas ouvidas durante o processo disse que

> ao passar por uma casa no caminho viu chegar ali um preto de nome Antônio, escravo do falecido [Pedro Gonçalves], e seguir para diante um cabra ou índio, que não conhecia [...] e que então indo ele [testemunha] acompanhando o corpo até sua casa, chegara nesta ocasião aquele índio que ele vira passar com aquele preto.
>
> (Sumários. Cartório do Júri, maço 6, processo nº 138)

Nesse caso, o significado do termo "cabra", para a testemunha, parece aproximar-se de índio. No *Vocabulário* de Bluteau (1712), cabra é assim definido: "Deram os portugueses este nome a alguns índios, porque os acharam ruminando, como cabras, a erva Betel, que quase sempre trazem na boca".

João José Reis (2000:233), estudando a composição racial dos *cantos*[168] em Salvador de fins do século XIX, afirma que

> por fula, entenda-se o negro cuja pele não é de um preto denso, seguro, mas característico dos africanos da nação Fulani, de onde deriva o termo — mas sem que se entenda que preto fulo fosse descendente de fulanis, uma nação aliás pouco numerosa entre os africanos traficados para a Bahia.

---

[167] Praticamente o mesmo espectro de categorias de cor utilizadas para identificar Tomé Vitorino foi empregado em relação a Ana Maria da Conceição. Acusada de ferir o pardo forro Leonardo da Costa, seu amásio, ao atirar em sua direção uma garrafa, foi designada de "parda forra", "cabra forra" e "crioula forra". Sumários. Cartório do Júri, maço 2, processo nº 53.

[168] Os *cantos* eram grupos de trabalho organizados conforme as identidades étnicas. Eram muito comuns em Salvador, no século XIX.

Os fulanis eram uma nação africana da costa ocidental, que viviam nos Estados Haussás. Islamizados, seus mestres muçulmanos eram dos mais respeitados (Reis, 2003:159).

No Rio Grande do Sul de inícios do século XIX, tal como na Bahia de fins do mesmo século, fula referia-se, sobretudo, à cor da pele, perdendo o sentido como designativo étnico de nação africana. Um dos principais motivos para isso foi que, no Rio Grande do Sul, talvez nem existissem fulanis entre os africanos escravizados. Como vimos anteriormente, os africanos ocidentais eram minoritários na população escrava rio-grandense. Entre os africanos traficados e comercializados na capitania sulina, em princípios do XIX, nenhum fulani foi identificado (Berute, 2006).

A única vez que o termo "fula" foi encontrado nas cartas de alforria, foi para denominar a cor de Rosa, uma crioula, que também foi identificada como preta (RD1, 5, fl. 8v). Nos processos criminais, o termo também foi utilizado para designar restritivamente a cor da pele, quando da descrição dos réus em autos de prisão. O preto forro Manoel Antônio, de nação Rebolo, "é de estatura ordinária, corpo delgado, cor fula".[169] A mesma cor foi descrita para o preto forro de nação Congo, José Pontes.[170] Entretanto, não encontrei mais referência ao termo "fula" nos outros processos. É revelador o fato de que nos dois autos de prisão em que foi utilizado o termo, o escrivão e o carcereiro eram os mesmos, respectivamente José Hipólito de Lima e João Alves Carneiro. Portanto, a utilização do termo "fula", no Rio Grande de São Pedro, parece ter se restringido ao significado de cor da pele e, mesmo assim, não era de uso comum.

Índios, pardos e forros

Voltando a problematizar a disparidade entre a cor dos escravos alforriados (em sua maioria pretos) e a dos libertos recenseados (sobretudo pardos), há mais um fator, além dos anteriormente indicados, que pode contribuir para compreender esse aparente paradoxo: a designação de indígenas como pardos.

---

[169] Sumários. Cartório do Júri, maço 2, processo nº 49.
[170] Sumários. Cartório do Júri, maço 2, processo nº 56.

Stuart Schwartz fez uma instigante apreciação, a partir de registros de batismo, acerca dos designativos aplicados aos índios em Curitiba. Até fins do século XVII, o termo mais correntemente aplicado para os indígenas em estado de servidão era *servito*, ou *serviço* — termos cuja origem latina é servo (*servus*) e não escravo (*mancipium*). Nas duas primeiras décadas do século XVIII os termos diminutivos foram sendo progressivamente substituídos por *servo*. A partir de 1723, o termo recorrentemente utilizado era *administrado*, expressando as restrições legais impostas à escravização dos índios. Segundo Schwartz (2001:278-280), as modificações na terminologia indicam uma mudança na percepção do relacionamento entre senhores e servos (índios). Essa mudança teria sido acompanhada pelo progressivo predomínio da escravidão africana. À medida que aumentava o número de escravos africanos ou crioulos, os índios passariam a ser vistos, cada vez mais, como cativos.

Ao estudar a formação social de São Paulo entre os séculos XVI e XVIII, John Monteiro (2000:165) observa que

> ao longo do século XVII, a escravidão indígena produziu uma terminologia rica e variada, que é testemunha não apenas da diversidade étnica, racial e ocupacional da população local, como também do complexo processo histórico envolvido na formação desta. De modo geral, devido às restrições legais para o cativeiro indígena, os colonos procuravam evitar termos como *escravo* ou *cativo*, embora ambos apareçam tanto em correspondência particular quanto em documentação pública. Até os últimos anos do século XVII, o termo preferido em alusão a índios era *negro*, sendo que este cedeu lugar a outros termos em decorrência de uma crescente presença de africanos nos plantéis paulistas. Assim, surgiram expressões como: gentio do cabelo corredio, administrados (em deferência à carta régia de 1696), servos, *pardos* e, finalmente, carijós [grifo meu].

Suponho que um processo com traços semelhantes aos descritos por Monteiro e Schwartz ocorreu no Rio Grande de São Pedro, ao longo do século XVIII. Sabe-se que a capitania sulina contava com um grande contingente populacional de origem indígena, das etnias guarani, charrua e minuano. Os guaranis, em especial, reduzidos nas missões jesuíticas desde o século XVII, recebem destaque da historiografia, sobretudo no episódio conhecido como a Guerra Guaranítica, relacionada com o Tratado de Madri, de 1750, a partir de uma perspectiva que prioriza a expansão territorial lusitana em direção ao sul.[171] Entre os desdobramentos da aplicação do Tratado de Madri no Rio Grande, estão o estabelecimento dos aldeamentos de São Nicolau do Rio Pardo e de Nossa Senhora dos Anjos.

Mais recentemente, foram realizados estudos que abordam as formas de integração dos grupos indígenas à sociedade colonial rio-grandense, partindo de uma perspectiva que os considera agentes constituintes da formação social da capitania sulina.[172] Um dos aspectos centrais que condicionou esse processo foi a publicação oficial do Diretório dos Índios, em 1755, fruto das reformas pombalinas. As medidas promulgadas no diretório (complementadas pela Lei de Liberdade, do mesmo ano de 1755) eram corroboradas por uma política que objetivava integrar os grupos indígenas à sociedade colonial, para assim torná-los vassalos do rei de Portugal e pilares da expansão e ocupação portuguesa na América (Almeida, 1997).

Entre as principais medidas da chamada política indigenista do marquês de Pombal figuravam a proibição de qualquer tipo de escravidão indígena, a extinção das diferenças entre os índios e demais vassalos e o incentivo aos casamentos entre lusitanos e índias (Almeida, 1997). Entretanto, a tentativa de implementação destas normas consistiu tarefa complexa e extremamente difícil. Analisando esse processo em Aldeia dos Anjos, Elisa Garcia (2007:70-118) observou que os colonos resistiram tenazmente, apegando-se à visão de mundo que distinguia precisamente as qualidades dos brancos daqueles que possuíam a mancha de sangue, notadamente índios e negros. A autora observou não uma assimilação e dissolução da identidade indígena a partir da implementação da legislação pombalina, mas sim uma integração que os manteve em um lugar específico na sociedade colonial rio-grandense.[173]

Diversos foram os caminhos trilhados no processo de integração: a identidade indígena poderia realmente diluir-se, passando eles a serem designados brancos, mormente os descendentes de casamentos mistos entre indígenas e lusitanos; poderiam incorporar-se mantendo sua identidade in-

---

[171] Ver, por exemplo, Porto (1954), Cesar (1970) e Golin (1999).

[172] Entre outros, ver Neumann (2005).

[173] Visão distinta foi apresentada por Bruna Sirtori (2006) que, ao verificar a diminuição de guaranis em róis de confessados de Aldeia dos Anjos em fins do século XVIII, sugeriu a possibilidade da diluição da identidade indígena a partir de sua integração — via casamento — com os colonizadores brancos.

dígena, ainda que reelaborada. Havia ainda um outro caminho: a integração dos indígenas como pardos ou forros, em um processo que os aproximava do mundo da escravidão.

Não existem pesquisas que abordem especificamente o caminho de "integração" dos indígenas à sociedade colonial rio-grandense, de modo que não é possível mensurar quantitativamente esse processo — o que é algo realmente difícil de ser feito, mas para o que talvez uma análise sistemática de registros paroquiais possa contribuir.

Portanto, não tenho condições de examinar a dimensão e a importância do contingente populacional indígena entre os pardos escravizados e forros no Rio Grande do Sul. Entretanto, localizei alguns indícios que sugerem que essa forma de integração não era incomum, mesmo nas primeiras décadas do século XIX.

Entre 1826 e 1828, o índio Lourenço Guardia esteve *encrencado* com a Justiça, sendo réu de dois processos criminais.[174] Em 1826, foi acusado de ter "forçado" uma mulher em Santo Antônio da Patrulha, além de ter roubado um chapéu e algumas patacas. Na abertura do auto de devassa, realizada em Santo Antonio da Patrulha logo após o crime, Lourenço é qualificado como índio. Essa mesma designação é utilizada na abertura do processo na Junta de Justiça de Porto Alegre, no dia 14 de agosto de 1827. Todas as testemunhas também se referem ao réu como índio. Nas razões de seu advogado, fica-se sabendo que Lourenço era "indígena da margem ocidental do Uruguai, de nação Guarani, há pouco tempo que veio prisioneiro para esta província, e ainda ignora o idioma português, devendo por isso ser interrogado por intérprete". Ao fim e ao cabo, ele foi condenado a dois anos de galés e trabalhos nas obras públicas da província.

Enviado para Santo Antônio da Patrulha para cumprir a pena, trabalhando nas obras públicas da fonte desta vila, Lourenço viu-se às voltas com a Justiça mais uma vez. Em 1828, foi acusado de ter esfaqueado Eduardo José, de nação alemã. No processo, ainda que as testemunhas tenham se referido a ele ora como índio, ora como pardo, ele foi qualificado como pardo ou pardo forro, na devassa, no auto de prisão e também no auto de perguntas.

---

[174] Seu sobrenome é grafado ora como Guardia, ora como Guardi. A análise deste caso tem como fonte o processo criminal (autos sumários) aberto para devassar os crimes cometidos por Lourenço — Sumários. Cartório do Júri, maço 10, processo nº 263. Note-se que sob o número 263 encontram-se reunidos os autos dos dois processos a que foi submetido Lourenço.

As perguntas feitas ao réu merecem uma análise à parte. No primeiro processo, ele foi questionado da seguinte forma: "Perguntou-lhe ele juiz como se chamava; de que nação era; que estado tinha; que ofício e de que jurisdição, e que idade tinha". Lourenço respondeu que era natural do Arroio da China, era de nação espanhola e que se achava nesta província desde que fora feito prisioneiro e, portanto, encontrava-se sob jurisdição imperial. No segundo processo, no qual Lourenço é qualificado de pardo, modifica-se a inquirição: "Perguntou ele juiz ao dito réu como se chamava, que idade tinha, se era casado ou solteiro, que ofício tinha e donde era natural, *se era liberto ou cativo*" [grifo meu]. Respondeu o réu que era natural do distrito do Arroio da China, da província de Buenos Aires, tinha o ofício de serrador e era liberto.

No primeiro processo, Lourenço é assim descrito no auto de prisão: "Lourenço Guardia, índio, de estatura alta, rosto comprido, olhos pardos, barba cerrada, natural do Arroio da China, nação espanhola, solteiro, de idade quarenta anos, que vive de serviço braçal". No segundo processo a descrição modifica-se: "Lourenço pardo, natural do distrito do Arroio da China, província de Buenos Aires, de idade a seu ver mais ou menos de trinta e tantos anos, de estatura mais que ordinária, delgado, rosto comprido, cabelos grenhos e pretos, de uma polegada d'altura, olhos pretos e algum tanto redondos, nariz quase afilado, sobrancelhas pretas cerradas, barba cerrada e preta, boca regular, beiços algum tanto médios e cor de bronze".

Assim, verifica-se uma mudança na forma como Lourenço passou a ser designado, acompanhada por uma modificação na descrição visual do réu. Quando índio, a descrição foi mais sucinta, destacando-se apenas a estatura alta, rosto comprido, olhos pardos e barba cerrada. Quando pardo, a descrição fez-se mais minuciosa, destacando-se os cabelos "grenhos" e pretos, os olhos pretos, o nariz quase afilado e os beiços "algum tanto médios e cor de bronze". Se, quando índio, não foi questionada sua condição, quando pardo foi-lhe perguntado se era cativo ou liberto, pergunta recorrentemente feita aos réus negros ou mulatos.

Uma possível chave para interpretar a mudança de designação é justamente o contexto específico em que se operou essa transformação. Lourenço era prisioneiro de guerra, condenado por furto a dois anos de galés. Ainda cumprindo a pena, envolveu-se novamente em um crime, sendo acusado então de ter esfaqueado Eduardo José. Portanto, em um contexto de tensão, em que se procura incriminar Lourenço, uma categoria que o aproxima mais da escravidão (pardo), foi acionada. Rodrigo de Azevedo Weimer (2007), estudando outro contexto, observou que categorias estigmatizantes eram acionadas em contextos de tensão, e reveladas sobretudo em processos criminais. A estratégia de estigmatização de Lourenço parece ter surtido efeito. No segundo processo, ele foi condenado a 10 anos de trabalhos públicos.

Martha Hameister (2002:33, 63-64) constatou que uma importante parcela dos condutores de gado das tropas que circularam no Rio Grande de São Pedro na primeira metade do século XVIII era identificada como parda. A autora, apesar de não discriminar a quantidade de casos nem abordar o processo através do qual era gerada esta identificação, faz uma referência genérica a róis de confessados e autos de casamento para sugerir que estes "pardos" eram também indígenas administrados ou seus filhos, além de ex-escravos e seus descendentes. Em estudo posterior sobre a formação da vila de Rio Grande na primeira metade do século XVIII, Hameister (2006:363) reitera a sugestão de que os designativos "pardo" e "pardo forro" poderiam também referir-se a índios. Observando que a administração particular dos indígenas foi proibida pela legislação pombalina, a autora arrisca a hipótese de que o termo "pardo forro" possa ter sido utilizado para solucionar tal situação.

Assim, esse designativo teria como objetivo manter a administração particular de indígenas na vila de Rio Grande, operando também no sentido de socializá-los enquanto escravos, passíveis de serem vendidos, transmitidos em herança, hipotecados etc. Solução bastante engenhosa, uma vez que não apenas resolvia as dificuldades e empecilhos impostos pela legislação pombalina para a exploração da mão de obra indígena, como aproximava a condição do indígena administrado à do pardo cativo.

O contexto abordado por Hameister era, no entanto, bastante distinto do analisado neste trabalho. Acredito que um dos fatores que pode ter operado para a designação de indígenas como pardos (forros ou escravos) nas primeiras décadas do século XIX é a conjuntura bélica das Guerras Cisplatinas. Os exércitos que lutaram nessas guerras, em todos os lados, eram compostos por índios, pardos e pretos, além de brancos. A insegurança causada pelos conflitos e o fato de que muitos indígenas foram presos e levados para locais distantes, ficando assim desgarrados de suas relações sociais, pode ter facilitado a sua integração, no novo espaço social, como pardos. O caso de Lourenço, acima descrito, é um exemplo. Ele era prisioneiro de guerra e, ainda que tenha sido mantida a sua "identidade" indígena nos primeiros anos de sua vida na região de Porto Alegre, quando se envolveu em crimes, repetidamente, passou a ser identificado como pardo liberto.

A própria inserção dos índios, pretos e pardos no Exército era contraditória. Por um lado, eles assentavam praça em companhias segregadas (de pardos, pretos e guaranis). Mas, por outro, o controle disciplinar destes grupos no cotidiano das campanhas militares era semelhante. Com o perdão da longa citação, a ordem do dia 23 de junho de 1817, subscrita por Januário Soares de Bulhões, ajudante de ordens do tenente-general Joaquim Xavier Curado é reveladora:

> O Ex.º Snr. Tenente General conhecendo (o que nenhum Militar ignora) que os cavalos são considerados como a 1ª Arma, e a mais necessária para as operações militares desta campanha, e que tendo sido baldadas todas as diligências para se conservar em bom estado a cavalhada reiúna pertencente a este Exército, apesar de todas as providências, e cautelas para evitar as funestas consequências que resultam da falta de cavalhada, ou do mau estado dela, toma o expediente de ordenar o seguinte confiando com justíssima razão que os snrs. oficiais de cuja honra, e perfeito discernimento, tem as mais abalizadas provas, protegerão a causa pública, e os interesses que resultam ao Serviço de S. M., ajudando ao mesmo Snr. Ex.º Tenente General, a fim de se facilitar, nos seus projetos. 1º Todos os pretos, mulatos, ou naturais, que não tiverem a honra de ser alistados em qualquer dos corpos milicianos, e se encontrarem montados em cavalos reiúnos, não sendo empregado em serviço, serão castigados com 200 açoites, atados à culatra de uma peça e a parte de sua prisão será dada com a participação de ter sofrido o castigo referido, e se conservarão presos por espaço de 15 dias fazendo a limpeza do acampamento. 2º Os pretos, mulatos ou naturais que forem alistados em qualquer dos corpos milicianos, e se encontrarem montados em cavalos reiúnos, serão castigados com 50 pancadas de espada digo de pau que vergue, e presos por espaço de 8 dias empregados na limpeza de seus respectivos corpos. 3º Os Soldados de Tropa de Linha ou Milicianos que forem réus de semelhante delito serão castigados com 30 pranchadas, e se conservarão presos por espaço de 8 dias empregados na limpeza do seu respectivo acampamento. O Ex.º Snr. Tenente General espera que os snrs. oficiais do exército o queiram ajudar, prestando-se cada um do modo que lhe for possível, para nos felicitarmos todos em um objeto em que todos nós devemos interessar.
>
> (Acampamento de Quaraim.
> Diário de campanha — 1816-1819)

Portanto, fica evidente que as punições que diziam respeito aos naturais, termo que designava os indígenas — a maior parte deles guaranis — eram iguais àquelas aplicadas aos pretos e mulatos. Operava-se assim uma divisão hierárquica entre homens livres, cujo caráter racialista fica evidente, que colocava de um lado os pretos, pardos e indígenas e de outro os brancos, que na ordem do dia supracitada não receberam nenhum qualificativo ("soldados de tropa de linha ou milicianos").

Outro indício que contribui para a hipótese da possível integração de indígenas enquanto pardos ou forros encontra-se no mapa de população do Rio Grande de São Pedro de 1809.[175] Esse mapa é interessante, pois apresenta pequenos quadros que indicam a composição populacional em cada uma das freguesias ou vilas do Rio Grande, e depois um mapa geral de toda a população da capitania. Inicialmente, causou estranheza o fato de que não aparecia, no quadro geral, a categoria "índios", sendo somente separados os brancos, forros e escravos, discriminando os homens e mulheres. Mas nos mapas de cada freguesia, a divisão assemelhava-se com aquela já vista no mapa de 1807, separando os brancos, forros (pretos e pardos), índios e escravos (pretos e pardos). Portanto, fiz o cálculo de cada uma das localidades em separado para verificar onde estavam incluídos, no quadro geral, os índios. E eles foram computados entre os forros.

Indícios deste tipo de identificação dos indígenas também foram observados por Luís Augusto Farinatti. Ao estudar as características e as categorias ocupacionais dos peões na fronteira oeste sul-rio-grandense em meados do século XIX, Farinatti (2007:343-344) observou que havia, no decorrer daquele século, um incremento significativo de pardos, concomitantemente a uma diminuição também significativa dos peões identificados como índios. O autor considera que, além do impacto demográfico da diminuição da população indígena na campanha gaúcha no início do século XIX, com a ocupação da região, uma hipótese que não pode ser descartada é justamente a identificação de índios como pardos. Para isso, o autor aponta o caso de uma inventariada que ora foi designada como índia, ora como parda.

Minha conclusão é de que existia a possibilidade de integração de indígenas na sociedade rio-grandense a partir da categoria "pardo", quer no período

---

[175] Mapa geral da população, nascimentos, mortes e casais da capitania de São Pedro no ano de 1809.

colonial, quer ao longo do século XIX.¹⁷⁶ Pode-se considerar que essa era uma tentativa de aproximá-los do mundo da escravidão, seja para mantê-los como cativos, seja para enquadrá-los em um lugar social específico e restritivo na hierarquia do mundo dos livres. Lembremo-nos que o termo "pardo", ainda que procurasse diferenciar aqueles descendentes de africanos nascidos livres dos que já tinham sofrido a experiência do cativeiro, também reatualizava, continuamente, a marca da ascendência escrava. Entretanto, não estou afirmando que o processo de aproximação dos indígenas ao mundo da escravidão tenha sido único, ou mesmo preponderante.

*****

Talvez seja demasiado arriscado associar, em uma expressão, dois conceitos um tanto ambíguos e complexos, mas creio ser possível argumentar que os pretos e pardos rio-grandenses vivenciaram *experiências racializadas*. Ambos os conceitos, ainda que tenham origens em campos distintos do conhecimento, são utilizados por historiadores sociais. Edward P. Thompson foi quem primeiro elaborou, de forma articulada e consistente, o que ele chama de *experiência*, um conceito que pretende ser uma instância mediadora entre o ser e a consciência:

> Os homens e mulheres também retornam como sujeitos, dentro deste termo [experiência] — não como sujeitos autônomos, "indivíduos livres", mas como pessoas que experimentam suas situações e relações produtivas determinadas como necessidades e interesses e como antagonismos, e em seguida "tratam" essa experiência em sua consciência e sua cultura [...] das mais complexas maneiras [...] e em seguida agem, por sua vez, sobre sua situação determinada.
>
> (Thompson, 1981:182)

Para o historiador inglês, este conceito permite analisar, avaliar e perceber a intervenção dos homens sobre situações que, embora sejam impositivas,

---

¹⁷⁶ Já no processo de desintegração da escravidão e da gênese de hierarquias sociais fundadas em categorias raciais de cunho biológico, a maior parte dos indígenas — então já identificados como caboclos — foi incluída entre os pardos no censo de 1872. Ver Lima (2003:129).

não são irredutíveis. Thompson procura resgatar a capacidade humana de agir e modificar circunstâncias determinadas.

O conceito de racialização, tal como entendido neste capítulo, objetiva abarcar a historicidade das concepções de raça e das formas de classificação racial. Com efeito, o conceito de racialização possibilita compreender os demarcadores raciais — materializados, por exemplo, nas designações de cor — como construções sociais.[177]

A partir da noção de *experiências racializadas*, procurei interpretar os múltiplos significados atribuídos aos designativos de cor, bem como a relação entre o uso cotidiano de demarcadores raciais e a classificação hierárquica "oficial" expressa, por exemplo, nos mapas de população, como um objeto de disputas e interpretações variadas, baseadas na experiência de cada indivíduo e grupo social.

Verificou-se a importância dos designativos de cor como signos que conferiam sentidos específicos às experiências de liberdade de pretos e pardos. Além dos *signos da cor*, a turbulenta conjuntura de guerras, associada ao processo de independência, foi um fator marcante que condicionou as possibilidades de conquista da liberdade e da vida de pretos e pardos nas primeiras décadas do século XIX no Rio Grande de São Pedro, como será visto no próximo capítulo.

---

[177] Uma apreciação notável sobre a construção ideológica da noção de raça, bem como sua íntima relação com o sistema escravista nos Estados Unidos, pode ser encontrada em Fields (1990). Apesar de concordar, em linhas gerais, com a argumentação de Fields, parece-me que duas questões por ela desenvolvidas no ensaio devem ser matizadas. Em primeiro lugar, a datação precisa da criação da ideologia do racismo nos Estados Unidos, a partir da independência americana, quando a classe dominante viu-se na necessidade de articular os preceitos liberais com a manutenção da escravidão. Em minha opinião, a periodização e a interpretação de Fields estão corretas, mas sua análise reduz o fenômeno do racismo e da existência de demarcadores raciais à versão "moderna", fundada em diferenças biológicas. Atualmente, percebe-se que esse tipo de interpretação da ideia de raça e do racismo, ainda que considerados como fenômenos históricos, não abrange a existência de hierarquias fundadas em demarcadores raciais — como a cor, na América portuguesa e depois no Brasil — de caráter não biológico. O segundo ponto que, a meu ver, deve ser matizado é a posição que pressupõe a subordinação da ideologia racial às determinações da exploração de classe — leia-se relações escravistas — que, apesar de não explicitada, fica subentendida no ensaio de Fields. Não há dúvida de que a construção de demarcadores raciais é um processo intimamente ligado às relações de produção escravistas que, em última instância, são orientadas para a produção econômica e para a manutenção do poder da classe senhorial. Entretanto, por mais que as críticas de Fields sobre as análises que concebem raça como uma construção social que depois adquire "vida própria" sejam pertinentes, acredito que não se deve conceber as relações raciais como subordinadas às relações de classe. Seja nos Estados Unidos ou no Brasil, tanto classe quanto raça foram — e ainda são — pilares sobre os quais são construídas as hierarquias sociais.

4 | Experiências de liberdade em tempos de guerra

Um dos caminhos mais sólidos para a ascensão social de libertos e negros livres durante o período colonial era a participação nas companhias milicianas. Herbert Klein (1978)[178] talvez tenha sido um dos primeiros historiadores a indicar a importância das milícias de pretos e pardos na América portuguesa, considerando-as como uma das poucas vias de mobilidade social para os "homens de cor", que lhes possibilitavam inclusive o acesso a postos de oficial. Segundo Charles Boxer (1967:151-152), os negros também participavam da primeira linha do Exército, onde não havia distinção por cores, ainda que fossem depreciados nas promoções e pedidos de dispensa. A segregação existiria somente nos regimentos de milícia, estes sim separando brancos, pretos e pardos. Porém, tanto Klein quanto Boxer não estudaram de forma aprofundada a participação negra nos exércitos no período colonial.

Russell-Wood (2005:134-136) dedicou maior atenção ao tema, alertando para a necessidade de estudar as milícias, de modo a problematizar duas questões fundamentais para os negros livres no período colonial: as possibilidades de mobilidade social e a discriminação racial. O autor analisou uma provisão real de dom João V, do ano de 1739, que ordenava a dissolução das companhias de pretos e pardos e a integração dos soldados "de cor" aos regimentos de brancos. Se, por um lado, essa iniciativa supostamente diluía as demarcações raciais, por outro dificultava a promoção de oficiais negros. Apesar da determinação régia, na prática tanto os soldados brancos não aceitaram servir ao lado de pretos e pardos, quanto estes temeram a possibilidade de serem co-

---

[178] Este trabalho é a tradução de um artigo publicado em 1969, no *Journal of Social History*. Ver também Klein (1987:251-253).

mandados por oficiais brancos. Para Russell-Wood (2005:137), os regimentos de pretos e pardos

> serviram de base às reivindicações das pessoas de cor, que se tornaram cada vez mais insistentes com o avanço do século XVIII. Essas reivindicações se concentravam em três questões: soldo, privilégios e possibilidade de milicianos de cor ocuparem os postos superiores de seus regimentos.

Inspirado pelas sugestões desses autores pretendo, neste capítulo, analisar a participação de pretos e pardos, livres e libertos nos exércitos que lutaram durante as Guerras Cisplatinas, que ocorreram na fronteira do Rio Grande com a Banda Oriental — território da atual República Oriental do Uruguai — entre os anos de 1811 e 1828.[179] Em realidade, não será abordada, especificamente, a vida dos libertos nas campanhas militares. A análise será feita a partir da observação da influência das conjunturas de guerra nas experiências de libertos e negros livres no Rio Grande de São Pedro. Para tanto, ampliei o escopo espacial da pesquisa, para abordar, além de alguns casos da região de Porto Alegre, também um episódio ocorrido na cidade de Rio Grande, ao sul da província de São Pedro, próximo da fronteira com a Banda Oriental.

As Guerras Cisplatinas ocorreram no contexto da *era das revoluções*[180] quando, nas Américas, a maior parte das colônias escravistas conquistou sua independência por meio de lutas revolucionárias ou guerras de libertação. Os

---

[179] A participação dos negros nas Guerras Cisplatinas foi escassamente pesquisada, seja na historiografia uruguaia ou brasileira, resumindo-se a referências esparsas em obras mais gerais que contemplam os conflitos militares ou políticos do período em questão. Uma história social da participação negra nessas guerras ainda não foi feita. Entretanto, há na historiografia brasileira um conjunto de boas obras sobre as Guerras Cisplatinas que desenvolvem, em especial, questões relacionadas aos aspectos militares, políticos e diplomáticos do conflito. Deve-se notar que muitos trabalhos são de autores rio-grandenses para quem, naturalmente, o objeto assumiu uma maior relevância historiográfica. Além disso, o tema foi objeto privilegiado da história militar e de estudos que enfocam a política externa do Brasil. Muitas obras foram escritas por militares, diplomatas e políticos, sendo relativamente recente o interesse acadêmico pelo tema no Brasil. Ver Varela (1915), Fragoso (1951), Cidade (1927 e 1948), Calógeras (1998), Docca (1931), Carneiro (1983), Duarte (1985), Piccolo (2000), Golin (2002) e Pimenta (2002).

[180] Expressão cunhada por Hobsbawm (1996) na obra de mesmo título. A primeira edição inglesa do livro foi publicada no ano de 1962 e, apesar de dedicar sua atenção primordialmente à "dupla revolução" (industrial e francesa) em suas causas e consequências europeias, o autor observa conexões entre esse processo e as independências e revoltas escravas nas Américas. Para uma análise instigante, que pressupõe uma íntima relação entre o caráter das revoltas escravas no Novo Mundo e os rumos das revoluções industrial e francesa, ver Genovese, 1983 (a primeira edição, norte-americana, é de 1979). Para uma crítica a algumas das teses de Genovese, ver Reis (1988:87-140).

resultados dessas lutas variaram, mas levaram à destruição seja do jugo colonial, seja da escravidão, ou de ambos nas colônias do Novo Mundo. Em 1850, as únicas colônias escravistas que restavam nas Américas eram Cuba e Porto Rico. No Haiti, a revolta dos escravos foi vitoriosa, destruindo tanto a relação colonial com a França quanto a escravidão. Nos Estados Unidos e no Brasil, a classe senhorial triunfou na sua luta contra as metrópoles, e o sistema escravista não apenas foi mantido, como foi fortalecido. Na América espanhola continental, ainda que os escravos não tenham dirigido as lutas de libertação nacional, até meados do século XIX a escravidão foi abolida nas repúblicas independentes. No Caribe britânico e francês (com exceção do Haiti), a escravidão foi suprimida, mas o domínio colonial manteve-se (Blackburn, 2002).[181]

Em todas essas guerras, em maior ou menor grau, tanto os patriotas quanto aqueles que permaneceram leais às metrópoles recrutaram, em escala até então incomum, escravos e negros livres para fortalecerem seus exércitos. Se, por um lado, a classe senhorial preocupou-se em diversas ocasiões com o alistamento de cativos e livres "de cor", que poderiam escapar ao controle e subverter o seu próprio domínio, para os escravos e negros livres as turbulentas conjunturas políticas ofereciam oportunidades inéditas de ascensão social e melhorias nas suas condições de vida (Andrews, 2004).[182]

O recrutamento de escravos e a criação de regimentos de negros não eram fenômenos raros na região platina. Na guerra de 1801, durante as invasões inglesas e nas lutas de independência, escravos e negros livres foram incorporados às fileiras dos exércitos (Andrews, 1989: 137-165).[183] José Gervasio Artigas recorreu amplamente ao alistamento de escravos e negros livres para formar seu Exército. Durante a Guerra da Cisplatina propriamente dita — designada no Uruguai como Guerra da Independência, ou a Insurreição dos Trinta e Três Orientais — foram criados batalhões de libertos e, após a guerra, os escravos

---

[181] A publicação original, em língua inglesa, é de 1988.

[182] Nesta obra, Andrews elabora um panorama histórico da escravidão e das relações raciais nos países latino-americanos, e se detém especialmente nos processos de independência do Brasil e dos países do Prata. Segundo o autor, os movimentos políticos desse período, sobretudo quando acompanhados de guerras e conflitos militares, abriram oportunidades sem precedentes para os escravos lutarem pela liberdade.

[183] Para uma apreciação das reivindicações dos escravos e negros livres que lutaram nas guerras de independência na América espanhola, ver Blanchard (2002).

brasileiros que haviam fugido e se alistado nas fileiras do Exército das Províncias Unidas do Rio da Prata receberam a liberdade.[184]

No Rio Grande de São Pedro também havia um histórico de participação de pretos e pardos nas guerras. Durante a invasão espanhola em 1763, eles estiveram presentes na expulsão dos espanhóis e, na guerra de 1801, quando foi conquistado o território das missões, soldados negros e escravos acompanharam as tropas de Borges do Canto (Bento, 1976:76-108).

A campanha contra Artigas e a luta pela liberdade

A revolução de maio de 1810,[185] em Buenos Aires, deflagrou as guerras de independência na região do Prata e, a partir do ano seguinte, as tropas comandadas por José Artigas sublevaram-se na Banda Oriental e sitiaram Montevidéu, onde o vice-rei Francisco Javier Elío havia se refugiado.[186] A coroa portuguesa, temendo uma invasão em seus domínios, organizou uma ofensiva, com o pretexto de socorrer o vice-rei Elío. Em 1811, o assim denominado "exército pacificador", comandado pelo general dom Diogo de Souza, governador da capitania do Rio Grande de São Pedro, invadiu a Banda Oriental. No entanto, Francisco Javier Elío, com a intermediação do embaixador britânico lorde Strangford, assinou, ainda em 1811, um armistício com a Junta Revolucionária de Buenos Aires, prevendo a retirada das tropas luso-brasileiras, que retornaram para os domínios portugueses em 1812.[187]

---

[184] Frega (2004); Borucki, Chagas e Stalla (2004:11).

[185] Entre os melhores trabalhos sobre o processo de independência da Argentina estão Halperín Donghi (1994) e Chiaramonte (1997). Para uma visão geral sobre os processos de independência na América espanhola, ver Guerra (1993) e Halperín Donghi (1985).

[186] Ver os trabalhos de Sala de Touron, Torre e Rodríguez (1987:53-55). Ana Frega (2007) realizou recentemente uma excelente pesquisa sobre a revolução artiguista e o processo de constituição da Província Oriental, inserindo-o na reestruturação política dos territórios do vice-reinado do Prata e do Sul do Brasil, e conferindo especial relevo à participação dos setores populares. Outras obras importantes sobre a revolução artiguista são: Barrán e Nahum (1968); Reyes Abadie, Bruschera e Melogno (1975); Frega e Islas (2001).

[187] Ver Bandeira (1988:42-44). Nessa obra, o autor realiza uma ótima interpretação da política externa luso-brasileira na região do Prata, identificando os fatores econômicos e políticos que engendraram a expansão territorial da América portuguesa, associando-a com o desenvolvimento do capitalismo mercantil. Sobre a intervenção portuguesa com o exército pacificador, Moniz Bandeira demonstra a conjugação de interesses políticos da Coroa com os interesses econômicos dos estancieiros sul-rio-grandenses, que expandiram as áreas de pastagem de seus rebanhos e arrebanharam gado dos orientais. O autor ainda analisa a influência inglesa nas decisões políticas do governo brasileiro, bem como os interesses econômicos britânicos na região do Prata.

No início do ano de 1815, Artigas apoderou-se da cidade de Montevidéu, após a expulsão dos espanhóis, e a deixou sob comando do coronel Otorgués. Instalado o governo revolucionário, foi promulgado o famoso Regulamento de Tierras, que previa o confisco das terras dos emigrados e sua distribuição entre os negros livres, índios e *criollos* pobres (Sala de Touron, Torre e Rodríguez, 1987:67-72, 142-156).[188] Nesse momento estava sendo planejada uma nova invasão luso-brasileira na Banda Oriental, com um Exército comandado pelo general Lecor, constituído de tropas regulares e milícias rio-grandenses (Cesar, 1970:252-257; Golin, 2002:282-293). A incursão de Lecor foi vitoriosa e o general tomou a cidade de Montevidéu no início de 1817. Os partidários de Artigas se refugiaram na campanha oriental, até o caudilho ser derrotado em 1820, quando se exilou no Paraguai (Sala de Touron, Torre e Rodríguez, 1987:235-260; Cesar, 1970:258-262).

Desde o início dos conflitos na Banda Oriental, Artigas e seus aliados alistaram nas suas tropas negros e mulatos livres, e libertaram escravos de espanhóis e de rio-grandenses (Frega, 2004:45-66). Com efeito, a quantidade de fugas de escravos aumentou muito no Rio Grande de São Pedro, especialmente na região da fronteira sul (Piccolo, 1992; Petiz, 2006). Keila Grinberg (2007) refere-se a um documento da diplomacia portuguesa, intitulado "Reclamação do governo português para a entrega de escravos refugiados ao Brasil no território das Províncias Unidas do Rio da Prata", datado de 1813. Nessa reclamação, os portugueses mostram-se inquietos com a grande quantidade de fugas de cativos da capitania de Rio Grande para os territórios das Províncias Unidas. Além disso, criticam os "fatais efeitos" de um decreto que declarava a liberdade de todos os escravos de países estrangeiros que passassem para o território das Províncias Unidas.[189]

---

[188] Trata-se do Reglamento Provisorio de Fomento de la Campaña y Seguridad de sus Hacendados, promulgado no dia 10 de setembro de 1815. A medida, que previa uma reforma agrária avançada, chocava-se frontalmente com os interesses dos grandes proprietários de terras e gado da campanha oriental, entre eles alguns portenhos e muitos rio-grandenses. Houve resistência à sua aplicação no próprio Cabildo de Montevidéu. A promulgação do *Reglamento* é considerada um marco na radicalização do movimento artiguista, que a partir de então começaria a ficar isolado e teria de recorrer ainda mais fortemente às camadas populares, constituídas de escravos, negros livres, índios e brancos pobres, como base de apoio. Para análises sobre o *reglamento*, ver Barrán e Nahum (1968); Sala de Touron, Torre e Rodríguez (1967); Oddone (2001) e Frega (2007:283-294).

[189] Grinberg não especifica qual o decreto de que trata o documento. Possivelmente trate-se do promulgado pela Assembleia Constituinte das Províncias Unidas do Rio da Prata, aprovado em 4 de fevereiro de 1813, determinando que os escravos de

Antônio Angria foi um dos escravos que se aproveitaram dessa conjuntura para conquistar a liberdade. Era cativo de um morador de Montevidéu, na época das campanhas artiguistas. Em fins de 1825, já conhecido vulgarmente como Antônio "Guerrilha", foi preso em Porto Alegre, acusado de ter furtado 4$000 do pardo José dos Santos. Ao ser inquirido sobre quem havia sido seu senhor, de que maneira ficara liberto e como "viera a ter" na cidade de Porto Alegre, o preto Antônio, que era natural de Angola, respondeu da seguinte forma:

> seu senhor primeiro era homem navegante que trazendo da sua terra o vendera em Montevidéu a um homem de nome Francisco homem rico e movendo-se a guerra ali ele se passara à campanha e se empregara como soldado de Artigas e viera ao ataque de Catalán nesta Província aonde fora prisioneiro entre outros e remetido a esta cidade preso aonde se conservou em galés no serviço público e foi solto com os mais como liberto e assim tem vivido.
>
> (Sumários. Cartório do Júri, maço 8, processo nº 207)

Note-se que, aparentemente, não houve contestação da liberdade de Antônio Angria quando ele foi solto da prisão, após ter cumprido a pena de galés. No auto de perguntas feito em 1826, o inquiridor teve o cuidado de questioná-lo acerca de seu senhor, inclusive se sabia se ele estava vivo. Antônio respondeu prontamente que não sabia de nada.

A história do preto forro José Maria é semelhante à de Antônio Angria. Foi preso no ataque de Ibirocaí, no ano de 1816, e levado para a prisão em Porto Alegre. Ao ser solto no ano de 1822, encaminhou uma petição à junta provisória do governo do Rio Grande de São Pedro,[190] solicitando a confirmação de sua liberdade:

---

países estrangeiros ficariam livres *"por solo el hecho de pisar el territorio de las Provincias Unidas"*. Ver Frega (2004); Borucki, Chagas e Stalla, (2004:11-32). Além disso, sabe-se que desde pelo menos a segunda metade do século XVIII existiam leis que concediam o "direito de asilo" aos escravos fugidos que pisassem em terras espanholas. É o que pode ser observado nas Reais Cédulas promulgadas pela coroa espanhola em 1773 e 1789. Ver Petit Muñoz et al. (1948:241-263). Seria interessante pesquisar a possibilidade de que o "princípio do solo livre", para além dos casos citados por Grinberg na Inglaterra, França e Estados Unidos, também pudesse remontar à própria tradição jurídica espanhola. Essa hipótese foi aventada por Ana Frega no artigo supracitado. Havia inclusive escravos que fugiram da capitania do Rio Grande e de Colônia de Sacramento no século XVIII que solicitaram e receberam alforrias recorrendo ao "direito de asilo". Ver Betancur e Aparicio (2006:142-149).

[190] Em 22 de fevereiro de 1822, cumprindo as disposições do decreto das cortes de Lisboa, datado de 29 de setembro do ano anterior, foi instalado o governo provisório no Rio Grande. Era composto por nove membros e mantinha como presidente da junta o então governador da capitania do Rio Grande, o brigadeiro João Carlos de Saldanha de Oliveira e Daun. Ver Piccolo (2005).

Il. e Ex. Srs. do Governo — Diz o preto José Maria, que ele suplicante foi prisioneiro no ataque de Ibirocaí, sendo o chefe da ação o Ex. Marechal de Campo João de Deus Menna Barreto, o qual remeteu o suplicante; assim como muitos prisioneiros a esta Capital, como tal experimentamos o rigor de uma prisão longa, em trabalhos públicos; obteve o suplicante a sua liberdade da forma que consta da Portaria junta, e como livremente quer viver de seu trabalho — Pede a Vossas Excelências sejam servidos deferir ao suplicante com justiça — E receberá mercê — Informe o Ex. Sr. Marechal João de Deus Menna Barreto comandante da ação em que foi prisioneiro o suplicante. Palácio do Governo em Porto Alegre aos 16/4/1822 — Il. Ex. Srs. — Além da lembrança que tenho do suplicante, me tenho informado do deduzido, é verdade tudo quanto alega, e a meu parecer deve livremente, como forro seguir qualquer destino a bem de sua liberdade, e justiça. — João de Deus Menna Barreto — Deferido na conformidade da Informação do Excelentíssimo Marechal de Campo.

(Registro de uma petição do preto forro José Maria. RD1, 8, fls. 36v-37)

Assim como Antônio Angria, José Maria provavelmente era um escravo fugido, que se alistou nas tropas artiguistas. Os dois casos sugerem que não havia muitas dificuldades para que eles vivessem em liberdade, após serem capturados nas batalhas e experimentarem o "rigor de uma prisão longa". Seus ex-senhores não os requisitaram nem, ao que parece, pediram indenização. Havia também certa "boa vontade" das autoridades rio-grandenses, provavelmente em função da complicada situação política e militar pela qual passavam o Rio Grande do Sul e o Brasil naquela década de 1820. De qualquer modo, José Maria teve de encaminhar uma petição para confirmar a sua liberdade, de maneira a assegurar e deixar registrada sua condição de forro.[191]

---

[191] Deve-se notar que Antônio Angria era escravo de um morador de Montevidéu chamado Francisco, que tanto podia ser espanhol ou *criollo* (filho ou descendente de espanhóis nascido na América), quanto podia ser português ou luso-brasileiro (talvez até rio-grandense). Já sobre José Maria não se sabe de quem era escravo. É possível, portanto, que ambos fossem cativos de moradores da Banda Oriental que não tivessem ligações diretas com rio-grandenses, de modo que seria difícil para eles reclamarem seus cativos fugidos. Igualmente, as autoridades rio-grandenses não se preocupariam em restituí-los ao domínio de seus senhores, sendo estes desconhecidos e quem sabe até, na década de 1820, inimigos. De qualquer forma, a ocasião em que eles foram soltos da prisão não era propícia para a sua reescravização. Mais de duas décadas depois, em um momento de relativa paz e estabilidade política na província sulina, após o término da Guerra dos Farrapos, os proprietários rio-grandenses preocuparam-se em reclamar seus escravos evadidos durante as guerras das primeiras décadas do XIX. Alguns dos cativos reclamados em listagens feitas em 1848 e 1849, sob determinação do presidente da província, ainda eram aqueles que tinham "fugido para Artigas". Ver Petiz (2006:59).

A fuga de escravos para alistarem-se nas tropas de Artigas era fato recorrente e foi observado por estrangeiros de passagem pelo Rio Grande. Saint-Hilaire (2002:54) comentou que

> todos são unânimes em afirmar que, dos soldados de Artigas, os que em todas as ocasiões mostraram mais coragem foram os negros fugidos; o que é natural, porque eles lutam por sua própria liberdade; além disso, o negro é mais valente do que o índio, porque menos alheio do que este à ideia do futuro, donde sua valentia em arriscar tudo em busca de um destino melhor.

A visão do naturalista francês, ainda que eivada de preconceitos e etnocentrismo — o que se pode ver no juízo extremamente negativo da coragem dos índios — permite, no entanto, entrever as possibilidades abertas pela conjuntura de guerra. Pode-se considerar que, para alguns escravos — com um evidente viés de gênero, uma vez que todos, ou pelo menos a maioria dos *fujões* que se juntaram a Artigas eram homens — abriu-se, na década de 1810, um novo rumo para a conquista da liberdade. Certamente não era um caminho desprovido de obstáculos, pois implicava realizar uma, muitas vezes longa e difícil, fuga em direção à Banda Oriental. Dificilmente aqueles que tinham família e laços comunitários bem-estabelecidos fugiriam.[192]

Mas os escravos e negros livres não lutaram apenas contra os portugueses nas campanhas da década de 1810. O general Lecor, em maio de 1817, já no comando de Montevidéu, promulgou um decreto em que prometia a liberdade para todos os escravos que estivessem engajados nas tropas artiguistas e se alistassem no Exército luso-brasileiro. Com esse contingente, e recrutando outros cativos através de compras e doações de senhores, formou dois batalhões de caçadores libertos, nomeados de 1º e 2º Batalhões de Libertos d'El Rey.[193] O Batalhão de Libertos criado em 1817 contaria com um contingente de 759 praças, entre soldados e oficiais. Em 1818 foi criado o 2º Batalhão de Libertos.

---

[192] Mesmo quando as fugas não se destinavam a lugares tão distantes e, principalmente, não objetivavam o alistamento militar, o perfil dos escravos *fujões* parece ter sido predominantemente masculino. É o que verificou Flávio Gomes (1996a) em pesquisa nos anúncios de escravos fugidos na *Gazeta do Rio de Janeiro* e no *Diário do Rio de Janeiro*, em que 80% dos *fujões* eram homens.

[193] Decreto de 10 de maio de 1817. Coleção das Leis do Império (1808-1888). Disponível em: <www.camara.gov.br/Internet/InfDoc/conteudo/Colecoes/Legislacao/legimp-D_44.pdf>.

Aqueles que se alistaram nesses batalhões receberam cartas de liberdade. Entre os anos de 1817 e 1821, 237 escravos desertores das tropas artiguistas foram recrutados e alforriados. É interessante observar que, entre esses libertos, havia ex-escravos de senhores com sobrenomes espanhóis e portugueses.[194] A liberdade não era conferida imediatamente aos alistados, pois na prática eles receberam a alforria condicionada ao alistamento e com a obrigação de servir no Exército.

Essa prática já havia sido utilizada anteriormente por Artigas, e é importante não confundir suas medidas para a libertação dos escravos como um posicionamento que pretendesse abolir toda a escravidão na Banda Oriental. Quando encabeçou o governo revolucionário em Montevidéu, Artigas manteve política semelhante à levada a cabo pela junta revolucionária de Buenos Aires, alguns anos antes. Com a necessidade de reforçar as tropas e, ao mesmo tempo, respeitar a propriedade privada, foram recrutados negros e mulatos livres, bem como escravos pertencentes aos inimigos. Entretanto, proprietários aliados de Artigas (ou que se dispuseram a colaborar) conseguiram a devolução de seus cativos *fujões* ou o pagamento de indenização (Frega, 2004).

Quando ocorreu a invasão portuguesa em 1816, as medidas artiguistas foram mais radicais. Conforme a quantidade de escravos possuídos por cada proprietário, seria "confiscado" determinado número e alistado nas tropas. Não ficava claro se eles receberiam a liberdade. E, ao mesmo tempo, permitia-se que os proprietários se mantivessem como senhores, ainda que de menor número de cativos. Mas, apesar de não propor a abolição e respeitar a propriedade privada, o fato é que os escravos forçaram a situação e passaram a buscar sua liberdade engajando-se com Artigas. Os proprietários de escravos, por sua vez, ficaram desagradados e temeram o artiguismo como uma ameaça à ordem social (Frega, 2004). Escrevendo às autoridades britânicas em 1816, o comodoro Bowles relatou a situação:

> *el sentimiento general de la gente propietaria y de alguna consideración, no sólo de este lado del Plata sino de la ribera opuesta, es contra Artigas, cuya*

---

[194] Registo Geral das Cautellas de Liberdade expedidas por ordem do Ilustríssimo e Excelentíssimo Snr. General comandante em Chefe Governador desta Província Barão de Laguna e Segundo Editos e Bandos vigentes a Negros apresentados que desertarão das Tropas do Chefe Artigas, e vinham entregar as armas, abaixo das condições em ditas determinações prometidas. Agradeço a Alex Borucki por ter disponibilizado uma cópia digitalizada desta fonte.

> *popularidad, aunque considerable, está completamente confinada a los órdenes bajos de la comunidad y deriva de las mismas causas que lo hacen temible para los órdenes altos, a saber, que no sólo permite sino que alienta cualquier exceso y desorden entre sus seguidores.*
>
> (Carta de Bowles a Croker, Amphion, próximo a Buenos Aires, 21 nov. 1816.
> Tradução de Ana Frega, apud Frega, 2004:62)

Ainda que procurasse respeitar a propriedade privada e tentasse colocar limites nas classes populares que o apoiavam, o movimento artiguista foi, de certo modo, apropriado pelos escravos, negros livres, índios e *criollos* pobres, que conferiram ao projeto, que já era avançado para os padrões da época, um conteúdo mais radical e desestabilizador do *status quo*.

A atitude tomada pelo general Lecor, de conceder a liberdade e recrutar escravos que haviam fugido, era uma forma de responder às necessidades imediatas do conflito. Com essa medida, tencionava enfraquecer o apoio ao general Artigas e diminuir seus efetivos militares.

Havia escravos que não apreciavam evadir-se do domínio de seus senhores para lutarem nos exércitos portenhos ou orientais:

> O abaixo assinado Marechal de Campo Miguel Lino de Morais declara de sua espontânea vontade e em seu perfeito juízo que se ele morrer fica forro para gozar de sua liberdade o escravo Caetano em compensação da fidelidade com que o dito escravo tendo sido prisioneiro achando-se livre e com pensão de soldado em Buenos Aires fugira procurando o cativeiro do abaixo assinado tendo sofrido incômodos e perigos até Goiás aonde se apresentou.
>
> (RD1, 10, fls. 217v-218)

Ao que parece, Caetano viveu uma grande aventura naquela turbulenta época das Guerras Cisplatinas. Possivelmente tenha sido armado pelo seu próprio senhor que, em 1832, quando lhe concedeu a liberdade condicional, era marechal de campo. Não consta a informação de qual campanha militar o marechal de campo participou e nem de quando e onde foi capturado e feito prisioneiro seu escravo. Mas a carta de alforria revela uma estratégia utilizada pelos portenhos: alistar os prisioneiros feitos aos inimigos, concedendo-lhes inclusive soldo. Estratégias de guerra para aumentar os efetivos militares e enfraquecer os inimigos. Possivelmente, os chefes militares portenhos imaginassem — e talvez isso fosse o mais comum — que escravos dos inimigos lutavam contra a sua própria vontade. Ainda que isso possa ter ocorrido em muitos casos, a história de Caetano, que passou por muitas dificuldades e perigos procurando o cativeiro do seu senhor, demonstra que o alinhamento e as opções dos cativos não eram automáticos e não se pautavam, somente, pela busca da liberdade. Até porque, provavelmente, a liberdade que Caetano estava desfrutando no Exército portenho não era muito desejável.

A prática de armar seus próprios escravos, seja para lutar em guerras, seja para entrar em confrontos diversos, era difundida em quase todas as sociedades escravistas e, não podia ser diferente, também o foi no Brasil.[195] No Rio Grande de São Pedro, palco de muitas guerras, o mesmo expediente era utilizado pelos senhores guerreiros fronteiriços. Um morador da costa da Serra, termo da vila de Cachoeira, encaminhou um abaixo-assinado, junto com outros lavradores da região, à câmara daquela vila, solicitando a dispensa do recrutamento que então se fazia:

> Que o primeiro suplicante é um súdito deste Império tão útil à coroa que já por si, e por seu sócio Feliciano da Costa Leite, e em benefício de seus vizinhos, pagou a sua custa uma porção de homens libertos, e escravos seus, vestiu, armou, e proveu de todo o preciso para a guerra, dando-lhes a necessária cavalgadura, e os pôs na campanha; de onde depois de operarem em casos precisos, foram mandados ao suplicante em gratificação da sua lealdade, e prontidão, e estes ainda hoje se conservam armados, e prontos na sua fazenda para qualquer urgência do serviço de S. M. I. e por isso deve ser atendido [...] por tanto recorrem os suplicantes a VV. SS.as como cabeça do povo, para que a bem do mesmo hajam de orar pelos suplicantes ao Ex. Sr. Presidente da Província [...] e que o suplicante e mais lavradores, continuem no giro [ilegível] do laborioso trabalho de seus braços, e guarda de suas sacrificadas famílias; pois que ausentando-se do distrito em que residem, ganharão calor os desertores e malfeitores, juntar-se-ão com a escravatura, e serão esta vila e distrito a vítima mais desgraçada da província.[196]
>
> (Arquivo Histórico do Rio Grande do Sul. Correspondência da Câmara de Cachoeira do Sul, doc. 96ª, 1826)

---

[195] Para uma ótima coletânea de artigos acerca de escravos armados em diversas sociedades ao longo da história, ver Brown e Morgan (2006). Para o Brasil, algumas análises podem ser encontradas em Lara (1988:193-207), Lima (2002) e Fragoso (2003).
[196] Agradeço a Lauro Allan pela indicação desta fonte.

Veja-se que Antônio José de Menezes, o tal que, junto com seu sócio pagou, vestiu, armou e proveu de todo o necessário para a guerra uma porção de libertos e escravos seus, pleiteava a dispensa do alistamento, que se fazia de forma generalizada, no início da Guerra da Cisplatina em 1826. Alega os prejuízos que sofreria a lavoura e também o perigo que correriam suas famílias, caso eles estivessem ausentes, submetidas à tirania de bandidos que poderiam juntar-se aos escravos, compondo assim o cenário mais temível e sombrio para os interesses do Império e da classe senhorial.

Conforme o abaixo-assinado, os escravos e libertos se manteriam armados e prontos para qualquer urgência necessária, bem como para a defesa do distrito. Essa capacidade de armar escravos, libertos e homens livres, formando desta maneira pequenas milícias particulares, era um aspecto fundamental da reprodução social dos estancieiros fronteiriços. Assim eram formadas as chamadas "guerrilhas", grupos de 20 a 30 indivíduos armados que tiveram um papel importante nas guerras platinas. Eventualmente, elas poderiam agregar-se e serem transformadas em regimentos de cavalaria miliciana. Este é o caso das unidades de milícia comandadas por Bento Gonçalves e Bento Manuel, que iniciaram suas carreiras militares como capitães de guerrilha (Wiederspahn, 1979).[197]

Os escravos que lutavam ao lado de seus senhores, de maneira informal, raramente ganhavam a liberdade. O lavrador de Cachoeira, por exemplo, aparentemente não os libertou após o seu retorno da frente de batalha. O marechal de campo Lino de Morais deu a liberdade condicional a Caetano, uma retribuição que parece muito pequena comparada com os "serviços prestados" pelo escravo. Portanto, pegar em armas para, eventualmente, lutar em diversos tipos de conflitos ao lado de seus senhores era considerada uma extensão dos serviços usualmente prestados pelos cativos. Segundo Hendrik Kraay (2006:146-147):

> *Masters routinely armed individual slaves (or groups of them) for protection or even in order to perpetrate crimes, but this was little more than an extension of the service that slaves already owed masters. Such slaves might also be*

---

[197] As formas de organização e atuação das guerrilhas eram muito parecidas com as *montoneras* uruguaias e argentinas, que tiveram um papel militar fundamental ao longo de todo o século XIX na região platina. Ver Fuente (1998).

led by their masters into serving the state in military or quasi-military capacities, without implying a change in the slaves' status.

Os pretos e pardos livres e libertos, por sua vez, quando se engajavam em milícias, no Exército ou em outras formas de organização militar no Rio Grande de São Pedro, procuravam uma forma de inserção social. Assim, poderiam participar da divisão do botim — comumente cabeças de gado vacum e cavalar — e ter acesso à terra.[198] Esses objetivos ficam claros na ordem do dia 2 de setembro de 1816, assinada pelo tenente-general Joaquim Xavier Curado:

> Chegou finalmente o tempo em que é permitido, que os habitantes próximos à linha possam vingar-se impunemente dos insultos, e roubos que lhes têm feito os rebeldes insurgentes, debaixo de uma paz simulada. Os moradores têm liberdade de se congregarem unindo-se a formar Partidas de Guerrilhas, para hostilizar, atacar e destruir os rebeldes, contanto que não se exponham temerariamente: fazer presas, e tomadias sempre que puderem, as quais serão suas: e se quiserem vender cavalos, e armas, tomadas, lhes serão pagas pela Real Fazenda, excetuando-se com tanto os bens pertencentes aos habitantes que se tiverem unido a Portugal, e se houverem de unir para o futuro, os quais serão reputados, e tratados como nossos irmãos, fazendo-se lhes o bem possível, assim como aos rebeldes insurgentes todo o dano que se puder, como nossos inimigos declarados.
>
> (Acampamento do Passo do Rosário. Diário de campanha — 1816-1819)

No entanto, a possibilidade de inserção social proporcionada pelo Exército não implica que todos os negros tenham se alistado voluntariamente.[199] O cabra ou pardo forro Bernardino José de Sena, cuja história já foi parcialmente

---

[198] Luís Augusto Farinatti (2007:166-203, 290-393) fez uma interessante análise das estratégias de reprodução social dos estancieiros da fronteira sul do Rio Grande de São Pedro, em meados do século XIX. Apesar de não enfocar as classes populares, o autor demonstra que os chefes militares da fronteira negociavam com seus subalternos e que estes se juntavam aos "senhores guerreiros" com o objetivo de participar de "arreadas" (apresamento de gado dos inimigos), e também como uma forma de receberem terras — especialmente na condição de agregados — na fronteira que estava em expansão. Outro ponto abordado por Farinatti é a presença majoritária de pardos entre os peões livres e também a quantidade significativa de escravos campeiros nas estâncias da fronteira. Esses peões, fossem livres ou cativos, eram o contingente recrutado pelos estancieiros para formar as milícias e guerrilhas.

[199] As formas de recrutamento militar no Brasil colonial e imperial variavam muito, conforme o período, região e tipo de tropa. Normalmente, o recrutamento oficial para as tropas de 1ª linha era feito de forma violenta e os candidatos a sentar praça tinham pavor dos recrutadores. Ver Peregalli (1986), Meznar (1992), Kraay (1999), Mendes (2004) e Izecksohn (2004).

contada no terceiro capítulo, foi um liberto recrutado à força para o Exército. Após o crime que ele teria cometido em Porto Alegre — foi acusado de matar o "velho Silveira" na Praia do Arsenal em 1812 —, fugiu para Rio Pardo, para trabalhar com seu irmão. Em 1816, Bernardino foi preso e enviado para a capital, quando então sofreu o processo judicial. Em Rio Pardo, ele foi preso por um alferes, um furriel e quatro soldados de milícias, a mando do brigadeiro João de Deus Menna Barreto. Segundo seu advogado, ele se ausentou de Porto Alegre "para sua maior comodidade" e teria sido preso não por causa do crime e sim "no recrutamento de pessoas para o serviço do Exército".[200]

Percebe-se, portanto, que o recrutamento de indivíduos para o Exército era feito de forma violenta e em tudo se assemelhava a uma detenção. Nota-se também que o Exército rio-grandense era formado, ao menos em tempos de guerra, não somente por brancos. Um pardo, ou cabra, como Bernardino, poderia ser recrutado, possivelmente para a primeira linha.

Como em todas as regiões do Brasil, os índices de deserção no Rio Grande de São Pedro eram muito altos e se tornaram até certo ponto alarmantes ao longo da guerra contra as Províncias Unidas do Rio da Prata. O atraso no pagamento dos soldos, a falta de uniformes, a escassez de víveres e a fraca disciplina militar faziam com que as deserções nas tropas de primeira linha do Exército sul-rio-grandense fossem endêmicas. Por outro lado, era comum que os soldados milicianos retornassem para as suas terras, em períodos de colheita do trigo, e depois voltassem para as fileiras do Exército. Os próprios oficiais e chefes das milícias e guerrilhas tinham necessariamente que negociar com seus subordinados, permitindo que eles se afastassem temporariamente da frente de batalha (Osório, 1999:45, 159-160).

Nesse equilíbrio delicado entre subordinação, violência, negociação e possibilidade de mobilidade social, os pretos e pardos definiam e escolhiam seus caminhos, entre as (com certeza poucas) alternativas disponíveis. Na época da campanha contra Artigas, escravos fugiram para conquistar a liberdade, forros foram recrutados à força para o Exército lusitano, escravos e libertos lutaram ao lado de seus senhores.[201]

---

[200] Sumários. Cartório do Júri, maço 2, processo nº 48.

[201] Ainda que em contexto distinto, a situação na Revolução Federalista, cujo palco foi o Rio Grande do Sul, entre 1893 e 1895, teve aspectos semelhantes. Rodrigo de Azevedo Weimer (2007:139-187) observou que a participação dos grupos subalternos

Apesar das más condições de vida no Exército e da violência do recrutamento, é fato que, ainda assim, as Forças Armadas foram um canal para a mobilidade social de pretos e pardos no período colonial. Em 1818, por exemplo, Joaquim da Silva Guimarães, "homem preto liberto", solicitou o provimento para o posto de sargento da "companhia dos homens pretos, denominados Henriques", da Vila de Porto Alegre.[202] Durante a conturbada conjuntura política da Independência, agravada pela Guerra da Cisplatina, possivelmente esses canais tenham sido ampliados, ainda que momentaneamente.

Independência, Guerra da Cisplatina e cidadania

Após a derrota definitiva de Artigas, em 1820, no ano seguinte a Banda Oriental foi anexada ao Império português, tendo como governador o general Lecor e sendo rebatizada de província da Cisplatina. O governo português enfrentou forte oposição externa, pois tanto a Inglaterra quanto a Espanha não apreciaram a iniciativa de dom João (Moniz Bandeira, 1998:45-47). Em 1822 foi proclamada a Independência do Brasil.[203] Esse evento, que ocasionou agitações políticas em diversas cidades brasileiras, esteve inextrincavelmente ligado aos acontecimentos em Montevidéu. A província da Cisplatina foi incorporada ao Império do Brasil, mas a guarnição militar luso-brasileira dividiu-se, sendo que uma parte, comandada por Lecor, apoiou a Independência, e outra, tendo como líder o ajudante-general dom Álvaro da Costa, sustentado pela Divisão dos Voluntários d'El Rei, apoiou a causa portuguesa. O conflito só foi

---

na guerra, entre eles os negros e, particularmente, os ex-escravos, não pode ser reduzida a um papel secundário, de mera força de apoio às elites. A perspectiva de Weimer assume que a atuação dos ex-escravos durante a guerra pautou-se em objetivos e experiências próprias e não a partir de um alinhamento automático com seus ex-senhores, ou com os inimigos destes. Muitos negros engajavam-se com os republicanos, outros com os federalistas, outros desertavam e se afastavam do palco dos confrontos em busca de autonomia, e ainda havia aqueles que oscilavam entre a adesão a um ou outro dos contendores.

[202] Arquivo Histórico do Rio Grande do Sul. Fundo Requerimentos, maço 22, nº 69.

[203] Naturalmente, a Independência do Brasil é um dos temas mais estudados de nossa historiografia. Não creio ser necessário discutir as ricas e variadas obras sobre o tema. Pretendo apenas abordar a conjuntura da emancipação política brasileira nas suas manifestações no Rio Grande de São Pedro e na Cisplatina, conferindo especial relevo às possibilidades abertas para os escravos e negros livres com a turbulência política daqueles anos. Entretanto, é importante indicar, ainda que sem ser exaustivo, alguns clássicos: Prado Júnior (1933 e 1965), Holanda (1960), Costa (1977), Dias (1972), Novais (1974) e Rodrigues (1975). Para uma revisão historiográfica atualizada e abrangente acerca da Independência do Brasil, ver Costa (2005).

solucionado com a vitória de Lecor em 1824, e o regresso da divisão lusitana para Portugal (Piccolo, 2005). Em 1825, a situação política na Cisplatina era bastante instável, e o apoio ao governo brasileiro, débil. Um grupo de exilados orientais (os *Treinta y tres orientales*), liderados por Juan Antonio Lavalleja e contando com o apoio de Buenos Aires, desembarcou no litoral da Cisplatina e instalou um governo provisório. Em outubro do mesmo ano, as Províncias Unidas do Rio da Prata declararam guerra ao Brasil, deflagrando a Guerra da Cisplatina (Carneiro, 1983:35-78).

As Forças Armadas brasileiras perderam uma série de combates e o general Rivera chegou a fazer uma incursão no território dos Sete Povos das Missões. Em 1827 ocorreu o mais importante combate da guerra, a batalha do Passo do Rosário, ou Ituzaingó.[204] Nesse momento, ambos os lados na guerra estavam extenuados. O número de desertores aumentava, e a oposição aos governos crescia. Em 1828 foi assinada a Convenção Preliminar de Paz, que criava a República Oriental do Uruguai e determinava limites provisórios entre os países beligerantes (Moniz Bandeira, 1998:54-55).

Em fins do período colonial, o recrutamento para as tropas regulares — primeira linha — era realizado segundo critérios raciais. Os recrutados deveriam ser homens brancos solteiros ou, eventualmente, pardos "de cor clara" (Kraay, 2001:76-77). Já a segunda linha (as milícias) era dividida em companhias de brancos, pardos e pretos, conforme a divisão hierárquica básica da sociedade colonial, tal qual analisada no terceiro capítulo desta obra.

A Independência do Brasil e a guerra contra as Províncias Unidas do Rio da Prata provocaram mudanças nos padrões de recrutamento e na composição social do Exército. Os regimentos de primeira linha passaram a contar, de forma mais indiscriminada, com pretos e pardos livres e forros. E as companhias milicianas de pretos e pardos, que supostamente deveriam ser dissolvidas no conjunto das forças de segunda linha, foram reforçadas (Kraay, 2001:106-140).[205]

---

[204] Uma descrição pormenorizada da batalha pode ser encontrada em Fragoso (1951).

[205] Há indícios, entretanto, de que havia certa "mistura de cores" no exército rio-grandense antes da Independência. Em um processo criminal datado de 1821, algumas testemunhas são soldados do batalhão de infantaria (sem mais referências). Entre eles, três eram brancos, um era "homem de cor morena" e outro era pardo. Sumários. Cartório do Júri, maço 4, processo nº 109.

No Rio Grande de São Pedro não existem pesquisas que permitam avaliar o impacto dessas mudanças. Sabe-se que, durante todo o período colonial e após a Independência havia mais unidades milicianas do que efetivas. Em 1825, a primeira linha do Exército sul-rio-grandense resumia-se a um batalhão de caçadores, dois regimentos de cavalaria e um de artilharia. As milícias dividiam-se em várias unidades: em Porto Alegre, estavam sediados o Comando Militar, o 20º Regimento de Cavalaria Miliciana e duas companhias do 46º Batalhão de Caçadores. Existiam ainda quatro companhias de caçadores em Rio Grande, Rio Pardo, Santo Antônio da Patrulha e Pelotas. Em Rio Grande e em Rio Pardo ainda estavam estacionados dois regimentos de cavalaria miliciana, mais um em Alegrete e dois em São Borja. Segundo José Iran Ribeiro (2001:37-39) havia duas companhias de libertos em Rio Grande, uma de pretos e outra de pardos.[206]

Em tese de doutorado defendida recentemente, Márcia Eckert Miranda (2006:108) observa que, até 1822, as tropas de primeira e segunda linhas do Exército sul-rio-grandense eram formadas exclusivamente por brancos.[207] No entanto, além de existirem afirmações opostas (Cidade, 1948; Bento, 1976), creio que os casos vistos na primeira parte deste capítulo já são suficientes para demonstrar que não havia, na capitania sulina, uma situação excepcional e distinta do restante da América portuguesa, tal qual suposto por Miranda. Evidentemente, a magnitude da participação de pretos e pardos no Exército rio-grandense não pode ser estimada, sendo necessária a realização de mais pesquisas para aferir essa questão.

No entanto, ainda que Miranda tenha se equivocado ao afirmar a inexistência de soldados negros no Exército rio-grandense colonial, o fato de ela ter localizado referência a uma companhia de homens pardos de Porto Alegre, cria-

---

[206] Havia ainda um regimento de índios guaranis, formado em 1811, e também um regimento de mercenários alemães, criado em 1824. Ver Bento (1994:143-191) e Lemos (1993).

[207] A autora ainda observa que o suposto fato de não existirem pretos e pardos no Exército seria uma característica distintiva do Rio Grande de São Pedro em relação às outras capitanias da América portuguesa. Ela sugere que as características de uma sociedade de fronteira, em que a fuga de escravos seria facilitada, explicaria a ausência de negros no Exército. Entretanto, já há algum tempo a historiografia platina verificou a compatibilidade da utilização da mão de obra escrava em regiões de fronteira e inclusive na atividade pecuária, na qual o cativo andava a cavalo. Portanto, a atividade pecuária nas sociedades da fronteira platina era realizada a partir da combinação de trabalho escravo e livre, e as fugas, que evidentemente ocorriam, não inviabilizavam o investimento na mão de obra escrava. Ver Garavaglia (1999); Gelman (1998); Djenderedjian (2003); Borucki, Chagas e Stalla (2004). Para o Rio Grande do Sul, ver a bibliografia indicada no segundo capítulo.

da em dezembro de 1822, é indicativo das mudanças na composição social do Exército, verificadas também no Rio Grande do Sul. Foi justamente na década de 1820 que encontrei a maior quantidade de processos criminais nos quais aparecem soldados pretos ou pardos, como réus, vítimas ou testemunhas.[208]

Manoel Antonio da Cruz foi preso em 1825 na vila de Rio Grande. Pesava sobre ele, que era sargento da Companhia dos Homens Pardos da mesma vila, a grave acusação de ter seduzido escravos para seguirem o partido inimigo. Manoel era "de estatura ordinária, rosto comprido, barba cerrada, cor morena, cabelo crespo e cortado, e nariz afilado".[209] Era pardo liberto, natural da própria vila de Rio Grande, casado e tinha 48 anos de idade. Como miliciano, a princípio não recebia soldo regular, de modo que precisava recorrer a outros expedientes para assegurar sua sobrevivência. Segundo uma testemunha, Manoel "fez vários roubos de animais vacuns e cavalares aos moradores daquele distrito [Quitéria, distrito da vila de Rio Grande], assim como também a ele testemunha roubou um cavalo". No entanto, outras testemunhas do mesmo processo referiram-se aos supostos roubos praticados por Manoel apenas "por ouvir dizer". Ele, por sua vez, no auto de perguntas, disse que "vivia de suas agências" e tinha o "ofício de lavrador".

Interessante é a acusação feita pelo comandante interino do distrito de Quitéria, que o prendeu e o enviou à cadeia em Rio Grande:

> Il. Sr. Ten. Cel. Comandante. Dou parte a V. S. que hoje prendi à ordem de V.S. o pardo Manoel Antonio cujo andava neste distrito por uma e outra casas conversando secretamente com os escravos, e segundo as circunstâncias, e terrível proceder do dito se desconfia andar ele seduzindo a escravatura a favor do Partido Inimigo, e contra a causa preciosa do majestoso Império do Brasil; este mesmo pardo conserva em si todas as qualidades capazes de grande revolucionário, e nunca perde ocasião de haver a si quanto pode do suor alheio, e os vizinhos todos estão prontos a fazer um nós abaixo assinados a fim de o dito não existir nesta Província, pois no todo é inquietador dos Povos, no lugar onde reside.

---

[208] Além dos casos que serão discutidos nesta segunda parte, ver também: Sumários. Cartório do Júri, maço 11, processos n°s 279 e 281.

[209] Sumários. Cartório do Júri, maço 11, processo n° 273.

Nenhuma das testemunhas arroladas afirma saber de fato que Manoel Antonio estava seduzindo escravos. Elas afirmam genericamente terem ouvido dizer que ele seduzia escravos para fugirem em direção à província Cisplatina ou para promoverem um levante. Quando inquirido sobre o crime, Manoel disse que "tal cousa nunca praticara" e que não podia aparecer escravo algum que pudesse, "com verdade", confirmar a denúncia. Realmente, não é possível saber se o pardo Manoel que, segundo o comandante interino do distrito de Quitéria, conservava "todas as qualidades capazes de grande revolucionário", estava de fato conspirando com alguns escravos e tentando promover um levante.

Mas embora sem a dimensão e a gravidade que transparece na acusação, não eram raros casos semelhantes na época. Segundo Helga Piccolo (1992 e 2005), durante as Guerras Cisplatinas muitos escravos fugiram para servir nas forças de chefes militares orientais (como visto em relação a Artigas) e eram comuns as acusações de que alguns foram "seduzidos".[210] É possível que, tendo inimizade com seus vizinhos, estes tenham aproveitado o clima de temor existente à época para acusar Manoel Antonio da Cruz. A inimizade poderia tanto ter origem nos alegados roubos de gado e cavalos que ele supostamente cometia, quanto justamente no fato de ser um oficial da companhia dos pardos. Naquele período conflituoso, em que pretos e pardos estavam sendo recrutados e alguns experimentavam uma ascensão social significativa, os vizinhos certamente não viam com bons olhos que um pardo pudesse ser oficial do Exército.

É interessante pensar também o papel cumprido por estes oficiais na manutenção e estabilização do recém-instalado Império brasileiro. Segundo Márcia Miranda (2006:138-169), o crescimento dos regimentos de milícias após a Independência era uma medida que visava neutralizar a insurgência verificada entre as tropas de linha rio-grandenses, que protagonizaram desordens e não apoiavam com muita firmeza o novo regime. Hendrik Kraay concluiu que os oficiais negros das unidades milicianas de Salvador eram pilares na manutenção do regime colonial e, apesar de algumas perturbações,

---

[210] Veja-se, ainda, o caso de Antonio Manuel Correia da Câmara, acusado de sublevar negros na vila de Rio Grande prometendo-lhes a liberdade. A acusação foi feita pela Câmara da vila de Rio Grande, no dia 3 de novembro de 1821. Arquivo Nacional. Série Guerra. IG¹ 167, doc. nº 30.

dúvidas e desafios, após a Independência eles aderiram ao novo regime. Os oficiais milicianos negros e mulatos foram fundamentais para sufocar revoltas, esperançosos de ascender a posições de maior prestígio e assumir posições de liderança no novo Estado que estava se formando. Os pretos e pardos oficiais só deixariam de apoiar a nova ordem imperial a partir das reformas nas forças milicianas que ocorreram em fins da década de 1820 e princípios da década de 1830.[211]

Já Manoel Antonio não parecia muito "amigo da ordem". Pelo menos não era assim que ele era visto por seus vizinhos e pelas autoridades da vila de Rio Grande. O caso dele poderia ser único, mas deveriam existir outros oficiais pretos e pardos que, justamente por ajudarem a manter e estabilizar a ordem (e não a subvertê-la), não eram réus em processos criminais. Ainda assim, o caso de Manoel sugere que a ascensão de pretos e pardos a posições de prestígio nas Forças Armadas não era vista com bons olhos e podia causar receio e desconforto entre os proprietários de escravos e autoridades.

Assim como os pardos forros e livres podiam ser alistados em companhias específicas na segunda linha do Exército, aos pretos estavam reservadas as companhias dos Henriques. Essas companhias originavam-se do famoso "terço da gente preta" ou "terço de Henrique Dias", unidade militar surgida em Pernambuco, na época das guerras contra os holandeses, no século XVII (Mello, 1988 e 1998). Seu comandante, Henrique Dias, era um homem negro, talvez ex-escravo, que se tornou um herói nesses conflitos. Ele se destacou ainda na resistência à ocupação holandesa (a chamada primeira fase do conflito, que durou de 1630 a 1638) e afirmou-se como uma grande liderança na guerra de restauração pernambucana (1645 a 1654). Por sua importância, foi agraciado com o título de "Governador dos negros, crioulos e mulatos" em carta patente datada de 1639 (Mattos, 2004:171-193).

As companhias de homens pretos (os Henriques) foram criadas em diversas capitanias da América portuguesa ao longo do século XVIII, compondo a segunda linha do Exército. No Rio Grande de São Pedro, não se sabe desde quando elas existiram. A primeira referência por mim encontrada é justamen-

---

[211] Ver, sobretudo, os capítulos 4 e 5 ("Militia officers: the intersection of race and class" e "Independence and its aftermath", respectivamente p. 82-105 e 106-140) de Kraay (2001).

te o caso referido na primeira parte, datado do ano de 1818, sem indicação de tratar-se de uma unidade da primeira ou da segunda linha.

Em 1828 foi preso Mathias Vasquez, preto forro, soldado da primeira linha da Companhia dos Henriques de Porto Alegre. Ele foi acusado de ter ferido e causado a morte de seu camarada Manoel Theodoro, crioulo forro e soldado da mesma companhia. Ambos, juntamente com os crioulos forros Antonio dos Santos Pereira e Antonio Joaquim, o primeiro sargento e o segundo soldado igualmente servindo na Companhia dos Henriques de Porto Alegre, estavam na vila de Santo Antonio da Patrulha encarregados de vigiar os presos que realizavam obras na fonte pública.[212]

Todas as testemunhas confirmaram, por ver ou ouvir dizer, que de fato Mathias Vasquez acertou a cabeça de Manoel Theodoro com a tranca da porta da casa ("que servia de quartel") onde dormiam os soldados juntamente com os prisioneiros. A estratégia utilizada pelo advogado de Vasquez foi então alegar legítima defesa. Segundo ele, Vasquez estava desarmado quando Theodoro, armado de espada, tentou golpeá-lo. Por casualidade, Vasquez "achou a mão" um "pau com que se fechava a porta da casa" e, ao proteger-se,

> aconteceu dar-lhe [a Theodoro] uma pancada na cabeça sem alguma intenção de perpetrar crime, mas somente obrigado do impulso de sua natural defesa, e depois de ferido pelo seu injusto agressor, que de ânimo premeditado, e rixa velha, procurou travar-se de razões com o réu, o qual conhecendo as más intenções de seu provocador para com ele, já nesta cidade [Porto Alegre, onde estava sendo julgado o crime] antes de ser mandado para aquela Vila de Santo Antonio, aonde aconteceu o fato, tinha requerido ao seu Comandante, o Sargento Mor Lourenço Júnior de Castro, para não ir com aquele seu camarada, declarando a má vontade que este lhe tinha mostrado por muitas vezes, e o que não foi atendido, como declara nas segundas perguntas apensas, donde se mostra a obediência do réu, que cumpriu o serviço para que foi nomeado, ainda sem lhe pertencer; provando-se assim ser o réu submisso às leis, e que não teria intenção de quebrantar no ato daquele acontecimento, se não fosse instado da natural defesa, perseguido pelo seu agressor, e perturbado do seu juízo, o que tudo torna quase inculpável a tutela necessária e involuntário o crime que aparece.

---

[212] Sumários. Cartório do Júri, maço 11, processo nº 270.

Assim, mostra-se que ambos, companheiros de armas, tinham uma rixa velha, e que Vasquez teria sido prudente a ponto de solicitar não ser enviado para Santo Antônio da Patrulha com aquele seu desafeto, para evitar desagradáveis consequências. Há um detalhe a mais nessa história. Mathias Vasquez era africano, "preto da costa". No auto de segundas perguntas, tentando justificar o assassinato alegando que agiu em sua "natural defesa", Vasquez disse

> que unicamente tinha a declarar que quando fora ele respondente nomeado em Porto Alegre para vir destacado para esta vila, não lhe tocando tal destacamento, e mesmo por andar o finado Manoel Theodoro de rixa velha com ele respondente, passou a requerer ao Sargento Mor seu comandante Lourenço Júnior de Castro para que o dispensasse fazendo-lhe ver não só a rixa daquele, como dos mais, sendo o motivo de ele respondente ser Preto da Costa, e os outros Crioulos, que se via em total desprezo, não foi atendido, mas antes lhe rogou: como por favor, que viesse, que seus camaradas o estimariam, e viveriam bem, e tudo aconteceu pelo contrário que por tal motivo e em sua natural defesa, matara o dito seu camarada.

Um dos motivos subjacentes à rixa que resultou no crime seria o fato de que, sendo Vasquez um preto da costa, ele "se via em total desprezo" entre seus camaradas, todos crioulos. A se acreditar na alegação do réu, a conhecida cisão entre crioulos e africanos, já verificada em outras regiões do Brasil escravista, era um fenômeno que também ocorria no Rio Grande do Sul.

Não obstante as profundas divergências na análise acerca dos conflitos ou da coesão na comunidade escrava, diversos historiadores concordam que a política de domínio senhorial no Brasil tinha como um de seus pilares o acirramento das diferenças entre os cativos (por exemplo, entre africanos e crioulos ou entre negros e mulatos). Onde não há acordo é na interpretação sobre as formas a partir das quais os escravos relacionavam-se com essa política que, por um lado, os unia em uma condição comum (a de escravo) e, por outro, os dividia na busca por recursos e oportunidades.[213]

---

[213] Esse debate é extenso e complexo. Entre alguns trabalhos significativos sobre o tema, ver Reis (2003), Reis e Silva (1989), Mattos (1995), Slenes (1999), Florentino e Góes (1997). João José Reis é, entre os historiadores da escravidão brasileira, talvez o que tenha desenvolvido em suas obras a apreciação mais densa e qualificada a respeito da questão. Reis centra sua análise, sobretudo, na rebelião dos malês, uma revolta escrava que abalou a cidade de Salvador em 1835, certamente um episódio privilegiado para a análise da coesão ou cisão entre os cativos. Seus principais referenciais teóricos baseiam-se nas obras de Thompson e Genovese. Suas conclusões apontam para a validade e importância de conceitos marxistas tais como "classe" e

A inserção de negros no Exército, durante o período colonial, também fazia parte da política da classe senhorial. Segundo Russell-Wood (2005:134-137), no Brasil os regimentos de "homens de cor" nunca chegaram a constituir uma ameaça à segurança do sistema escravista e, pelo contrário, eram peças fundamentais para sufocar revoltas populares e quilombos. O terço dos Henriques foi empregado inclusive para reprimir comunidades de fugitivos, entre elas o famoso quilombo de Palmares (Alencastro, 2000:327-355).

Faz sentido, portanto, que os africanos fossem excluídos das companhias de homens pretos.[214] Após a Independência, e especialmente com a promulgação da Constituição de 1824, tal exclusão pautava-se a partir da definição dos direitos de cidadania. Os libertos nascidos no Brasil, ainda que sofressem algumas restrições, eram considerados cidadãos. Já os africanos não. Portanto, a possibilidade de inserção social no Exército, quer no período colonial, quer após a Independência, era uma alternativa praticamente restrita aos negros e mulatos nascidos no Brasil.

Com efeito, não é inverossímil, nem tampouco apenas estratégia para conseguir absolvição, a discriminação e o desprezo que recaíam sobre o preto da costa Vasquez. Naquele momento de guerra e ampliação do recrutamento, de certa valorização de negros e mulatos livres (alguns inclusive chegando a postos de oficial) e de definição de direitos de cidadania, é possível que os próprios crioulos não apreciassem o nivelamento com africanos que não eram cidadãos.[215]

A noção de cidadania, na época da Independência, não ficou restrita às elites. Os homens livres pobres também tinham formas próprias de interpretar os novos direitos que estavam surgindo. Em 1834, o preto forro José Fabrício entrou com uma queixa contra os irmãos Manoel e Antônio da Silva

---

"luta de classes" para interpretar a realidade da sociedade escravista brasileira. Entretanto, Reis ressalta que esses conceitos devem ser pensados de forma ampla, e que outras formas de expressão identitária e de relações sociais experimentadas pelos escravos, de cunho étnico e religioso, devem ser consideradas.

[214] A mesma situação foi verificada entre os Henriques em Salvador. Ver Kraay (2003:536-546).

[215] Hendrik Kraay (2003) considera que os Henriques, especialmente seus oficiais, constituíam uma *elite negra* na sociedade baiana de fins do período colonial, orgulhosa e ciosa de sua posição. Mesmo com uma inserção social racializada — afinal, eles eram identificados como homens pretos — e sofrendo discriminação racial — ainda que oficialmente o status dos oficiais "de cor" fosse igual aos dos outros oficiais dos regimentos de milícia — eles gozavam de uma posição social e econômica privilegiada entre os negros livres.

Paranhos, acusando-os de terem-no agredido.²¹⁶ Segundo José Fabrício, ele estava passando pela rua da Igreja em Porto Alegre, quando viu os dois irmãos "altercando-se com palavras injuriosas com seu tio [dos irmãos] Inácio Manoel Vieira no meio da rua e deram-lhe bofetadas na cara do mesmo à vista de muitas famílias que concorreram às janelas para observar". O preto forro teria seguido seu caminho "mansa e pacificamente" quando um dos irmãos lhe agarrou e lhe deu muitas bofetadas, pontapés e socos, "do que resultou romperem-lhe a camisa e a jaqueta, e ficar molesto, de forma que não pode trabalhar pelo seu ofício [era mestre pedreiro], e tudo isso sem que o suplicante lhe retribuísse com pancadas ou palavras injuriosas".

Ao serem levados a juízo, os irmãos alegaram que nada fizeram e que José Fabrício estava dando falsa queixa por "induções" e "influências" de um inimigo dos réus, o padre Macedo. Igualmente, disseram que as testemunhas ouvidas eram todas comprometidas com o padre ou com o queixoso. Sendo assim, eles arrolam uma nova lista de testemunhas para o processo, entre elas João Antônio de Freitas. Em seu depoimento, Freitas disse que não lhe consta os réus terem dado bofetadas em alguém ou feito alguma desordem, mas sabia

> por ver que andando ele testemunha de patrulha o autor mostrava estar embriagado, porque passando pela patrulha e não ter tirado o chapéu ele, por não tirar o chapéu, lhe botou o chapéu no chão, e nessa ocasião disse o autor que era Cidadão.

José Fabrício, portanto, considerou uma arbitrariedade não condizente com seus direitos de cidadão o fato de João Antônio de Freitas, que estava fazendo a ronda, ter lhe jogado o chapéu no chão. Talvez ele imaginasse que não precisaria nem retirar o chapéu quando a patrulha passasse, visto que não o fez. Esse caso demonstra como a noção de cidadania e a Constituição de 1824 influenciaram o entendimento que as classes populares faziam da hierarquia social.

Entretanto, as interpretações sobre o alcance dos direitos de cidadania e sobre os limites das transformações pelas quais deveria passar a sociedade brasileira nos primeiros anos após a Independência estavam em disputa. Alguns preferiam manter as regras hierárquicas ordenadoras do Antigo Regime

---

²¹⁶ Sumários. Cartório do Júri, maço 17, processo nº 450.

que se pautavam em um conjunto de critérios e signos de distinção social. Na América portuguesa, a cor da pele tornou-se um dos signos mais reveladores da posição hierárquica de uma pessoa, sendo essa uma marca distintiva da sociedade escravista colonial em relação ao reino.[217]

Na freguesia de Nossa Senhora dos Anjos, os ecos da Constituição de 1824 e dos direitos de cidadania também se faziam presentes. Raimundo Pais de Oliveira, preto forro, apresentou-se ao juiz de paz daquela freguesia "todo ensanguentado", no dia 26 de outubro de 1834.[218] Segundo ele, o ferimento teria sido feito por Diogo dos Reis, de "nação inglês". Raimundo dirigiu-se à venda de Diogo — que na verdade era irlandês — para cobrar-lhe uma dívida. O irlandês quis pagar-lhe em "moeda fina", de pouco peso, o que não foi aceito pelo preto forro. A testemunha Manoel Machado da Silveira, homem branco natural dos Açores, disse que ouviu uma "bulha" na venda e viu Diogo dar uns "cocos" em Raimundo, tendo depois este saído junto com a mulher do mesmo Diogo, que o acudiu. Interessante é que a testemunha afirma que "outro dia que ele [o irlandês] chegou molhado a sua casa ele Raimundo lhe deu de comer e que nesse tempo ele não chamava negro". Veja-se que na discussão entre o preto forro e o irlandês este acionou um discurso racialista, em uma tentativa de desqualificar e humilhar o outro, remontando às marcas simbólicas do Antigo Regime, de modo a lembrar a condição inferior de Raimundo que, como negro e ex-escravo, estava abaixo de Diogo, um homem branco, embora estrangeiro.

O próprio advogado de Raimundo, no libelo acusatório, construiu sua argumentação a partir do ideário liberal que informava os direitos do cidadão, mas sem deixar de dialogar com as concepções hierárquicas do Antigo Regime:

> Porque devendo o R. ser pacífico, inimigo de desordens, e tratar bem aos demais cidadãos, ainda mesmo aos que se acham mui abaixo da sua esfera, ao contrário praticou; Pq. no dia 26 de outubro indo o A. à casa de negócio que pertence ao R. a pedir-lhe certa quantia, de que ele lhe era devedor, e como a não quisesse receber em moeda que tivesse de menos peso que marca a lei, o R., além de muitos insultos com que retribuiu ao seu justo peditório, lhe principiou a dar

---

[217] Para apreciações sobre as concepções hierárquicas do Antigo Regime português e sua reelaboração na América portuguesa, ver Mattos (2001a:141-162; 2004 e 2007).
[218] Sumários. Cartório do Júri, maço 17, processo nº 449.

bofetadas, dos que lhe resultou uma pequena contusão [...] Pq. não contente com o insulto que fez, outros pretendia por em prática, pois que retirando-se o A. da dita venda o R. de novo o veio provocar, ao que o A. submisso tolerou, sem que desse indícios de se querer vingar; por que se o quisesse fazer, não lhe faltavam os meios; mas estando certo de que às leis cumpre punir os delitos; e mesmo porque olhando para o seu estado e condição, se persuadiu de que melhor era sofrer as imprudências do R. do que lançar mão dos meios de que se servia; tudo sofreu e somente apelou para as autoridades, a que a lei incumbe vigiar aos seus subordinados, porque eles se continham nas raias do dever [...] P.q. o A. na condição de preto liberto respeita aos que lhe são superiores pelo seu Estado social; que não é desordeiro; que é submisso às Leis e às Autoridades Constituídas, e enfim que trata de trabalhar afim de adquirir meios com os quais possa subsistir e afastando deste modo de si a ociosidade [...] P.q. nestes termos, e nos de melhor Direito deve o R. ser condenado [...] para o exemplo seu, e de outras que se julgando superiores ao R., em razão de sua cor, cometem as injúrias que lhes sugere suas imaginações.

Diogo não deveria julgar-se superior a Raimundo por este ser negro e ele branco; afinal ambos eram cidadãos. Mas Raimundo, na condição de preto liberto, estava "mui abaixo" da esfera de Diogo e, em razão de seu estado social, sempre respeitara os que lhe são superiores. Nota-se que, na visão do advogado (ou pelo menos no melhor modo encontrado por ele para encaminhar a acusação e assim conseguir a condenação), os princípios hierárquicos do Antigo Regime deveriam ser reelaborados a partir dos novos direitos de cidadania, mas não descartados. Se todos os homens livres e libertos eram cidadãos (e uns não deveriam se julgar superiores aos outros em razão de sua cor), havia estados e condições que os diferenciavam. Uma dessas distinções estava prevista na própria Constituição: a renda, que distinguia cidadãos passivos dos ativos e dos ativos elegíveis.[219]

Apesar de Diogo ser estrangeiro, era considerado um cidadão de maior qualidade que o preto. Claro que o irlandês teve cuidado na sua autoqualificação, enfatizando que estava estabelecido, morava em Aldeia dos Anjos havia 16 anos, era fabricante, católico romano, "casado com mulher brasileira [...], bom esposo, bom pai, trabalhador, útil à nação, muito religioso, manso, pacífi-

---

[219] Importante lembrar que a diferenciação dos cidadãos se fazia apenas com base na renda, com exceção dos cidadãos ativos elegíveis que, além da renda, deveriam ser ingênuos (isto é, nascidos livres; não poderiam ser forros). Ver Mattos (2000).

co [...] obediente às leis deste Império". Como também receava certa discriminação por ser estrangeiro, procurou ressaltar suas qualidades, demonstrando sua lealdade ao Império do Brasil.[220] Já em relação a Raimundo, mesmo sendo brasileiro, não havia dúvidas de que era um cidadão de segunda classe. Sendo um preto liberto, ele deveria sempre se mostrar submisso e respeitoso aos brancos, ainda que não fosse ocioso e trabalhasse para adquirir os meios de sua subsistência. O que não era admitido por seu advogado (e possivelmente por ele próprio) era o tratamento de "negro", o desprezo por sua cor. Ao fim do processo, Diogo dos Reis foi absolvido, embora várias testemunhas tivessem corroborado a versão da acusação. A sentença "por unanimidade achou que não existe crime no fato ou objeto da acusação", o que sugere a dificuldade da efetivação de projetos populares, que propunham transformações mais radicais na sociedade brasileira. Do mesmo modo, percebe-se a força dos projetos conservadores da classe senhorial no Rio Grande de São Pedro, que procuravam restringir o alcance das ideias liberais e das mudanças do período da Independência.

Entretanto, esses casos demonstram que existiam disputas, durante o período da Independência e até a solução institucionalizada no Regresso Conservador, a propósito do alcance que teriam as ideias liberais e os projetos políticos de contestação do Antigo Regime. Segundo Hebe Mattos (2004:103),

> a manutenção da escravidão, mesmo que com base apenas no direito de propriedade, e a restrição legal ao gozo pleno dos direitos políticos aos libertos acabaram por tornar o que hoje chamaríamos de "discriminação racial" uma questão crucial na vida de amplas camadas das populações urbanas e rurais do período. Apesar da igualdade de direitos civis entre os cidadãos, reconhecida pela Constituição, os brasileiros não brancos continuavam a ter até mesmo o seu direito de ir e vir dramaticamente dependente do reconhecimento

---

[220] Não foi possível saber se Diogo era de fato cidadão brasileiro, naturalizado. Provavelmente não, uma vez que ele possivelmente teria alegado a naturalização para melhor se defender. Pressupõe-se então que a formalidade da definição dos direitos de cidadania não era tão importante na vida cotidiana e mesmo em processos judiciais, pois outros fatores já eram suficientes para que uma pessoa fosse considerada um cidadão de "maior esfera". Por outro lado, apesar de os aspectos formais não serem decisivos, a difusão das ideias em torno da definição de cidadania, que permeavam discursos e o pensamento de indivíduos de várias classes sociais, conforme foi visto, demonstram o forte impacto que tais ideias — evidentemente associadas a transformações sociais e políticas do período da Independência — tiveram na sociedade brasileira.

costumeiro de sua condição de liberdade. Se confundidos com cativos ou libertos, estariam automaticamente sob suspeita de serem escravos fugidos — sujeitos, então, a todo tipo de arbitrariedade, se não pudessem apresentar sua carta de alforria.

A noção de cidadania pode ter sido apropriada, com leituras específicas, por aqueles soldados crioulos que se alistaram no Exército após a Independência, assim como fizeram o preto forro José Fabrício ou o advogado do preto Raimundo. José Murilo de Carvalho considera que no Brasil não houve uma ligação entre o exercício da cidadania e o serviço militar. Para o autor (Carvalho, 1996:8-10), essa vinculação só ocorreria a partir da formação da Guarda Nacional, em 1831, quando a própria definição de seus participantes observava os mesmos critérios que a definição dos cidadãos na Constituição de 1824. Na primeira linha do Exército, os soldados eram recrutados através de medidas coercitivas, sofriam castigos físicos e não podiam votar.[221] Portanto, ao considerar que, no Brasil, a formação dos direitos de cidadania foi um processo "de cima para baixo", no qual o Estado impôs a setores da população algum tipo de participação na esfera pública, o autor define a cidadania brasileira no século XIX como *passiva*, ou *cidadania em negativo* (Carvalho, 1996:14-15) .

Entretanto, em obra coletiva recente organizada por Carvalho (2007:10), propõe-se uma noção de cidadania ampliada. Em primeiro lugar, matiza-se a coincidência entre cidadania e nação, que deixa de ser necessária e correlata e passa a ser parcial. A cidadania, por sua vez, é "concebida de maneira ampla, incluindo todas as modalidades possíveis de relação entre os cidadãos, de um lado, e o governo e as instituições do Estado, de outro, além de valores e práticas sociais definidoras da esfera pública". Nessa concepção, o serviço militar, ainda que o recrutamento fosse traumático e violento, introduzia os indivíduos, acostumados a uma postura de súditos, em "um mundo cívico distinto da sua vida privada" (Carvalho, 2007:11).

---

[221] José Murilo de Carvalho faz uma ressalva quanto à experiência na Guerra do Paraguai, na qual a mobilização da população criou algumas condições para a formação de uma identidade nacional que, para José Murilo, é um ingrediente fundamental para o exercício da cidadania. Para uma análise da relação entre cidadania e recrutamento na Guerra do Paraguai, ver Salles (1990).

De fato, a experiência do engajamento militar poderia ser fundamental para os pretos e pardos. Segundo Marcus Carvalho (2005), que estudou os negros armados no período da Independência no Nordeste, apesar da vitória, ao fim do processo, das facções mais conservadoras da classe senhorial, não se deve deixar de lado a análise da resistência e dos projetos populares. A perspectiva de Carvalho (2005:898-909) considera que a participação dos negros nos momentos de tensão e conflito, empunhando armas nas lutas de independência e nas revoltas regionais, poderia ser uma experiência transformadora. Dificilmente, após os conflitos, eles poderiam voltar tranquilamente aos seus afazeres. Muitos passavam a transitar na fronteira entre o crime e a legalidade. No entanto, muitos negros, inclusive libertos africanos, com a experiência do serviço militar, tornavam-se líderes, ascendiam socialmente e transformavam-se em cidadãos, pois passavam a "viver sobre si", tinham certa renda e participavam de rituais de inserção social.

De todo modo, a situação dos soldados negros na época da Independência e da Guerra da Cisplatina era ambígua. A presença de pretos e pardos livres no Exército, especialmente quando ocupavam postos de certo prestígio, era sempre vista com desconfiança pela classe senhorial e pelas autoridades estatais.

*****

Não há dúvidas de que as Guerras Cisplatinas e o processo de independência influenciaram as experiências de pretos e pardos no Rio Grande de São Pedro. As conjunturas de guerra que se iniciaram com a revolução de maio de 1810 em Buenos Aires e findaram na Convenção de Paz de 1828 mobilizaram, de diversas maneiras, a população sulina. Se, por um lado, a situação de instabilidade pode ter tornado precária a liberdade e a segurança de muitos forros, pelo recrutamento forçado e possível ameaça de reescravização, por outro a conjuntura fortalecia os escravos na sua luta por liberdade e podia favorecer a mobilidade social de libertos.

O processo de independência, no Sul intimamente articulado às Guerras Cisplatinas, também foi um fator determinante na vida dos pretos e pardos livres. Nas sociedades escravistas da América, a difusão de ideias liberais associada aos movimentos patriotas frequentemente implicaram transformações das hierarquias sociais e das possibilidades de inserção de ex-escravos e negros livres. Nos Estados Unidos, Ira Berlin (1992)[222] observou que a conjuntura imediatamente posterior à guerra de independência favoreceu o florescimento da energia criativa dos negros livres. Entretanto apesar do esforço despendido na tentativa de reconstruir suas vidas e moldar instituições representativas de seus anseios, desejos e expectativas, os negros livres depararam-se com um processo de repressão e discriminação racial crescente por parte da classe de proprietários brancos.

As guerras de independência na América Latina foram momentos privilegiados para a conquista de liberdade e articulação de projetos de ascensão social e melhorias de condições de vida para os pretos e pardos. A divisão das elites e a necessidade de contar com a força militar representada pelos escravos e negros livres permitiu-lhes, embora de forma restrita, ascender socialmente (Andrews, 2004).

A difusão do ideário liberal e da noção dos direitos de cidadania entre as classes populares ensejou um processo de disputa entre projetos radicais e conservadores acerca do encaminhamento político, social e econômico do Brasil independente. Entretanto, apesar dos esforços e das lutas empreendidas por escravos e negros livres naqueles anos conturbados, a classe senhorial foi vitoriosa, o que pode ser atestado pelo vigor de concepções hierárquicas típicas do Antigo Regime anos após a Independência.

---

[222] Ver os capítulos 2 ("From slavery to freedom") e 3 ("The failure of freedom"), respectivamente p. 51-78 e p. 79-107.

Considerações finais

Quais os significados da liberdade para pretos e pardos no Rio Grande do Sul de princípios do século XIX? Que tipo específico de liberdade demandava tantos esforços dos escravos, para estabelecer alianças, trabalhar arduamente e juntar um pecúlio para comprar a alforria? Ou que obrigava os libertos continuamente a tentar alargar as suas margens de autonomia, que era coagida pelo controle social das autoridades estatais ou pela repressão oriunda do poder privado da classe senhorial?

Os significados dessa liberdade estavam em disputa. Nos termos de Barbara Fields (1987), a liberdade não era uma condição fixa, e sim um alvo em constante movimento. Um alvo para todos os atores sociais que dela faziam um dos objetivos importantes de suas vidas, seja para tentar conquistá-la, mantê-la, ampliá-la, controlá-la ou restringi-la.

A liberdade conquistada através da carta de alforria, objeto das reflexões empreendidas no primeiro capítulo, manifestou-se um alvo desejado pelos escravos. Eles não poupavam esforços e estratégias para conseguir a tão sonhada manumissão. Entretanto, as vias para obtê-la eram distintas para africanos e nascidos no Brasil. O caminho dos primeiros era muito estreito, mais facilmente trilhado quando apoiado em um sólido pecúlio, auferido de preferência em atividades econômicas individuais, o que parece ter sido um desafio enfrentado com maior sucesso pelos africanos ocidentais. Para os nascidos no Brasil, o caminho era mais largo, mas não menos tortuoso. Relações de proximidade com seus senhores podiam facultar-lhes a obtenção da alforria gratuitamente, embora muitas vezes condicionada a longos anos de prestação de serviços e submissão. A alforria era tão importante, e o temor da reescravização tão real que, na primeira oportunidade, os libertos corriam para registrá-la em cartório, de modo a assegurar sua nova condição.

E depois de conquistada a liberdade, como sobreviver economicamente? Essa questão norteou o segundo capítulo. Havia aqueles que se mantinham trabalhando com seus ex-senhores, realizando tarefas muito semelhantes às do tempo do cativeiro. Se, por um lado, esse arranjo lhes dava certa segurança, por outro os amarrava em uma relação clientelística de direitos e deveres com seus amos. Mas esse não era um tipo de liberdade também almejado por muitos escravos? Talvez sim. Pertencer a um corpo social, a uma família, era algo extremamente importante no mundo colonial. A escravidão já foi definida como a ausência de laços, de relações, instituída com a assim chamada "morte social" (Patterson, 1982). Uma vez que a ideia de liberdade foi construída, no mundo ocidental, em oposição à escravidão, o pertencimento a algum grupo social, ainda que de forma subordinada e dependente, podia ser preferível a não pertencer a nada nem a ninguém (Patterson, 1991). Nesse sentido, foi vantajoso para alguns libertos manterem-se ao lado de seus ex-senhores, pois além da sobrevivência econômica assegurada — ou ao menos facilitada —, ter um amo era uma garantia para a própria manutenção da liberdade, uma vacina — talvez não muito eficaz, mas ainda assim uma das poucas disponíveis — contra a reescravização.

Houve aqueles que conquistaram sua liberdade e experimentaram uma importante ascensão econômica. Tornaram-se pequenos proprietários de escravos e lavradores estabelecidos, desfrutando de um reconhecimento social nas comunidades em que viviam. Entretanto, apesar da mobilidade social ascendente, um signo que os inferiorizava era a cor da pele. Marca distintiva na conformação das hierarquias sociais do Antigo Regime nas sociedades escravistas coloniais, a cor da pele era, a um só tempo, fator determinante e determinado. Determinante porque indicava a condição escrava, presente ou pretérita, e constituía uma marca de suspeição social a partir do controle visual. Também era um fator determinado na medida em que as designações de cor não indicavam apenas o tom da pele, mas também expressavam — e, portanto, eram determinadas por — um lugar na complexa classificação hierárquica da sociedade escravista brasileira.

No terceiro capítulo, procurei entender o significado de alguns designativos de cor, bem como as formas de aplicá-los. Percebi que o mundo da escravidão podia atrair para seus meandros os índios, mesmo após as leis que proibiam o cativeiro indígena, a partir de uma integração que os qualificava como pardos. A conquista da liberdade podia resultar, para os ex-escravos, em mudanças na sua identificação. Sugeri que eles procuravam inserir-se no mundo dos livres acionando uma nova identidade, expressa na adoção de sobrenomes, que os afastava da condição cativa. Entretanto, as categorias utilizadas para classificá-los nos mapas populacionais, bem como o uso cotidiano que se manteve após a Independência, atualizavam o estigma do passado escravo e operavam como uma forma de discriminação racial. Com efeito, pude perceber que as categorias de cor, aplicadas entre a população livre, eram uma maneira de inserir os pretos e pardos em uma posição específica e subordinada na hierarquia social.

A influência das Guerras Cisplatinas e do processo de independência nas experiências de escravos e negros livres foi o tema do quarto capítulo. O movimento revolucionário artiguista — embora não propusesse, de forma imediata e irrestrita, a abolição da escravatura, e respeitasse a propriedade privada — tornou-se um chamariz e um ponto de apoio para importantes setores das classes populares na região do Prata. Muitos escravos fugiram para alistar-se nas fileiras comandadas pelo famoso caudilho oriental, para então poderem viver em liberdade. Pretos e pardos libertos também lutaram com Artigas, certamente com a expectativa de melhorias nas suas condições de vida. No entanto, havia cativos que foram à guerra ao lado de seus senhores, assim como forros que se alistaram — voluntariamente ou não — nas forças luso-brasileiras. A variedade dos caminhos seguidos pelos pretos e pardos durante a campanha contra Artigas demonstra dois elementos importantes: em primeiro lugar, os pretos e pardos não se alinhavam coletivamente, de forma automática, com algum dos lados da guerra; em segundo, todas as autoridades políticas e militares envolvidas no conflito desenvolveram, em maior ou menor grau, políticas de atração e inserção de escravos e negros livres nas suas fileiras.

A Independência do Brasil e as Guerras Cisplatinas determinaram importantes transformações nos padrões de recrutamento e na composição social do Exército brasileiro. Os pretos e pardos livres foram recrutados de forma mais intensa e, pelo menos durante algum tempo, abriram-se possibilidades de ascensão na hierarquia militar. Pretos e pardos lograram tornar-se oficiais — até onde pude perceber, de baixa patente. Entretanto, a situação dos soldados negros era ambígua. As autoridades estatais e a classe senhorial, por mais que necessitassem de seu apoio naquela conjuntura de guerras, acabavam vendo-os, inclusive aqueles que ascendiam a posições de prestígio — como os oficiais — com certo temor e desconfiança.

A difusão do ideário liberal na época da Independência do Brasil teve um impacto importante na vida de pretos e pardos livres. Frequentemente, a introdução das ideias liberais, acompanhada de um conjunto de transformações políticas, implicou modificações nas hierarquias sociais e nas possibilidades de inserção social de ex-escravos e negros livres. O alcance dessas mudanças esteve em disputa, e projetos conservadores e radicais foram articulados. A vertente mais conservadora da classe senhorial procurava restringir os significados do liberalismo à liberdade de comércio, à possibilidade de o cidadão de posses representar-se politicamente e, principalmente, à defesa irrestrita do direito de propriedade. Os projetos de cunho radical, fossem articulados por uma intelectualidade parda ou encampados por pretos e pardos livres, rejeitavam a discriminação racial e tinham como proposta a extinção das distinções hierárquicas características do Antigo Regime, fundadas nas categorias de cor.

Ao contrário de outras regiões da América, no Brasil o processo que extinguiu a relação colonial não resultou na abolição da escravidão. O sistema escravista e o poder da classe senhorial foram reforçados. Entretanto, as lutas empreendidas pelos cativos e negros livres resultaram em pequenos ganhos, alguns de âmbito individual e restritivo, mas que tinham — e ainda têm, para o historiador — um valor em si mesmos, embora não tenham levado ao fim da escravidão ou mesmo a um movimento abolicionista expressivo, algo que só viria a ocorrer, em terras brasileiras, a partir da década de 1860.

ANEXO 1
O processo criminal e o funcionamento da Justiça no Rio Grande de São Pedro

O objetivo deste anexo é fazer uma breve descrição do funcionamento da Justiça no Rio Grande de São Pedro em fins do período colonial, bem como dos trâmites e mecanismos que regem o andamento de um processo criminal, para assim o leitor familiarizar-se com alguns termos utilizados ao longo do livro. Para isso, recorri a obras que trataram da questão, e também à minha própria experiência de pesquisa com a fonte.[223]

Desde 1773, quando ocorreu a transferência da Câmara de Vereadores do Rio Grande de São Pedro de Viamão para Porto Alegre, esta cidade contava com um juiz ordinário, encarregado das causas cíveis e criminais. Em 1808, foi criado o cargo de juiz de fora. O juiz ordinário era eleito junto com os vereadores que compunham o Senado da Câmara, e a indicação do juiz de fora dependia do rei, e não apenas da eleição local.

Acima dos juízes ordinário e de fora, estava o ouvidor-geral e corregedor. A partir de 1812, com a criação da comarca de São Pedro do Rio Grande do Sul e Santa Catarina, o ouvidor passou a residir em Porto Alegre, que foi elevada à condição de cabeça de comarca. A função do ouvidor, que era nomeado pelo Rei, era supervisionar e controlar as justiças locais, e também servir como primeiro nível de apelação. Para isso, realizava as visitas de correição, nas quais percorria as vilas sob sua responsabilidade e inspecionava processos, livros de registros e outros documentos.

---

[223] As obras que serviram de suporte para essa descrição foram: Nequete (1975), Lara (1988:357-364), Franco (1989:110-125) e Lima (1997).

A Junta Criminal de Justiça do Rio Grande de São Pedro começou a funcionar a partir de 1818. Até então, as decisões judiciais eram tomadas no Rio de Janeiro, para onde eram enviados os Autos de Devassa, julgados na Casa de Suplicação daquela cidade. A Junta Criminal foi uma instituição criada inicialmente para a capitania de Goiás, no ano de 1771. O seu propósito era de julgar breve e sumariamente os réus de todos e quaisquer crimes, salvo os de lesa-majestade e excetuando-se os eclesiásticos ou militares que gozassem de privilégios de foro. A criação da junta no Rio Grande de São Pedro atendia ao anseio do governador da capitania, Luís Teles da Silva Caminha Menezes, o marquês de Alegrete.

A junta compunha-se da seguinte maneira: o ouvidor-geral, que assumia o cargo de juiz relator, mais o juiz de fora, o juiz da alfândega, dois advogados ou, na falta destes, dois vereadores e um desembargador, totalizando seis vogais. Então, a partir de agosto de 1818, quando foi efetivamente instalada a Junta Criminal de Justiça em Porto Alegre, os réus eram julgados e sentenciados por seus membros.

Quando ocorria um crime, iniciava-se um Auto de Devassa, cujo intuito era identificar o criminoso e as circunstâncias do ocorrido. Era aberto com uma Autuação, na qual constava local, data e crime a ser devassado, bem como os nomes do juiz inquiridor (que poderia ser o juiz de fora ou o ordinário) e seu tabelião ou escrivão. Logo, seguia-se um Auto de Exame e Corpo de Delito, realizado na presença do juiz (ordinário ou vintenário), de um tabelião e de um cirurgião (no caso de assassinatos ou acusação de lesões corporais) ou oficial de justiça (furtos, arrombamentos).

Posteriormente, iniciava-se a inquirição das testemunhas, quando constava a data, local, nome do juiz inquiridor e do escrivão. As testemunhas eram arroladas até fechar o número de 30, e os dados que elas informavam eram seu nome, cor, condição (forro ou livre), se casado, solteiro ou viúvo, ocupação e idade, constando logo após o seu depoimento e assinatura (na maior parte das vezes as testemunhas assinavam com cruz, pois não sabiam ler nem escrever). As testemunhas podiam ser inquiridas em locais e datas diferentes, e para isso o juiz fazia quantas assentadas fossem necessárias.

O Auto de Devassa concluía-se com um Termo de Conclusão e Pronúncia. Um despacho declarava a existência ou não de culpado que, se houvesse, era pronunciado à prisão e tinha seu nome lançado no Rol dos Culpados. Na cadeia, estando o réu preso, realizava-se o Auto de Prisão, Hábito e Tonsura[224] e as Primeiras e Segundas Perguntas.[225] Esses documentos eram anexados à devassa. Por último, vinham a data e as custas do processo, seguidas por um Termo de Remessa do Auto de Devassa e do réu preso para a Junta Criminal de Justiça.

Na junta iniciava-se o julgamento do réu, com a abertura, ordenada pelo juiz relator (o ouvidor-geral) dos Autos Crimes. Em acórdão, assinado pelo presidente da junta, concediam-se cinco dias para a defesa e nomeava-se um advogado como curador e defensor do réu.

Recebida a defesa ("as razoens"), fazia-se o julgamento e pronunciava-se a sentença, por meio de acórdão, assinado por todos os membros da Junta Criminal de Justiça. Se absolutória, o réu (no caso de ser escravo, seu senhor) entrava com uma petição e alvará de soltura. Se condenatória, seguiam-se embargos do advogado para inocentar ou minorar a pena. Novos acórdãos eram expedidos, mantendo ou comutando a sentença.

Fazia-se então o Termo de Juntada do Pregão, um ato de proclamação pública, para a execução da pena, assinado pelo presidente da junta. Um certificado, dado pelo porteiro da câmara, atestava o cumprimento da sentença. O processo finalizava com as custas.

---

[224] No Auto de Prisão eram informados a data e o local do auto e da prisão, o nome do culpado; caso fosse escravo também o nome do senhor, sua idade, naturalidade, ocupação, características físicas e vestuário.

[225] As primeiras perguntas ocorriam, normalmente, no dia de entrada do réu na cadeia. Perguntava-se sobre informações pessoais (nome, idade, ocupação etc.) e procedia-se às inquirições sobre o delito. As segundas perguntas eram feitas alguns dias depois das primeiras, quando estas eram lidas para o réu, que era questionado se tinha algo a acrescentar ou diminuir.

Fontes e bibliografia

Fontes manuscritas

Arquivo Público do Estado do Rio Grande do Sul

Cartas de alforria dos Livros de Registros Diversos dos 1º e 2º Tabelionatos de Porto Alegre, 1800-1835: 1º Tabelionato (Livros 1, 2, 3, 4, 5, 6, 7, 8, 9 e 10); 2º Tabelionato (Livros 5, 6, 7, 8, 9, 10, 11 e 12).

Inventários post mortem e testamentos. Porto Alegre, 1800-1835: 1ª Vara de Família (nº 265, 502, 507, 516, 531, 560, 575, 627, 657, 675, 700, 702, 706, 736, 796, 802, 827, 858, 871, 885, 937, 1.043, 1.130, 1.134); 1º Cível e Crime (nº 61); 2º Cível e Crime (nº 63).

Sumários. Porto Alegre, Cartório do Júri: maço 1 (22, 28, 35); maço 2 (48, 49, 53, 55, 56, 57); maço 3 (88); maço 4 (95, 101, 105, 108, 109, 110, 113); maço 5 (127, 136); maço 6 (138, 145, 152, 153); maço 7 (178, 186); maço 8 (204, 205, 206, 207); maço 9 (214, 217, 219, 225, 227); maço 10 (252, 255, 257, 259, 260, 261, 262, 263); maço 11 (269, 270, 273, 274, 279, 281, 292, 297); maço 12A (302); maço 12B (308); maço 13 (317, 331, 339); maço 14 (343, 346, 351, 352, 364); maço 15 (376, 390, 391); maço 16 (396); maço 17 (449, 450, 451); maço 18 (457, 458).

Arquivo Nacional

Mapa geral de toda a população existente na capitania do Rio Grande de São Pedro do Sul no ano de 1807. Códice 808, v. 3.

Mapa geral da população, nascimentos, mortes e casais da capitania de São Pedro no ano de 1809. Códice 808, v. 03.

Correspondência dirigida ao governador da capitania do Rio Grande de São Pedro do Sul. Série Guerra. IG¹ 167, doc. nº 30, 3 nov. 1821.

Arquivo Histórico do Rio Grande do Sul

Correspondência da Câmara de Cachoeira do Sul. Doc. 96A, 1826.
Requerimentos ao Governador do Rio Grande de São Pedro. Fundo Requerimentos, maço 22, nº 69, 1818.

Archivo General de la Nación — Montevidéu

Registo Geral das Cautellas de Liberdade expedidas por ordem do Ilustríssimo e Excelentíssimo Snr. General comandante em Chefe Governador desta Província Barão de Laguna e Segundo Editos e Bandos vigentes a Negros apresentados que desertarão das Tropas do Chefe Artigas, e vinhão entregar as armas, abaixo das condições em ditas determinações prometidas. Archivo General Administrativo (AGA). Caja 603, Carpeta 5, 15 sept. 1824.

Listas de Revista dos 1º e 2º batalhões de Libertos d'El Rei — Archivo General Administrativo (AGA). Legajo 895.

Fontes impressas

Ordem do dia 23 de junho de 1817. Acampamento de Quaraim. Diário de campanha — 1816-1819. *Revista do Arquivo Público do Rio Grande do Sul*, Porto Alegre, Livraria do Globo, n. 24, p. 128-129, dez. 1930.

Ordem do dia 2 de setembro de 1816. Acampamento do Passo do Rosário. Diário de campanha — 1816-1819. *Revista do Arquivo Público do Rio Grande do Sul*, Porto Alegre, Livraria do Globo, n. 24, p. 93, dez. 1930.

Mapa de todos os habitantes da capitania do Rio Grande de São Pedro do Sul, o qual expressa as suas condições, estados e sexos no ano de 1798. In: SANTOS, Corcino Medeiros dos. *Economia e sociedade do Rio Grande do Sul*: século XVIII. São Paulo: Editora Nacional, 1984. p. 35.

Mapa de todos os habitantes da capitania do Rio Grande de São Pedro do Sul, no ano de 1802. In: SANTOS, Corcino Medeiros dos. *Economia e sociedade do Rio Grande do Sul*: século XVIII. São Paulo: Editora Nacional, 1984. p. 36.

Censo de 1814. In: FUNDAÇÃO DE ECONOMIA E ESTATÍSTICA. *De província de São Pedro a estado do Rio Grande do Sul*. Censos do RS: 1803-1950. Porto Alegre: FEE/Museu de Comunicação Social Hipólito José da Costa, 1986.

Coleção das Leis do Império do Brasil — 1808-1828. Disponível em: <www2.camara.gov.br/legislacao/publicacoes/doimperio>.

Bibliografia

ALADRÉN, Gabriel. *Liberdades negras nas paragens do Sul*: alforria e inserção social de libertos em Porto Alegre, 1800-1835. Dissertação (Mestrado) — PPGH/UFF, Niterói, 2008.

ALENCASTRO, Luís Felipe de. *O trato dos viventes*: formação do Brasil no Atlântico sul. São Paulo: Companhia das Letras, 2000.

ALGRANTI, Leila M. *O feitor ausente*: estudos sobre a escravidão urbana no Rio de Janeiro (1808-1822). Petrópolis: Vozes, 1988.

ALMEIDA, Rita Heloísa de. *O diretório dos índios*: um projeto de civilização no Brasil do século XVIII. Brasília: UnB, 1997.

ANDREWS, George R. *Los afroargentinos de Buenos Aires, 1800-1900*. Buenos Aires: Ediciones de la Flor, 1989.

_____. *Afro-Latin America, 1800-2000*. Nova York: Oxford University Press, 2004.

APPELBAUM, Nancy; MACPHERSON, Anne; ROSEMBLATT, Karin (Orgs.). *Race & nation in modern Latin America*. Chapel Hill, London: The University of North Carolina Press, 2003.

APPIAH, Kwame Anthony. *Na casa de meu pai*: a África na filosofia da cultura. Rio de Janeiro: Contraponto, 1997 [1992].

ARAÚJO, Thiago Leitão. Ambivalências da escravidão: controle social, criação da liberdade — Rio Grande de São Pedro (1850-1888). In: ENCONTRO ESCRAVIDÃO E LIBERDADE NO BRASIL MERIDIONAL, III. *Anais...* Florianópolis, 2007.

BANTON, Michael. *A ideia de raça.* Lisboa: Edições 70, 1977.

BARCELLOS, Daisy Macedo de et al. *Comunidade negra de Morro Alto*: historicidade, identidade e territorialidade. Porto Alegre: EdUFRGS/Fundação Cultural Palmares, 2004.

BARRÁN, José Pedro; NAHUM, Benjamín. *Bases económicas de la revolución artiguista.* Montevidéu: EBO, 1968.

BARTH, Fredrik. Os grupos étnicos e suas fronteiras. In: _____; LASK, Tomke (Orgs.). *O guru, o iniciador e outras variações antropológicas.* Rio de Janeiro: ContraCapa, 2000. p. 25-67.

BARTOLOMÉ, Miguel Alberto. Bases culturales de la identidad étnica. In: _____. *Gente de costumbre y gente de razón.* Las identidades étnicas en México. Cidade do México: Instituto Nacional Indígena/Siglo Veintiuno Editores, 1997. p. 75-98.

BASTIDE, Roger. *As religiões africanas no Brasil.* São Paulo: Edusp, 1971 [1960].

BELLINI, Ligia. Por amor e por interesse: a relação senhor-escravo em cartas de alforria. In: REIS, João José (Org.). *Escravidão e invenção da liberdade*: estudos sobre o negro no Brasil. São Paulo: Brasiliense, 1988. p. 73-86.

BENTO, Cláudio Moreira. *O negro e descendentes na sociedade do Rio Grande do Sul (1635-1975).* Porto Alegre: Grafosul/IEL, 1976.

_____. *História da 3ª Região Militar*: 1807-1889 e antecedentes. Porto Alegre: Projeto História do Exército no Rio Grande do Sul, 1994. v. 1.

BERLIN, Ira. *Slaves without masters*: the free negro in the antebellum South. Nova York: The New Press, 1992 [1974].

_____. *Generations of captivity*: a history of African-American slaves. Cambridge: The Belknap Press/Harvard University Press, 2003.

_____ et al. *Slaves no more*: three essays on emancipation and the civil war. Cambridge: Cambridge University Press, 1992.

BERTIN, Enidelce. *Alforrias na São Paulo do século XIX*: liberdade e dominação. São Paulo: Humanitas/FFLCH/USP, 2004.

BERUTE, Gabriel Santos. *Dos escravos que partem para os portos do sul*: características do tráfico negreiro do Rio Grande de São Pedro do Sul, c. 1790 - c. 1825. Dissertação (Mestrado) — PPGH/UFRGS, Porto Alegre, 2006.

BETANCUR, Arturo A.; APARICIO, Fernando. *Amos y esclavos en el Río de La Plata*. Buenos Aires: Planeta, 2006.

BLACKBURN, Robin. *A queda do escravismo colonial (1776-1848)*. Rio de Janeiro: Record, 2002.

BLANCHARD, Peter. The language of liberation: slaves voices in the wars of Independence. *Hispanic American Historical Review*. Durham: Duke University Press, v. 82, n. 3, p. 499-523, Aug. 2002.

BLUTEAU, Pe. D. Raphael. *Vocabulario portuguez e latino*. Coimbra: Collegio das Artes da Companhia de Jesus, 1712. Edição fac-símile, CD-ROM, Rio de Janeiro: Uerj, [s.d.].

BORGES FORTES, João. *Os casais açorianos*: presença lusa na formação do Rio Grande do Sul. 2. ed. Porto Alegre: Martins Livreiro, 1978 [1932].

BORUCKI, Alex; CHAGAS, Karla; STALLA, Natalia. *Esclavitud y trabajo*: un estudio sobre los afrodescendientes en la frontera uruguaya (1835-1855). Montevidéu: Pulmón Ediciones, 2004.

BOSI, Alfredo. A escravidão entre dois liberalismos. In: _____. *Dialética da colonização*. 4. ed. São Paulo: Companhia das Letras, 2005 [1992]. p. 194-245.

BOXER, Charles R. *Relações raciais no império português, 1415-1825*. Rio de Janeiro: Tempo Brasileiro, 1967.

BROWN, Christopher Leslie; MORGAN, Philip D. (Eds.). *Arming slaves*: from classical times to the modern age. New Haven, London: Yale University Press, 2006.

CALÓGERAS, J. Pandiá. *A política exterior do Império*. O Primeiro Reinado. Brasília: Senado Federal, 1998 [1928]. v. 2.

CARDOSO, Ciro Flamarion S. *Agricultura, escravidão e capitalismo*. Petrópolis: Vozes, 1982.

CARDOSO, Fernando Henrique. *Capitalismo e escravidão no Brasil meridional*: o negro na sociedade escravocrata do Rio Grande do Sul. 5. ed. Rio de Janeiro: Civilização Brasileira, 2003 [1962].

CARNEIRO, David. *História da Guerra Cisplatina*. Brasília: UnB, 1983 [1946].

CARVALHO, José Murilo de. Cidadania: tipos e percursos. *Estudos Históricos*. Rio de Janeiro: FGV, n. 18, 1996.

_____. *Cidadania no Brasil*: o longo caminho. 8. ed. Rio de Janeiro: Civilização Brasileira, 2006 [2001].

_____ (Org.). *Nação e cidadania no Império*: novos horizontes. Rio de Janeiro: Civilização Brasileira, 2007.

CARVALHO, Marcus J. M. Os negros armados pelos brancos e suas independências no nordeste (1817-1848). In: JANCSÓ, István (Org.). *Independência*: história e historiografia. São Paulo: Hucitec/Fapesp, 2005. p. 881-914.

CESAR, Guilhermino. *História do Rio Grande do Sul*: período colonial. Porto Alegre: Globo, 1970.

CHALHOUB, Sidney. *Visões da liberdade*: uma história das últimas décadas da escravidão na corte. São Paulo: Companhia das Letras, 1990.

_____. *Machado de Assis*: historiador. São Paulo: Companhia das Letras, 2003.

CHIARAMONTE, J. C. *Ciudades, provincias y estados*: los orígenes de la nación argentina (1800-1846). Buenos Aires: Ariel, 1997.

CIDADE, Francisco de Paula. O soldado de 1827 (ninharias da história relativas aos soldados da Guerra Cisplatina). *Revista Militar Brasileira*, Rio de Janeiro, v. 17, n. 1, p. 1-70, 1927.

_____. *Lutas, ao sul do Brasil, com os espanhóis e seus descendentes (1680-1828)*. Rio de Janeiro: Ministério da Guerra, 1948.

COMISSOLI, Adriano. *Os "homens bons" e a Câmara de Porto Alegre (1767-1808)*. Dissertação (Mestrado) — PPGH/UFF, Niterói, 2006.

COOPER, Frederick; HOLT, Thomas C.; SCOTT, Rebecca J. *Além da escravidão*: investigações sobre raça, trabalho e cidadania em sociedades pós-emancipação. Rio de Janeiro: Civilização Brasileira, 2005.

CORSETTI, Berenice. *Estudo da charqueada escravista gaúcha no século XIX*. Dissertação (Mestrado) — PPGH/UFF, Niterói, 1983.

CORUJA, Antônio Álvares Pereira. Coleção de vocábulos e frases usados na província de São Pedro do Rio Grande do Sul. *RIHGB*, Rio de Janeiro, v. 15, 1852.

COSTA, Emília Viotti da. Introdução ao estudo da emancipação política do Brasil. In: MOTTA, Carlos Guilherme. *Brasil em perspectiva*. 8. ed. São Paulo: Difel, 1977 [1968]. p. 64-125.

_____. *Da senzala à colônia*. 3. ed. São Paulo: Unesp, 1998 [1966].

COSTA, Wilma Peres. A Independência na historiografia brasileira. In: JANCSÓ, István (Org.). *Independência*: história e historiografia. São Paulo: Hucitec/Fapesp, 2005. p. 53-118.

CUNHA, Manuela Carneiro da. *Negros, estrangeiros*: os escravos libertos e sua volta à África. São Paulo: Brasiliense, 1985.

_____. *Antropologia do Brasil*: mito, história, etnicidade. São Paulo: Brasiliense/Edusp, 1986.

DAUMARD, Adeline. *Hierarquia e riqueza na sociedade burguesa*. São Paulo: Perspectiva, 1985.

DAVIS, David Brion. *O problema da escravidão na cultura ocidental*. Rio de Janeiro: Civilização Brasileira, 2001.

DAVIS, Natalie Zemon. Las formas de la historia social. *Historia Social*, Valencia, Instituto de Historia Social, n. 10, p. 177-182, 1991.

DE LA FUENTE, Ariel. Gauchos, montoneros y montoneras. In: GOLDMAN, Noemi; SALVATORE, Ricardo (Orgs.). *Caudillismos rioplatenses*: nuevas miradas a un viejo problema. Buenos Aires: Eudeba, 1998. p. 267-292.

DIAS, Maria Odila Silva. A interiorização da metrópole (1808-1853). In: MOTTA, Carlos Guilherme (Org.). *1822: dimensões*. São Paulo: Perspectiva, 1972. p. 160-184.

DJENDEREDJIAN, Julio. ¿Peones libres o esclavos? Producción rural, tasas de ganancias y alternativas de utilización de mano de obra en dos grandes estancias del sur del litoral a fines de la colonia. *Terceras Jornadas de Historia Económica*. Montevidéu: Asociación Uruguaya de Historia Económica, 2003.

DOCCA, Emílio Fernandes de Souza. *O Brasil no Prata, 1815-1828*. Occupação da Banda Oriental. Porto Alegre: Typografía do Centro, 1931.

_____. *História do Rio Grande do Sul*. Rio de Janeiro: Simões, 1954.

DOMINGUES, Petrônio. *Uma história não contada*: negro, racismo e branqueamento em São Paulo no pós-abolição. São Paulo: Senac, 2003.

DUARTE, Paulo de Queiroz. *Lecor e a Cisplatina, 1816-1828*. Rio de Janeiro: Biblioteca do Exército, 1985.

EISENBERG, Peter L. *Homens esquecidos*: escravos e trabalhadores livres no Brasil. Séculos XVIII e XIX. Campinas: Unicamp, 1989.

FARIA, Sheila de Castro. *A colônia em movimento*: fortuna e família no cotidiano colonial. Rio de Janeiro: Nova Fronteira, 1998.

_____. Sinhás pretas: acumulação de pecúlio e transmissão de bens de mulheres forras no sudeste escravista (sécs. XVIII-XIX). In: SILVA, Francisco C. T. et al. (Orgs.). *Escritos sobre história e educação* — Homenagem a Maria Yedda Leite Linhares. Rio de Janeiro: Faperj/Mauad, 2001.

_____. *Sinhás pretas, damas mercadoras*. As pretas minas nas cidades do Rio de Janeiro e de São João Del Rey (1700-1850). Tese (Titular) — Departamento de História da UFF, Niterói, 2004.

FARINATTI, Luís Augusto. Escravos do pastoreio: pecuária e escravidão na fronteira meridional do Brasil (Alegrete, 1831-1850). *Ciência e Ambiente*, Santa Maria, n. 33, p. 135-154, jul./dez. 2006.

_____. *Confins meridionais*: famílias de elite e sociedade agrária na fronteira sul do Brasil (1825-1865). Tese (Doutorado) — PPGHIS/UFRJ, Rio de Janeiro, 2007.

FERNANDES, Florestan. *A integração do negro na sociedade de classes*. 2. ed. São Paulo: Ática, 1978 [1964]. 2 v.

FERREIRA, Roberto Guedes. *Pardos*: trabalho, família, aliança e mobilidade social. Porto Feliz, São Paulo, c. 1798-1850. Tese (Doutorado) — PPGHIS/UFRJ, Rio de Janeiro, 2005.

_____. Censos e classificação de cor em Porto Feliz (São Paulo, século XIX). In: ENCONTRO ESCRAVIDÃO E LIBERDADE NO BRASIL MERIDIONAL, III. *Anais...* Florianópolis, 2007.

FIELDS, Barbara J. *Slavery and freedom on the middle ground*: Maryland during the nineteenth century. New Haven: Yale University Press, 1987.

FIELDS, Barbara J. Slavery, race and ideology in the United States of America. *New Left Review*, n. 181, p. 95-118, May/June, 1990.

FIGUEIREDO, Luciano R. *O avesso da memória*: cotidiano e trabalho da mulher em Minas Gerais no século XVIII. Brasília: UnB; Rio de Janeiro: José Olympio, 1993.

_____. *Barrocas famílias*: vida familiar em Minas Gerais no século XVIII. São Paulo: Hucitec, 1997.

FINLEY, Moses. *Escravidão antiga e ideologia moderna*. Rio de Janeiro: Graal, 1991.

FLORENTINO, Manolo. *Em costas negras*: uma história do tráfico de escravos entre a África e o Rio de Janeiro (séculos XVIII e XIX). São Paulo: Companhia das Letras, 1997.

_____. Sobre minas, crioulos e a liberdade costumeira no Rio de Janeiro, 1789-1871. In: _____. (Org.). *Tráfico, cativeiro e liberdade*: Rio de Janeiro, séculos XVII-XIX. Rio de Janeiro: Civilização Brasileira, 2005.

FLORENTINO, Manolo; GÓES, José Roberto. *A paz das senzalas*. Famílias escravas e tráfico atlântico, c. 1790 - c. 1850. Rio de Janeiro: Civilização Brasileira, 1997.

FORTES, Alexandre. O direito na obra de E. P. Thompson. *História Social*, Campinas, n. 2, p. 89-111, 1995.

FORTES, Amyr Borges; WAGNER, João Baptista Santiago. *História administrativa, judiciária e eclesiástica do Rio Grande do Sul*. Porto Alegre: Globo, 1963.

FRAGOSO, Augusto Tasso. *A Batalha do Passo do Rosário*. 2. ed. Rio de Janeiro: Biblioteca do Exército, 1951 [1922].

FRAGOSO, João L. R. *Homens de grossa aventura*: acumulação e hierarquia na praça mercantil do Rio de Janeiro (1790-1830). Rio de Janeiro: Civilização Brasileira, 1998.

_____. A nobreza vive em bandos: a economia política das melhores famílias da terra do Rio de Janeiro, século XVII. Algumas notas de pesquisa. *Tempo*. Niterói: UFF, n. 15, p. 11-35, dez. 2003.

_____; BICALHO, Maria Fernanda; GOUVÊA, Maria de Fátima (Orgs.). *O Antigo Regime nos trópicos*: a dinâmica imperial portuguesa (séculos XVI-XVIII). Rio de Janeiro: Civilização Brasileira, 2001.

FRANCO, Maria Sylvia de Carvalho. As ideias estão no lugar. *Caderno de Debates*, São Paulo, n. 1, 1976.

_____. *Homens livres na ordem escravocrata*. São Paulo: Unesp, 1997 [1969].

FRANCO, Sérgio da Costa. A criminalidade do escravo gaúcho no início do século XIX. *Revista do Instituto Histórico e Geográfico do Rio Grande do Sul*, Porto Alegre, n. 125, p. 110-125, 1989.

FREGA, Ana. Caminos de libertad en tiempos de revolución. Los esclavos en la Provincia Oriental Artiguista, 1815-1820. In: BETANCUR, Arturo Ariel; BORUCKI, Alex; FREGA, Ana (Orgs.). *Estudios sobre la cultura afro-rioplatense*. Montevidéu: Facultad de Humanidades y Ciencias de la Educación, 2004. v. 1, p. 45-66.

_____. *Pueblos y soberania en la revolución artiguista*: la región de Santo Domingo Soriano desde fines de la colonia a la ocupación portuguesa. Montevidéu: Ediciones de la Banda Oriental, 2007.

_____; ISLAS, Ariadna (Orgs.). *Nuevas miradas en torno al artiguismo*. Montevidéu: FHCE, 2001.

FREITAS, Décio. *O capitalismo pastoril*. Porto Alegre: EST, 1980.

FREYRE, Gilberto. *Casa grande e senzala*. São Paulo: Círculo do Livro, 1989 [1933].

GARAVAGLIA, J. C. Las "estancias" en la campaña de Buenos Aires. Los medios de producción (1750-1850). In: FRADKIN, Raúl (Org.). *La historia agraria del*

Río de la Plata colonial. Los estabelecimientos productivos (II). Buenos Aires: Centro Editor de América Latina, 1993.

_____. *Pastores y labradores de Buenos Aires*. Una historia agraria de la campaña bonaerense 1700-1830. Buenos Aires: Ediciones de la Flor, 1999.

GARCIA, Elisa Frühauf. *As diversas formas de ser índio*: políticas indígenas e políticas indigenistas no extremo sul da América portuguesa. Tese (Doutorado) — PPGH/UFF, Niterói, 2007.

GELMAN, J. *Campesinos y estancieros*. Una región del Rio de la Plata a fines de la época colonial. Buenos Aires: Libros del Riel, 1998.

GENOVESE, Eugene D. *Roll, Jordan, roll*: the world the slaves made. Nova York: Vintage Books, 1976 [1974].

_____. *Da rebelião à revolução*: as revoltas de escravos negros nas Américas. São Paulo: Global, 1983.

GIL, Tiago Luís. *Infiéis transgressores*: os contrabandistas da fronteira (1760-1810). Dissertação (Mestrado) — PPGHIS/UFRJ, Rio de Janeiro, 2003.

GINZBURG, Carlo. *O queijo e os vermes*: o cotidiano e as ideias de um moleiro perseguido pela inquisição. São Paulo: Companhia das Letras, 1987.

GÓES, José Roberto Pinto de. Padrões de alforrias no Rio de Janeiro — 1840-1871. In: FRAGOSO, João; FLORENTINO, Manolo; SAMPAIO, Antonio C. J. de; CAMPOS, Adriana P. (Orgs.). *Nas rotas do império*: eixos mercantis, tráfico e relações sociais no mundo português. Vitória: Ufes, 2006. p. 517-568.

GOLDBERG, Marta B. La población negra y mulata de la ciudad de Buenos Aires, 1810-1840. *Desarrollo Económico*. Buenos Aires, ano 16, n. 61, p. 76-99, abr./jun. 1976.

GOLDMAN, Noemí (Org.). *Nueva historia argentina*. Revolución, República, Confederación (1806-1852). Buenos Aires: Editorial Sudamericana, 1998. Tomo 3.

GOLIN, Tau. *A guerra guaranítica*: como os exércitos de Portugal e Espanha destruíram os Sete Povos dos jesuítas e índios guaranis no Rio Grande do Sul. Porto Alegre: EdUFRGS, 1999.

_____. *A fronteira*: governos e movimentos espontâneos na fixação dos limites do Brasil com o Uruguai e a Argentina. Porto Alegre: L&PM, 2002.

GOMES, Flávio dos Santos. Quilombos do Rio de Janeiro no século XIX. In: REIS, João José; GOMES, Flávio dos Santos (Orgs.). *Liberdade por um fio*: história dos quilombos no Brasil. São Paulo: Companhia das Letras, 1996. p. 263-290.

_____. Jogando a rede, revendo as malhas: fugas e fugitivos no Brasil escravista. *Tempo*. Rio de Janeiro, v. 1, p. 67-93, 1996a.

_____. *A hidra e os pântanos*: mocambos, quilombos e comunidades de fugitivos no Brasil (séculos XVII-XIX). São Paulo: Unesp/Polis, 2005.

GOMEZ, Michael A. *Exchanging our country marks*: the transformation of African identities in the colonial and Antebellum South. Chapel Hill: University of North Carolina Press, 1998.

GORENDER, Jacob. *O escravismo colonial*. 4. ed. São Paulo: Ática, 1985 [1978].

GOULART, Jorge Salis. *A formação do Rio Grande do Sul*. Porto Alegre: Livraria do Globo, 1933.

GRAHAM, Richard. Construindo uma nação no Brasil do século XIX: visões novas e antigas sobre classe, cultura e estado. *Diálogos*, v. 5, n. 1, p. 11-47, 2001.

GRIJÓ, Luis Alberto; KÜHN, Fábio; GUAZZELLI, César Augusto Barcellos; NEUMANN, Eduardo Santos (Orgs.). *Capítulos de história do Rio Grande do Sul*. Porto Alegre: EdUFRGS, 2004.

GRINBERG, Keila. *Liberata, a lei da ambiguidade*: as ações de liberdade da Corte de Apelação do Rio de Janeiro, século XIX. Rio de Janeiro: Relume-Dumará, 1994.

_____. *O fiador dos brasileiros*: cidadania, escravidão e direito civil no tempo de Antonio Pereira Rebouças. Rio de Janeiro: Civilização Brasileira, 2002.

_____. Reescravização, direito e justiças no Brasil do século XIX. In: LARA, S.; MENDONÇA, J. (Orgs.). *Direitos e justiças no Brasil*: ensaios de história social. Campinas: Unicamp, 2006. p. 101-128.

_____. Escravidão, alforria e direito no Brasil oitocentista: reflexões sobre a lei de 1831 e o "princípio da liberdade" na fronteira sul do Império brasileiro.

In: CARVALHO, José Murilo de (Org.). *Nação e cidadania no Império*: novos horizontes. Rio de Janeiro: Civilização Brasileira, 2007. p. 267-285.

GUAZZELLI, César Augusto B. *O horizonte da província*: a República rio-grandense e os caudilhos do Rio da Prata (1835-1845). Tese (Doutorado) — PPGHIS/UFRJ, Rio de Janeiro, 1998.

GUERRA, François-Xavier. *Modernidad e independencias*: ensayos sobre las revoluciones hispánicas. México: FCE/Mapfre, 1993.

GUTFREIND, Ieda. *A historiografia rio-grandense*. 2. ed. Porto Alegre: EdUFRGS, 1998 [1992].

HALL, Gwendolyn Midlo. *Slavery and African ethnicities in the Americas*: restoring the links. Chapel Hill: North Carolina Press, 2005.

HALPERÍN DONGHI, Tulio. *Reforma y disolución de los imperios ibéricos (1750-1850)*. Madri: Alianza, 1985.

_____. *Revolución y guerra*: formación de una élite dirigente en la Argentina criolla. 3. ed. Buenos Aires: Siglo XXI, 1994 [1972].

HAMEISTER, Martha Daisson. *O Continente do Rio Grande de São Pedro*: os homens, suas redes de relações e suas mercadorias semoventes (c. 1727-c.1763). Dissertação (Mestrado) — PPGHIS/UFRJ, Rio de Janeiro, 2002.

_____. *Para dar calor à nova povoação*: estudo sobre estratégias sociais e familiares a partir dos registros batismais da vila do Rio Grande (1738-1763). Tese (Doutorado) — PPGHIS/UFRJ, Rio de Janeiro, 2006.

HOBSBAWM, Eric J. *A era das revoluções*. Europa 1789-1848. 9. ed. Rio de Janeiro: Paz e Terra, 1996 [1977].

_____. A história de baixo para cima. In: _____. *Sobre história*. São Paulo: Companhia das Letras, 1998. p. 216-231.

HOLANDA, Sérgio Buarque de. A herança colonial: sua desagregação. In: _____. *História geral da civilização brasileira*. O Brasil monárquico. São Paulo: Difel, 1960. p. 9-39.

HOUAISS, Antônio. *Dicionário eletrônico Houaiss da língua portuguesa*. Rio de Janeiro: Objetiva, 2001. 1 CD-Rom.

IANNI, Octavio. *As metamorfoses do escravo*: apogeu e crise da escravatura no Brasil meridional. São Paulo: Hucitec, 1962.

ISABELLE, Arsène. *Viagem ao Rio Grande do Sul, 1833-1834*. Porto Alegre: Martins Livreiro, 1983.

IZECKSOHN, Vitor. Recrutamento militar no Rio de Janeiro durante a Guerra do Paraguai. In: CASTRO, Celso; KRAAY, Hendrik; IZECKSOHN, Vitor (Orgs.). *Nova história militar brasileira*. Rio de Janeiro: FGV, 2004. p. 179-208.

JOHNSON, Lyman L. Manumission in colonial Buenos Aires, 1776-1810. *Hispanic American Historical Review*. Durham: Duke University Press, v. 59, n. 2, p. 258-279, May 1979.

JOHNSON, Walter. On agency: central issues. *Journal of Social History*. Virginia: George Mason University, v. 37, n. 1, p. 113-124, Autumn 2003.

JORDAN, Winthrop. *The white man's burden*. Historical origins of racism in the United States. Oxford: Oxford University Press, 1974.

KARASCH, Mary C. *A vida dos escravos no Rio de Janeiro (1808-1850)*. São Paulo: Companhia das Letras, 2000.

KLAFKE, Álvaro Antônio. *O Império na província*: construção do Estado nacional nas páginas de *O propagador da indústria rio-grandense* — 1833-1834. Dissertação (Mestrado) — PPGH/UFRGS, Porto Alegre, 2006.

KLEIN, Herbert S. Os homens livres de cor na sociedade escravista brasileira. *Dados*, Rio de Janeiro, n. 17, p. 3-27, 1978.

_____. *A escravidão africana*: América Latina e Caribe. São Paulo: Brasiliense, 1987.

_____; PAIVA, Clotilde Andrade. Libertos em uma economia escravista: Minas Gerais em 1831. *Estudos Econômicos*, São Paulo, v. 27, n. 2, p. 309-335, maio/ago. 1997.

KRAAY, Hendrik. Repensando o recrutamento militar no Brasil Imperial. *Diálogos*: revista do Departamento de História e do Programa de Pós-Graduação em História da Universidade Estadual de Maringá, v. 3, n. 3, p. 113-151, 1999.

_____. *Race, State, and Armed Forces in Independence — Era Brazil*. Bahia, 1790s-1840s. Stanford: Stanford University Press, 2001.

_____. Identidade racial na política. Bahia, 1790-1840: o caso dos Henriques. In: JANCSÓ, István (Org.). *Brasil*: formação do Estado e da Nação. São Paulo: Hucitec/Ed. Unijuí/Fapesp, 2003. p. 536-546.

_____. Arming slaves in Brazil from the seventeenth century to the nineteenth century. In: BROWN, Christopher Leslie; MORGAN, Philip D. (Eds.). *Arming slaves*: from classical times to the modern age. New Haven/Londres: Yale University Press, 2006.

KRANTZ, Frederick (Ed.). *History from below*: studies in popular protest and popular ideology in honour of George Rudé. Montreal: Concordia Press, 1985.

KÜHN, Fábio. Gente da fronteira: sociedade e família no sul da América portuguesa — século XVIII. In: GRIJÓ, Luiz Alberto et al. (Orgs.). *Capítulos de história do Rio Grande do Sul*. Porto Alegre: EdUFRGS, 2004.

_____. *Gente da fronteira*: família, sociedade e poder no sul da América portuguesa, século XVIII. Tese (Doutorado) — PPGH/UFF, Niterói, 2006.

LARA, Silvia Hunold. *Campos da violência*: escravos e senhores na capitania do Rio de Janeiro, 1750-1808. Rio de Janeiro: Paz e Terra, 1988.

_____. Do singular ao plural. Palmares, capitães do mato e o governo dos escravos. In: REIS, João José; GOMES, Flávio dos Santos (Orgs.). *Liberdade por um fio*: história dos quilombos no Brasil. São Paulo: Companhia das Letras, 1996. p. 81-109.

_____. *Fragmentos setecentistas*: escravidão, cultura e poder na América portuguesa. São Paulo: Companhia das Letras, 2007.

LAYTANO, Dante de. O negro e o espírito guerreiro nas origens do Rio Grande do Sul. *Revista do Instituto Histórico e Geográfico do Rio Grande do Sul*, Porto Alegre: Livraria do Globo, 1937.

_____. O negro no Rio Grande do Sul. In: PRIMEIRO SEMINÁRIO DE ESTUDOS GAÚCHOS. *Anais*... Porto Alegre: Universidade Católica do Rio Grande do Sul. 1957.

_____. *Manual de fontes bibliográficas para o estudo da história geral do Rio Grande do Sul*. Porto Alegre: IFCH/UFRGS, 1979.

LEMOS, Juvêncio Saldanha. *Os mercenários do imperador*. Porto Alegre: Livraria Palmarinca, 1993.

LEVI, Giovanni. Usos da biografia. In: AMADO, Janaína; FERREIRA, Marieta Morais (Orgs.). *Usos & abusos da História oral*. Rio de Janeiro: FGV, 1996. p. 179-180.

_____. *A herança imaterial*: trajetória de um exorcista no Piemonte do século XVII. Rio de Janeiro: Civilização Brasileira, 2000.

LEWKOWICZ, Ida. Herança e relações familiares: os pretos forros nas Minas Gerais do século XVIII. *Revista Brasileira de História*, São Paulo, v. 9, n. 17, p. 101-114, set. 1988/fev. 1989.

LIMA, Carlos A. M. Escravos de peleja: a instrumentalização da violência escrava na América portuguesa (1580-1850). *Revista de sociologia e política*. Curitiba: UFPR, n. 18, p. 131-152, 2002.

LIMA, Ivana Stolze. *Cores, marcas e falas*: sentidos da mestiçagem no Império do Brasil. Rio de Janeiro: Arquivo Nacional, 2003.

LIMA, Rafael Peter de. O poder do sistema escravista e as redes de tráfico terrestre na fronteira do Brasil meridional. In: ANPUH — SIMPÓSIO NACIONAL DE HISTÓRIA. XXIV. Anais... São Leopoldo, 2007.

LIMA, Solimar Oliveira. *Triste pampa*: resistência e punição de escravos em fontes judiciárias no RS — 1818-1833. Porto Alegre: IEL/EdiPUCRS, 1997.

LINHARES, Maria Yedda; SILVA, Francisco Carlos Teixeira da. *História da agricultura brasileira*: combates e controvérsias. São Paulo: Brasiliense, 1981.

LOVEJOY, Paul E. *A escravidão na África*: uma história de suas transformações. Rio de Janeiro: Civilização Brasileira, 2002a.

_____. Identidade e miragem da etnicidade. *Afro-Ásia*, Salvador, n. 27, p. 9-39, 2002b.

LUNA, Francisco Vidal; KLEIN, Herbert S. *Evolução da sociedade e economia escravista de São Paulo, de 1750 a 1850*. São Paulo: Edusp, 2005.

MACHADO, Cacilda. A escravidão e a cor dos escravos e dos livres (Freguesia de São José dos Pinhais-PR, passagem do XVIII para o XIX). In: JORNADA SETECENTISTA, VII. Anais... Curitiba, 2007 .

MACHADO, Maria Helena. *Crime e escravidão*: trabalho, luta e resistência nas lavouras paulistas, 1830-1888. São Paulo: Brasiliense, 1987.

_____. Vivendo na mais perfeita desordem: os libertos e o modo de vida camponês na província de São Paulo no século XIX. *Estudos Afro-Asiáticos*, Rio de Janeiro, n. 25, p. 25-42, dez. 1993.

MAESTRI FILHO, Mário José. *O escravo no Rio Grande do Sul*: a charqueada e a gênese do escravismo gaúcho. Porto Alegre: EST, 1984.

_____. *O escravo no Rio Grande do Sul*: trabalho, resistência e sociedade. 3. ed. Porto Alegre: EdUFRGS, 2006 [1984].

MARQUESE, Rafael de Bivar. A dinâmica da escravidão no Brasil: resistência escrava, tráfico negreiro e alforrias. Séculos XVII a XIX. *Novos Estudos Cebrap*, São Paulo, v. 74, p. 107-123, 2006.

MARTÍNEZ, Maria Elena. Religion, purity and "race": the spanish concept of *limpieza de sangre* in seventeenth century Mexico and the broader Atlantic World. In: INTERNATIONAL SEMINAR ON THE HISTORY OF THE ATLANTIC WORLD, *1500-1800*. Proceedings... Cambridge/MA: Harvard University, 2000.

MATTOS, Hebe. *Ao sul da história*: lavradores pobres na crise do trabalho escravo. São Paulo: Brasiliense, 1987.

_____. *Das cores do silêncio*: os significados da liberdade no sudeste escravista. Brasil, século XIX. Rio de Janeiro: Arquivo Nacional, 1995.

_____. História social. In: CARDOSO, Ciro Flamarion; VAINFAS, Ronaldo (Orgs.). *Domínios da história*: ensaios de teoria e metodologia. Rio de Janeiro: Campus, 1997. p. 45-59.

_____. *Escravidão e cidadania no Brasil monárquico*. Rio de Janeiro: Jorge Zahar, 2000.

_____. A escravidão moderna nos quadros do Império português: o Antigo Regime em perspectiva atlântica. In: FRAGOSO, João; BICALHO, Maria Fernanda; GOUVÊA, Maria de Fátima (Orgs.). *O Antigo Regime nos trópicos*: a dinâmica imperial portuguesa (séculos XVI-XVIII). Rio de Janeiro: Civilização Brasileira, 2001a.

_____. Campesinato e escravidão. In: SILVA, Francisco C. T. et al. (Orgs.). *Escritos sobre história e educação* — Homenagem a Maria Yedda Leite Linhares. Rio de Janeiro: Faperj/Mauad, 2001b. p. 331-350.

_____. *Marcas da escravidão*. Biografia, racialização e memória do cativeiro na história do Brasil. Tese (Titular) — Faculdade História, UFF, Niterói, 2004.

MATTOSO, Kátia M. de Queirós. *Testamentos de escravos libertos na Bahia do século XIX*: uma fonte para o estudo de mentalidades. Salvador: Centro de Estudos Baianos/Universidade Federal da Bahia, 1979.

_____. *Ser escravo no Brasil*. 3. ed. São Paulo: Brasiliense, 2003 [1982].

_____; KLEIN, Herbert; ENGERMAN, Stanley. Notas sobre as tendências e padrões dos preços de alforrias na Bahia, 1819-1888. In: REIS, João José (Org.). *Escravidão e invenção da liberdade*: estudos sobre o negro no Brasil. São Paulo: Brasiliense, 1988. p. 60-72.

MELLO, Evaldo Cabral de. *Olinda restaurada*. Guerra e açúcar no Nordeste (1630-1654). 2. ed. Rio de Janeiro: Topbooks, 1998 [1975].

MELLO, José A. G. de. *Henrique Dias*. Governador dos crioulos, negros e mulatos do Brasil. Recife: Massangana, 1988.

MENDES, Fábio Faria. Encargos, privilégios e direitos: o recrutamento militar no Brasil nos séculos XVIII e XIX. In: CASTRO, Celso; KRAAY, Hendrik; IZECKSOHN, Vitor (Orgs.). *Nova história militar brasileira*. Rio de Janeiro: FGV, 2004. p. 111-138.

MENEGAT, Rualdo et al. (Orgs.). *Atlas ambiental de Porto Alegre*. Porto Alegre: EdUFRGS, 1998.

MEZNAR, Joan E. The ranks of the poor: military service and social differentiation in Northeast Brazil, 1830-1875. *Hispanic American Historical Review*. Durham: Duke University Press, v. 72, n. 3, p. 335-351, 1992.

MINTZ, Sidney W.; PRICE, Richard. *O nascimento da cultura afro-americana*: uma perspectiva antropológica. Rio de Janeiro: Pallas/Ucam, 2003.

MIRANDA, Márcia Eckert. *A estalagem e o Império*: crise do Antigo Regime, fiscalidade e fronteira na província de São Pedro (1808-1831). Tese (Doutorado) — Instituto de Economia da Unicamp, Campinas, 2006.

MONIZ BANDEIRA, Luiz Alberto. *O expansionismo brasileiro e a formação dos Estados na Bacia do Prata*: Argentina, Uruguai e Paraguai, da colonização à Guerra da Tríplice Aliança. 3. ed. Rio de Janeiro: Revan; Brasília: UnB, 1998 [1985].

MONTEIRO, John Manuel. *Negros da terra*: índios e bandeirantes nas origens de São Paulo. 3. reimpressão. São Paulo: Companhia das Letras, 2000 [1994].

MOREIRA, Paulo R. S. *Os cativos e os homens de bem*: experiências negras no espaço urbano. Porto Alegre — 1858-1888. Porto Alegre: EST, 2003.

_____; TASSONI, Tatiana de Souza. *Que com seu trabalho nos sustenta*: as cartas de alforria de Porto Alegre (1748-1888). Porto Alegre: EST, 2007.

MOTT, Luís. Os índios e a pecuária nas fazendas de gado do Piauí colonial. *Revista de Antropologia da USP*, São Paulo, n. 22, p. 61-78, 1979.

NEQUETE, Lenine. *O Poder Judiciário no Brasil*: crônica dos tempos coloniais. Porto Alegre: Tribunal de Justiça do Estado do Rio Grande do Sul, 1975. 2 v.

NEUMANN, Eduardo Santos. *Práticas letradas Guarani*: produção e usos da escrita indígena (séculos XVII e XVIII). Tese (Doutorado) — PPGHIS/UFRJ, Rio de Janeiro, 2005.

NISHIDA, Mieko. Manumission and Ethnicity in Urban Slavery: Salvador, Brazil, 1808-1888. *Hispanic American Historical Review*. Durham: Duke University Press, v. 73, n. 3, p. 361-391, 1993.

NOGUERÓL, Luiz Paulo Ferreira. Mercado regional de escravos: padrões de preços em Porto Alegre e Sabará, no século XIX — elementos de nossa formação econômica e social. *Ensaios FEE*, Porto Alegre, v. 23, p. 539-564, 2002. número especial.

NOVAIS, Fernando. *Estrutura e dinâmica do antigo sistema colonial (séculos XVI-XVIII)*. São Paulo: Cebrap/Brasiliense, 1974.

ODDONE, M. Blanca Paris de. Presencia de Artigas en la revolución del Rio de la Plata (1810-1820). In: FREGA, Ana; ISLAS, Ariadna (Orgs.). *Nuevas miradas en torno al artiguismo*. Montevidéu: FHCE, 2001. p. 78-81.

OLIVEIRA, Maria Inês Côrtes de. *O liberto*: o seu mundo e os outros. Salvador, 1790-1890. São Paulo: Corrupio, 1988.

_____. Viver e morrer no meio dos seus. Nações e comunidades africanas na Bahia do século XIX. *Revista da USP*, São Paulo, n. 28, dez./fev. 1995/1996.

OLIVEIRA, Vinicius Pereira de. *De Manoel Congo a Manoel de Paula*: um africano ladino em terras meridionais. Porto Alegre: EST, 2006.

OSÓRIO, Helen. *Estancieiros, lavradores e comerciantes na constituição da estremadura portuguesa na América*: Rio Grande de São Pedro, 1737-1822. Tese (Doutorado) — PPGH/UFF, Niterói, 1999.

_____. Esclavos en la frontera: padrones de la esclavitud africana en Río Grande del Sur, 1765-1825. In: BETANCUR, Arturo et al. (Orgs.). *Estudios sobre la cultura afro-rioplatense*: historia y presente. Montevidéu: Universidad de la República, Departamento de Publicaciones Facultad de Humanidades y Ciencias de la Educación, 2004. p. 7-15.

_____. Para além das charqueadas: estudo do padrão de posse de escravos no Rio Grande do Sul, segunda metade do século XVIII. In: ENCONTRO ESCRAVIDÃO E LIBERDADE NO BRASIL MERIDIONAL, III. *Anais*... Florianópolis, 2007.

PAIVA, Eduardo França. *Escravos e libertos nas Minas Gerais do século XVIII*: estratégias de resistência através dos testamentos. São Paulo: Annablume, 1995.

_____. *Escravidão e universo cultural na colônia*. Minas Gerais, 1716-1789. Belo Horizonte: UFMG, 2001.

PATTERSON, Orlando. *Slavery and social death*: a comparative study. Cambridge: Harvard University Press, 1982.

_____. *Freedom in the making of western culture*. Nova York: Basic Books, 1991.

PENA, Eduardo Spiller. *Pajens da casa imperial*: jurisconsultos, escravidão e a Lei de 1871. Campinas: Unicamp, 2001.

PEREGALLI, Enrique. *Recrutamento militar no Brasil colonial*. Campinas: 1986.

PETIT MUÑOZ. Eugenio et al. *La condición jurídica, social, económica y política de los negros durante el coloniaje en la Banda Oriental*. Montevidéu: Facultad de Derecho y Ciencias Sociales, 1948.

PETIZ, Silmei S. *Buscando a liberdade*: as fugas de escravos da província de São Pedro para o além-fronteira (1815-1851). Passo Fundo: EdUPF, 2006.

PICCOLO, Helga Iracema L. A resistência escrava no Rio Grande do Sul. *Cadernos de Estudos da UFRGS*, Porto Alegre, n. 6, out. 1992.

_____. A organização do espaço fronteiriço e os limites políticos entre Brasil e Uruguai. *Revista do Instituto Histórico e Geográfico Brasileiro*, Rio de Janeiro, v. 161, n. 407, p. 131-142, 2000.

_____. O processo de independência numa região fronteiriça: o Rio Grande de São Pedro entre duas formações históricas. In: JANCSÓ, István (Org.). *Independência*: história e historiografia. São Paulo: Hucitec/Fapesp, 2005. p. 589-595.

PIMENTA, João Paulo Garrido. *Estado e Nação no fim dos impérios ibéricos no Prata*: 1808-1828. São Paulo: Hucitec/Fapesp, 2002.

POLANYI, Karl. *A grande transformação*: as origens de nossa época. Rio de Janeiro: Elsevier, 2000.

PORTO, Aurélio. *História das Missões Orientais do Uruguai*. 2. ed. Porto Alegre: Selbach, 1954 [1943].

PRADO JÚNIOR, Caio. *Evolução política do Brasil*. São Paulo: Revista dos Tribunais, 1933.

_____. *História econômica do Brasil*. 22 ed. São Paulo: Brasiliense, 1979 [1945].

_____. *Formação do Brasil contemporâneo*: colônia. São Paulo: Brasiliense, 2000 [1942].

PRICE, Richard. O milagre da crioulização: retrospectiva. *Estudos Afro-Asiáticos*, Rio de Janeiro, v. 25, n. 3, p. 383-419, 2003.

REIS, João José. Um balanço dos estudos sobre as revoltas escravas da Bahia. In: _____. (Org.). *Escravidão e invenção da liberdade*: estudos sobre o negro no Brasil. São Paulo: Brasiliense/CNPq, 1988. p. 87-140.

_____. De olho no canto: trabalho de rua na Bahia na véspera da abolição. *Afro-Ásia*, Salvador, n. 24, p. 199-242, 2000.

_____. *Rebelião escrava no Brasil*. A história do levante dos malês em 1835. São Paulo: Companhia das Letras, 2003.

_____. O jogo duro do Dois de Julho: o "Partido Negro" na Independência da Bahia. In: REIS, João J.; SILVA, Eduardo (Orgs.). *Negociação e conflito*: a resistência negra no Brasil escravista. 2. ed. São Paulo: Companhia das Letras, 2005 p. 79-98. [1989].

_____; GOMES, Flávio dos Santos (Orgs.). *Liberdade por um fio*: história dos quilombos no Brasil. São Paulo: Companhia das Letras, 1996.

_____; GOMES, Flávio dos Santos; CARVALHO, Marcus J. M. de. África e Brasil entre margens: aventuras e desventuras do africano Rufino José Maria, c. 1822-1853. *Estudos Afro-Asiáticos*, Rio de Janeiro, ano 26, n. 2, p. 257-302, 2004.

_____; SILVA, Eduardo. *Negociação e conflito*: a resistência negra no Brasil escravista. São Paulo: Companhia das Letras, 1989.

REVEL, Jacques (Org.). *Jogos de escala*: a experiência da microanálise. Rio de Janeiro: 1998.

REYES ABADIE, Washington; BRUSCHERA, Oscar; MELOGNO, Tabaré. *El ciclo Artiguista*. Montevidéu: Impressora Cordon, 1975.

RIBEIRO, Gladys Sabina. *A liberdade em construção*: identidade nacional e conflitos antilusitanos no Primeiro Reinado. Rio de Janeiro: Relume-Dumará, 2002.

RIBEIRO, José Iran. *Quando o serviço nos chama*: os milicianos e os guardas nacionais gaúchos (1825-1845). Dissertação (Mestrado) — PPGH/PUC-RS, Porto Alegre, 2001.

RIOS, Ana Lugão; MATTOS, Hebe. *Memórias do cativeiro*: família, trabalho e cidadania no pós-abolição. Rio de Janeiro: Civilização Brasileira, 2005.

RODRIGUES, Jaime. *De costa a costa*: escravos, marinheiros e intermediários do tráfico negreiro de Angola ao Rio de Janeiro (1780-1860). São Paulo: Companhia das Letras, 2005.

RODRIGUES, José Honório. *Independência*: revolução e contrarrevolução. São Paulo: Francisco Alves, 1975. 5 v.

RUSSELL-WOOD, A. J. R. *Escravos e libertos no Brasil colonial*. Rio de Janeiro: Civilização Brasileira, 2005.

SAINT-HILAIRE, Auguste de. *Viagem ao Rio Grande do Sul — 1820-1821*. Belo Horizonte: Itatiaia, 1999.

_____. *Viagem ao Rio Grande do Sul*. Brasília: Senado Federal/Conselho Editorial, 2002.

SALA DE TOURON, Lucia; TORRE, Nelson de la; RODRÍGUEZ, Julio C. *Evolución económica de la Banda Oriental*. Montevidéu: EPU, 1967.

_____. *Artigas y su revolución agraria (1811-1820)*. 2. ed. Buenos Aires: Siglo XXI, 1987 [1978].

SALLES, Ricardo. *A Guerra do Paraguai*: escravidão e cidadania na formação do exército. Rio de Janeiro: Paz e Terra, 1990.

SAMPAIO, Antonio Carlos Jucá de. A produção da liberdade: padrões gerais das manumissões no Rio de Janeiro colonial, 1650-1750. In: FLORENTINO, Manolo (Org.). *Tráfico, cativeiro e liberdade*: Rio de Janeiro, séculos XVII-XIX. Rio de Janeiro: Civilização Brasileira, 2005. p. 289-329.

SANTOS, Corcino Medeiros dos. *Economia e sociedade do Rio Grande do Sul, século XVIII*. São Paulo: Nacional, 1984.

SCHERER, Jovani de Souza. A nação da liberdade: os minas e outros grupos de procedência em Rio Grande (1810-1865). In: ENCONTRO ESCRAVIDÃO E LIBERDADE NO BRASIL MERIDIONAL, III. *Anais...* Florianópolis, 2007.

SCHWARCZ, Lilia M. *O espetáculo das raças*: cientistas, instituições e questão racial no Brasil — 1870-1930. São Paulo: Companhia das Letras, 1993.

SCHWARTZ, Stuart B. *Segredos internos*: engenhos e escravos na sociedade colonial, 1550-1835. São Paulo: Companhia das Letras, 1988.

_____. *Escravos, roceiros e rebeldes*. Bauru: Edusc, 2001.

SCHWARZ, Roberto. *Ao vencedor as batatas*. São Paulo: Duas Cidades, 1977.

SILVA, Alberto da Costa e. *A manilha e o libambo*: a África e a escravidão, de 1500 a 1700. Rio de Janeiro: Nova Fronteira, 2002.

SILVA, Antônio de Moraes. *Dicionário da língua portuguesa*. Lisboa: Typografia Lacerdina Morais, 1813 [1789].

SILVA, Eduardo. *Dom Obá II d'África, o príncipe do povo*: vida, tempo e pensamento de um homem livre de cor. São Paulo: Companhia das Letras, 2001.

SIRTORI, Bruna. Às margens do rio Gravataí: a transcrição de registros batismais pelo padre Bernardo Lopes da Silva e sua concepção de índio. In: REUNIÃO BRASILEIRA DE ANTROPOLOGIA, 25ª. *Anais...* Goiânia, 2006.

SLENES, Robert W. "*Malungu, ngoma* vem!": África coberta e descoberta no Brasil. *Revista da USP*, São Paulo, n. 12, p. 48-67, dez. 1991/fev. 1992.

_____. Histórias do Cafundó. In: VOGT, Carlos; FRY, Peter. *Cafundó*: a África no Brasil. São Paulo: Companhia das Letras/Unicamp, 1996.

_____. *Na senzala, uma flor*: esperanças e recordações na formação da família escrava. Brasil Sudeste, século XIX. Rio de Janeiro: Nova Fronteira, 1999.

SOARES, Carlos Eugênio Líbano; GOMES, Flávio dos Santos; FARIAS, Juliana Barreto. *No labirinto das nações*: africanos e identidades no Rio de Janeiro. Rio de Janeiro: Arquivo Nacional, 2005.

SOARES, Márcio de Sousa. *A remissão do cativeiro*: alforrias e liberdades nos Campos dos Goitacases, c. 1750-c. 1850. Tese (Doutorado) — PPGH/UFF, Niterói, 2006.

SOARES, Mariza de Carvalho. *Devotos da cor*: identidade étnica, religiosidade e escravidão no Rio de Janeiro, século XVIII. Rio de Janeiro: Civilização Brasileira, 2000.

_____. Indícios para o traçado das rotas terrestres de escravos na Baía do Benim, século XVIII. In: SOARES, Mariza de Carvalho (Org.). *Rotas atlânticas da diáspora africana*: da Baía do Benim ao Rio de Janeiro. Niterói: EdUFF, 2007. p. 65-99.

SODRÉ, Nelson Werneck. *As razões da Independência*. Rio de Janeiro: Civilização Brasileira, 1965.

_____. *A história militar do Brasil*. 3. ed. Rio de Janeiro: Civilização Brasileira, 1979 [1965].

SOUZA, Laura de Mello e. Coartação: problemática e episódios referentes a Minas Gerais no século XVIII. In: SILVA, Maria Beatriz Nizza da (Org.). *Brasil*: colonização e escravidão. Rio de Janeiro: Nova Fronteira, 2000. p. 275-295.

_____. *O sol e a sombra*: política e administração na América portuguesa do século XVIII. São Paulo: Companhia das Letras, 2006.

SPALDING, Walter. *Gênese do Brasil-Sul*. Porto Alegre: Sulina, 1953.

TANNENBAUM, Frank. *Slave and citizen*. Boston: Beacon Press, 1992 [1946].

THOMPSON, E. P. *A miséria da teoria, ou um planetário de erros*. Uma crítica ao pensamento de Althusser. Rio de Janeiro: Zahar, 1981.

_____. *Senhores e caçadores*: a origem da lei negra. Rio de Janeiro: Paz e Terra, 1987.

_____. *Costumes em comum*: estudos sobre a cultura popular tradicional. São Paulo: Companhia das Letras, 1998.

_____. *As peculiaridades dos ingleses e outros artigos*. Campinas: Editora da Unicamp, 2001. p. 185-201.

_____. Costume, lei e direito comum. In: _____. *Costumes em comum*: estudos sobre a cultura popular tradicional. São Paulo: Companhia das Letras, 2005. p. 86-149.

THORNTON, John K. *A África e os africanos na formação do mundo atlântico, 1400-1800*. Rio de Janeiro: Elsevier, 2004.

VAINFAS, Ronaldo. *Trópico dos pecados*. Moral, sexualidade e inquisição no Brasil. Rio de Janeiro: Campus, 1988.

_____. (Org.). *Dicionário do Brasil colonial (1500-1808)*. Rio de Janeiro: Objetiva, 2000.

_____. (Org.). *Dicionário do Brasil imperial (1822-1889)*. Rio de Janeiro: Objetiva, 2002.

VARELA, Alfredo. *Revoluções cisplatinas*. Porto: Chardron, 1915. 2 v.

VELHINHO, Moysés. *Capitania d'El Rey*: aspectos polêmicos da formação rio-grandense. Porto Alegre: Globo, 1970.

VIANA, Larissa. *O idioma da mestiçagem*: as irmandades de pardos na América portuguesa. Campinas: Unicamp, 2007.

WEIMER, Rodrigo de Azevedo. *Os nomes da liberdade*: experiências de autonomia e práticas de nomeação em um município da serra rio-grandense nas duas últimas décadas do século XIX. Dissertação (Mestrado) — PPGH/Unisinos, São Leopoldo, 2007.

WIEDERSPAHN, Henrique Oscar. *Bento Gonçalves e as Guerras de Artigas*. Porto Alegre: Instituto Estadual do Livro, 1979.

WILLIAMS, Eric. *Capitalismo e escravidão*. Rio de Janeiro: Companhia Editora Americana, 1975.

XAVIER, Regina C. L. *A conquista da liberdade*: libertos em Campinas na segunda metade do século XIX. Campinas: CMU, 1996.

_____. (Org.). *História da escravidão e da liberdade no Brasil Meridional* — Guia bibliográfico. Porto Alegre: EdUFRGS, 2007.

YOUNG, Elizabeth. *Disarming the nation*: women's writing and the American Civil War. Chicago: University of Chicago Press, 1999.

ZARTH, Paulo A. *Do arcaico ao moderno*: o Rio Grande do Sul agrário do século XIX. Ijuí, RS: Unijuí, 2002.